目录

世界のコーポレート・ガバナンス原則

―原則の体系化と企業の実践―

小島大徳著

文眞堂

はしがき

1 本研究の動機

　コーポレート・ガバナンス問題を研究するにあたり，筆者が最初に取り組んだのは，コーポレート・ガバナンスの基本的問題である定義や目的の検討であった。これを解決するために，まず，日本とアメリカなど諸外国との企業経営機構の比較や，利害関係者問題，情報開示・IR 活動の実態調査など，について研究を進めてきた[1]。

　そのようななか，1999 年に経済協力開発機構（OECD）が『OECD コーポレート・ガバナンス原則』を公表した。経済がグローバル化するなかで重要な役割を担う国際機関である OECD が策定したコーポレート・ガバナンス原則であったため，研究者や実務家などは，コーポレート・ガバナンスの世界標準化が進み，世界統一のコーポレート・ガバナンス・システムが確立するのではないか，という期待を持った。これは，同時に，コーポレート・ガバナンス原則（以下「原則」という）の認知度をあげ，その重要性をさらに高めることにも寄与した。

　まず，OECD 原則について検討を重ねると，OECD 原則は，1992 年にイギリスで策定された『キャドバリー委員会報告書』と関係が深いことが理解できた。また，その当時，あまり知られていなかった私的国際機関である

---

[1] 本書では，コーポレート・ガバナンスを，「所有と経営が分離している企業において，経営者が，企業不祥事への対処（コンプライアンス経営）と企業競争力の強化とを目的としながら，企業に関わる利害関係者の利害調整を同時に達成しようとする企業構造を構築すること」と定義して，論を進めていく。

ICGN は，OECD 原則を参考にして，『ICGN コーポレート・ガバナンス原則』を策定した。さらに，世界的に有名な機関投資家である CalPERS は，この ICGN 原則を参考にして『CalPERS 国際コーポレート・ガバナンス原則』を策定した。このように，原則は，それぞれが単独ではなく，横のつながりや縦のつながりがあることが徐々に分かってきたのである。

そして，今までの原則に関する先行研究をレビューしてみると，その時々に注目された原則が単発的に取り上げられたり，断片的に紹介されてきたにすぎず，世界的にも原則の系譜や体系などの包括的な研究は，いまだなされていないことが判明した。原則は，それまでのコーポレート・ガバナンスに関する議論や研究が集約されている。そこで，筆者は，脈々と流れる原則策定の系譜のなかから，コーポレート・ガバナンスの本質などが解明できるのではないか，とのおもいがつのり，これが本研究に取り組む動機となった。

なお，本書は，博士（経営学）論文『コーポレート・ガバナンス原則に関する研究』（2004 年 3 月に東洋大学から博士（経営学）号を授与される）に若干の加筆と修正を加えたものである。

2　本書の構成と特徴

原則は，1990 年代初頭から，国際機関や機関投資家によって，また，各国内において盛んに策定されており，筆者が確認している主要な原則だけでも，400 以上にのぼっている。そして，今日，国際機関の原則は，G 7 や他の国際会議における政府レベルでの合意により各国の政策に影響を与え，機関投資家の原則は，機関投資家の議決権行使時の指針や投資先企業選定の基準となり，また，各国内の原則は，国内の企業法制度や上場規則の制定に利用されている。このように，原則は，企業経営において大きな存在感を示しはじめているのであるが，原則の基本的問題を体系的かつ網羅的に扱った先行研究はない。

そこで，本書では，「第 I 部コーポレート・ガバナンス原則の体系化」として，「第 1 章コーポレート・ガバナンス原則研究の領域と課題と方法—原則研

究の全体像―2」「第2章日本のコーポレート・ガバナンス原則―原則策定の背景と課題―3」「第3章世界のコーポレート・ガバナンス原則―原則の策定系譜,類型と役割―4」「第4章機関投資家と国際機関のコーポレート・ガバナンス原則5」を構成し,世界中の原則をまとめ,体系立てる研究(原則の策定動機や系譜,類型や役割など)を行った。

さらに,原則の研究を進めていくにつれて,世界の様々な機関で策定されている原則ではあるが,果たして企業経営に役立てることが可能なのか,という疑問に直面した。どんなによくできた原則であっても,企業経営の役に立たなければ,なんの意味もなさない。そのため,原則を用いた企業経営を行う具体的な方法を研究することにした。

そこで,本書では,「第II部コーポレート・ガバナンス原則と企業の実践」として,「第5章コーポレート・ガバナンス原則と企業の実践―企業独自原則の策定を目指して―6」「第6章コーポレート・ガバナンスと議決権行使のIT化―企業による実践と課題―7」「第7章企業独自コーポレート・ガバナンス原則―企業独自原則を用いた企業経営―8」を構成し,企業が独自に原則を用いて企業経営を行っていくための具体的な方策を論じている。

これら7つの章からなる本書は,5つの特徴を有している。第1の特徴は,国際機関や機関投資家,各国内で策定されている世界の原則を収集・分析し,原則の策定された契機や目的などの基本的問題について明らかにした

---

2 小島大徳 [2003e]「コーポレート・ガバナンス原則の体系化―原則に関する研究領域と研究課題―」『東洋大学大学院紀要第39集』東洋大学大学院, 87-108頁。

3 小島大徳 [2002a]「日本のコーポレート・ガバナンス原則―原則策定の背景と課題―」日本経営教育学会編『新企業体制と経営者育成―経営教育研究5―』学文社, 33-52頁。

4 小島大徳 [2003c]「世界のコーポレート・ガバナンス原則―原則の策定系譜,類型と役割―」日本経営教育学会編『経営実践と経営教育理論―経営教育研究6―』学文社, 129-163頁。

5 小島大徳 [2003d]「国際機関と機関投資家のコーポレート・ガバナンス原則」『横浜経営研究』第23巻第4号, 横浜国立大学経営学会, 89-108頁。

6 小島大徳 [2003a]「コーポレート・ガバナンス原則と企業の実践―企業独自原則の策定を目指して―」『日本経営学会誌』第9号, 千倉書房, 26-40頁。

7 小島大徳 [2003b]「コーポレート・ガバナンスと議決権行使のIT化―企業による実践と課題―」『経営情報学会誌』第11巻第4号, 経営情報学会, 33-46頁。

8 小島大徳 [2004]「企業におけるコーポレート・ガバナンス原則の実践」『経営行動研究年報』第13号, 経営行動研究学会, 63-68頁。

点である。第2の特徴は，原則が策定されてきた系譜を把握し，今日の原則の大まかな内容と，世界標準原則の策定過程（是非を含めた）を明らかにした点である。本書の第Ⅰ部は，これら第1および第2の特徴を浮き彫りにするであろう。

　第3の特徴は，原則が企業へと浸透していく（あるいは，している）過程と，原則の企業に与える影響力とを明らかにした点である。また，第4の特徴は，原則からの要請と，企業経営の実践例を検討することにより，企業におけるコーポレート・ガバナンス構築の具体的な方策を提示している点である。本書の第Ⅱ部は，これら第3および第4の特徴を浮き彫りにするであろう。そして，第5の特徴は，国内にも国外にも類似の研究例が1つもないことである。

　本書は，多くの方々のお陰で，どうにか完成にこぎつけることができました。特に，博士課程前期から5年間にわたり，指導して下さった東洋大学大学院の平田光弘教授，松行康夫教授ならびに小椋康宏教授に対して感謝を申し上げます。三先生からは，経営学的な考察の仕方，学問研究の基本や応用，研究者としての心構えなど，研究のあらゆる面にわたって，懇切丁寧なご指導を仰ぎました。また，本研究を進めるおりおりに，参加している学会や研究会の諸先生からも，貴重なご意見を賜りました。なお，本書の出版にあたって，東洋大学の平成16年度井上円了記念研究助成を受けました。この場をお借りしまして，謝意を表します。そして，本書の出版にあたり文眞堂の前野隆氏には大変お世話になりました。ここに記してお礼と感謝の意を表する次第であります。最後に，私事ではありますが，大学院を修了し，博士号を取得するまで暖かく見守って頂いた父・新治，母・美紀子，妹・愛，に心から感謝します。

2004年4月12日

小島大徳

目　次

はしがき ………………………………………………………………… i
 1 本研究の動機 ……………………………………………………… i
 2 本書の構成と特徴 ………………………………………………… ii

第Ⅰ部　コーポレート・ガバナンス原則の体系化 ………… 1

第1章　コーポレート・ガバナンス原則研究の領域と課題 ……… 3
―原則研究の全体像―

 1 はじめに ……………………………………………………………… 3
 2 コーポレート・ガバナンス原則の策定目的と系譜 …………… 7
  2.1 コーポレート・ガバナンス原則の分類 ……………………… 7
  2.2 コーポレート・ガバナンス原則の範囲と定義, その目的 …………………………………………………………… 9
 3 コーポレート・ガバナンス原則の体系と世界標準化 ………… 10
  3.1 コーポレート・ガバナンス原則の体系 ……………………… 10
  3.2 コーポレート・ガバナンス原則策定の系譜 ………………… 12
  3.3 これまでのコーポレート・ガバナンス原則と21世紀のコーポレート・ガバナンス原則 ………………… 12
 4 コーポレート・ガバナンス原則の企業への浸透過程 ………… 15
  4.1 コーポレート・ガバナンス原則の企業への浸透とその役割 …………………………………………………… 15
  4.2 コーポレート・ガバナンス原則の企業への浸透とその分類 …………………………………………………… 16

4.3　コーポレート・ガバナンス原則の企業への
　　　　　　浸透過程……………………………………………………　18
　5　コーポレート・ガバナンス原則を用いた企業経営の実践 ……　19
　　　5.1　コーポレート・ガバナンス原則がもとめているもの……　19
　　　5.2　実際の企業経営と企業独自のコーポレート・
　　　　　　ガバナンス原則…………………………………………　20
　　　5.3　コーポレート・ガバナンス原則とコーポレート・
　　　　　　ガバナンス………………………………………………　22
　6　コーポレート・ガバナンス原則研究の課題と意義 ……………　24
　　　6.1　コーポレート・ガバナンス原則の体系………………　24
　　　6.2　コーポレート・ガバナンスの研究意義………………　25
　7　おわりに ………………………………………………………　26
　　　注・参考文献 ……………………………………………………　27

第2章　日本のコーポレート・ガバナンス原則 ……………　31
　　　　　―原則策定の背景と課題―

　1　はじめに ………………………………………………………　31
　2　コーポレート・ガバナンス原則とはなにか ……………………　32
　　　2.1　コーポレート・ガバナンス原則策定の系譜…………　32
　　　2.2　コーポレート・ガバナンス原則の意義と目的………　33
　　　2.3　コーポレート・ガバナンス原則の種類………………　34
　3　日本のコーポレート・ガバナンス原則 …………………………　35
　　　3.1　日本のコーポレート・ガバナンス原則の種類………　35
　　　3.2　企業不祥事への対処のためのコーポレート・
　　　　　　ガバナンス原則…………………………………………　37
　　　3.3　企業競争力の強化のためのコーポレート・
　　　　　　ガバナンス原則…………………………………………　38
　　　3.4　包括的なコーポレート・ガバナンス原則をめざして……　40
　4　コーポレート・ガバナンス原則の世界標準化 …………………　40

4.1　コーポレート・ガバナンス原則の影響力 ……………… 40
　　　4.2　コーポレート・ガバナンス原則と企業への浸透 ………… 41
　5　おわりに …………………………………………………………… 42
　　注・参考文献 ………………………………………………………… 43

第3章　世界のコーポレート・ガバナンス原則 ……………… 48
　　　　―原則の策定系譜，類型と役割―

　1　はじめに …………………………………………………………… 48
　2　世界のコーポレート・ガバナンス原則 ………………………… 49
　　　2.1　各国内のコーポレート・ガバナンス原則と
　　　　　その役割 ……………………………………………………… 49
　　　2.2　機関投資家のコーポレート・ガバナンス原則と
　　　　　その役割 ……………………………………………………… 56
　　　2.3　国際機関のコーポレート・ガバナンス原則と
　　　　　その役割 ……………………………………………………… 59
　3　コーポレート・ガバナンス原則の潮流 ………………………… 60
　　　3.1　コーポレート・ガバナンス原則の策定系譜 …………… 60
　　　3.2　コーポレート・ガバナンス原則の相互協力と
　　　　　相互提携 ……………………………………………………… 61
　　　3.3　コーポレート・ガバナンス原則の共同策定 …………… 63
　4　21世紀のコーポレート・ガバナンス原則 ……………………… 64
　　　4.1　国際会議におけるコーポレート・ガバナンス原則の
　　　　　合意と実践 …………………………………………………… 64
　　　4.2　企業外部者によるコーポレート・ガバナンス原則策定 … 65
　　　4.3　経営者によるコーポレート・ガバナンス原則策定 …… 66
　5　おわりに …………………………………………………………… 67
　　注・参考文献 ………………………………………………………… 69

第4章　機関投資家と国際機関のコーポレート・ガバナンス原則 …………………………………… 73

1　はじめに ……………………………………………………… 73
2　機関投資家のコーポレート・ガバナンス原則の位置づけ …… 74
　2.1　コーポレート・ガバナンス原則とはなにか ………… 74
　2.2　世界標準としてのコーポレート・ガバナンス原則
　　　　―OECD 原則― ……………………………………… 75
　2.3　行動規範を定めたコーポレート・ガバナンス原則
　　　　―ICGN 原則― ……………………………………… 79
　2.4　機関投資家のコーポレート・ガバナンス原則の体系 …… 82
3　機関投資家機関のコーポレート・ガバナンス原則 ………… 84
　3.1　機関投資家機関の国際機関との関係 ………………… 84
　3.2　CII のコーポレート・ガバナンス原則 ……………… 84
　3.3　CII による国際機関のコーポレート・
　　　　ガバナンス原則へのアプローチ ……………………… 88
4　CalPERS の国際コーポレート・ガバナンス原則 ………… 89
　4.1　CalPERS のコーポレート・ガバナンス原則策定の系譜 … 89
　4.2　CalPERS の国際機関のコーポレート・
　　　　ガバナンス原則へのアプローチ ……………………… 90
　4.3　CalPERS の国際コーポレート・ガバナンス原則の内容 … 91
5　Hermes の国際コーポレート・ガバナンス原則 …………… 92
　5.1　Hermes のコーポレート・ガバナンス原則策定の系譜 … 92
　5.2　Hermes の国際機関コーポレート・
　　　　ガバナンス原則へのアプローチ ……………………… 93
　5.3　Hermes の国際コーポレート・ガバナンス原則の内容 … 93
6　コーポレート・ガバナンス原則を通じた機関投資家と
　　国際機関との協力関係 ……………………………………… 94
　6.1　機関投資家の国際機関への参加 ……………………… 94

6．2　機関投資家の国際機関コーポレート・
　　　　　　ガバナンス原則への支持と合意 …………………………　95
　7　おわりに ………………………………………………………　96
　　注・参考文献 ……………………………………………………　103

第Ⅱ部　コーポレート・ガバナンス原則と企業の実践 …… 107

第5章　コーポレート・ガバナンス原則と企業の実践 ……… 109
　　　　　―企業独自原則の策定を目指して―

　1　はじめに ………………………………………………………　109
　2　企業外部者策定型コーポレート・ガバナンス原則と
　　　企業への浸透 …………………………………………………　110
　　　2．1　企業外部者策定型コーポレート・ガバナンス原則の
　　　　　　種類と目的 ………………………………………………　110
　　　2．2　企業外部者策定型コーポレート・ガバナンス原則の
　　　　　　役割 ………………………………………………………　112
　　　2．3　企業外部者策定型コーポレート・ガバナンス原則の
　　　　　　企業による活用 …………………………………………　113
　3　経営者策定型コーポレート・ガバナンス原則と企業への浸透 …　113
　　　3．1　日本における経営者策定型コーポレート・
　　　　　　ガバナンス原則 …………………………………………　113
　　　3．2　世界における経営者策定型コーポレート・
　　　　　　ガバナンス原則 …………………………………………　115
　　　3．3　経営者策定型コーポレート・ガバナンス原則の役割 ……　116
　4　企業独自のコーポレート・ガバナンス原則策定と
　　　企業経営の実践 ………………………………………………　117
　　　4．1　企業独自のコーポレート・ガバナンス原則の位置づけ　…　117
　　　4．2　ソニーの『企業経営機構改革の理念と実践』……………　118
　　　4．3　日産自動車の『日産リバイバルプラン』………………　119

4.4　トヨタ自動車の『2010年グローバルビジョン』………… 120
　5　企業独自のコーポレート・ガバナンス原則策定に関する提言 … 123
　　　5.1　企業独自のコーポレート・ガバナンス原則策定の有用性 … 123
　　　5.2　企業独自のコーポレート・ガバナンス原則策定の方法 …… 124
　　　5.3　企業独自のコーポレート・ガバナンス原則の内容 ………… 126
　6　おわりに …………………………………………………………… 127
　　　注・参考文献 ………………………………………………………… 128

第6章　コーポレート・ガバナンス原則と議決権行使のIT化 … 133
　　　―企業による実践と課題―

　1　はじめに …………………………………………………………… 133
　2　コーポレート・ガバナンスにおける議決権行使のIT化の
　　　要請と位置づけ ………………………………………………… 134
　　　2.1　コーポレート・ガバナンスとは何か…………………………… 134
　　　2.2　コーポレート・ガバナンスにおける議決権行使の
　　　　　位置づけ…………………………………………………………… 135
　　　2.3　コーポレート・ガバナンス原則の議決権行使の
　　　　　IT化に関する要請 ……………………………………………… 136
　3　議決権行使のIT化を行うための方策…………………………… 139
　　　3.1　議決権行使のIT化のための合意と企業法制度改革 …… 139
　　　3.2　議決権行使のIT化による効果 ……………………………… 140
　　　3.3　議決権行使のIT化の具体的な方法 ………………………… 142
　　　3.4　Web方式とE-mail方式との選択基準 …………………… 144
　4　議決権行使のIT化における企業の実践と課題………………… 145
　　　4.1　議決権行使のIT化のモデル ………………………………… 145
　　　4.2　議決権行使のIT化による課題と解決策 …………………… 147
　5　おわりに …………………………………………………………… 148
　　　注・参考文献 ………………………………………………………… 149

第7章 企業独自コーポレート・ガバナンス原則 …………… 152
  ―企業独自原則を用いた企業経営の実践―

1　はじめに ……………………………………………………………… 152
2　コーポレート・ガバナンスと企業独自コーポレート・ガバナンス原則 … 153
 2.1　コーポレート・ガバナンス原則策定の背景………………… 153
 2.2　企業独自コーポレート・ガバナンス原則の有用性……… 154
 2.3　企業独自コーポレート・ガバナンス原則の概要………… 155
3　コーポレート・ガバナンス原則による企業独自コーポレート・ガバナンス原則策定の要請 ……………………………………… 156
 3.1　公的国際機関のコーポレート・ガバナンス原則による企業独自原則策定の要請………………………………… 156
 3.2　私的国際機関のコーポレート・ガバナンス原則による企業独自原則策定の要請………………………………… 159
 3.3　機関投資家のコーポレート・ガバナンス原則による企業独自原則策定への要請………………………………… 160
 3.4　日本のコーポレート・ガバナンス原則に対する提言…… 161
4　企業独自コーポレート・ガバナンスの策定に向けた実践 …… 163
 4.1　帝人グループの企業独自コーポレート・ガバナンス原則策定への取り組み………………………………………… 163
 4.2　帝人グループコーポレート・ガバナンス原則の詳細―企業競争力の強化―………………………………………… 167
 4.3　帝人グループコーポレート・ガバナンス原則の詳細―企業不祥事への対処―……………………………………… 168
 4.4　帝人グループの企業経営目標と企業独自コーポレート・ガバナンス原則の関係………………………………………… 169
5　企業独自コーポレート・ガバナンス原則の段階的策定 ……… 170
 5.1　企業独自コーポレート・ガバナンス原則の企業の実践状況と範囲………………………………………………… 170

5.2　企業独自コーポレート・ガバナンス原則策定までの
　　　　　3段階―第1・第2段階― …………………………… 172
　　　5.3　企業独自コーポレート・ガバナンス原則策定までの
　　　　　3段階―第3段階（企業独自原則）― ………………… 174
　6　企業独自コーポレート・ガバナンス原則の形成 ………… 175
　　　6.1　企業独自コーポレート・ガバナンス原則の詳細内容
　　　　　―規範― …………………………………………………… 175
　　　6.2　企業独自コーポレート・ガバナンス原則の詳細内容
　　　　　―行動指針― ……………………………………………… 177
　　　6.3　企業独自コーポレート・ガバナンス原則の策定と実施
　　　　　―原則策定まで― ………………………………………… 177
　　　6.4　企業独自コーポレート・ガバナンス原則の策定の道筋
　　　　　―原則策定後― …………………………………………… 179
　7　おわりに ……………………………………………………… 180
　　注・参考文献 …………………………………………………… 181

あとがき ………………………………………………………… 186

　1　本書の知見 …………………………………………………… 186
　　　1.1　第Ⅰ部コーポレート・ガバナンス原則の体系化 ……… 186
　　　1.2　第Ⅱ部コーポレート・ガバナンス原則と企業の実践 … 188
　　　1.3　本書の結論 ………………………………………………… 189
　2　本書の特質 …………………………………………………… 192
　　　2.1　本書の新規性と貢献する問題解明 ……………………… 192
　　　2.2　本書の独自性と貢献する問題解明 ……………………… 194
　3　今後の課題 …………………………………………………… 196
　　　3.1　原則研究における各領域の今後の課題 ………………… 196
　　　3.2　原則研究の今後の課題 …………………………………… 198

邦語文献 …………………………………………………………… 200
外国語文献 ………………………………………………………… 206
索引 ………………………………………………………………… 215

図表目次

第1章 コーポレート・ガバナンス原則研究の領域と課題
—原則研究の全体像—

図1-1	原則研究の目的と内容	4
図1-2	コーポレート・ガバナンス原則の全体像	5
図1-3	コーポレート・ガバナンス原則の分類	6
表1-1	コーポレート・ガバナンス原則の範囲と原則名	8
図1-4	コーポレート・ガバナンス原則の概念的範囲	8
表1-2	コーポレート・ガバナンス原則の内容	10
図1-5	コーポレート・ガバナンス原則の体系	11
図1-6	コーポレート・ガバナンス原則の系譜	13
図1-7	これまでのコーポレート・ガバナンス原則の関係	14
図1-8	21世紀のコーポレート・ガバナンス原則の関係	14
図1-9	原則が企業へ浸透する際の原則の分類	16
図1-10	コーポレート・ガバナンス原則の企業への浸透過程	17
図1-11	コーポレート・ガバナンス原則が求めているもの	19
図1-12	実際の企業経営と企業独自のコーポレート・ガバナンス原則	21
図1-13	企業独自のコーポレート・ガバナンス原則とは何か	22
図1-14	企業独自のコーポレート・ガバナンス原則の策定方法	23
図1-15	コーポレート・ガバナンス原則の体系化	24
図1-16	コーポレート・ガバナンス原則の研究意義と今後の課題	25

第2章 日本のコーポレート・ガバナンス原則
—原則策定の背景と課題—

表2-1	コーポレート・ガバナンス原則の範囲	33
表2-2	日本国内のコーポレート・ガバナンス原則	36
表2-3	企業不祥事への対処を主眼としたコーポレート・ガバナンス原則の内容	38

表 2-4	企業競争力の強化を主眼としたコーポレート・ガバナンス原則の内容 …	39

第3章　世界のコーポレート・ガバナンス原則
　　　　—原則の策定系譜，類型と役割—

表 3-1	代表的な先進諸国のコーポレート・ガバナンス原則 ………………	50
表 3-2	代表的な発展途上国のコーポレート・ガバナンス原則 ……………	54
表 3-3	代表的な市場経済移行国のコーポレート・ガバナンス原則 ………	56
表 3-4	代表的な機関投資家のコーポレート・ガバナンス原則 ……………	57
表 3-5	代表的な国際機関のコーポレート・ガバナンス原則 ………………	60
図 3-1	コーポレート・ガバナンス原則の系譜 ………………………………	62
図 3-2	コーポレート・ガバナンス原則の体系 ………………………………	66
図 3-3	21世紀のコーポレート・ガバナンス原則の関係……………………	68

第4章　機関投資家と国際機関のコーポレート・ガバナンス原則

表 4-1	代表的なコーポレート・ガバナンス原則策定の系譜 ………………	74
表 4-2	OECD コーポレート・ガバナンス原則 ………………………………	75
表 4-3	ICGN コーポレート・ガバナンス原則（前半：ICGN の視点）……	80
表 4-4	ICGN コーポレート・ガバナンス原則 （後半：OECD 原則へのアプローチ）………………………………	81
表 4-5	CalPERS のコーポレート・ガバナンス原則 …………………………	83
表 4-6	CII コーポレート・ガバナンス原則 …………………………………	85
表 4-7	CalPERS コーポレート・ガバナンス原則の大原則 …………………	91
表 4-8	CalPERS の対国別コーポレート・ガバナンス原則 …………………	92
表 4-9	CalPERS のコーポレート・ガバナンス原則 …………………………	97
表 4-10	Hermes のコーポレート・ガバナンス原則 …………………………	99
表 4-11	TIAA-CREF のコーポレート・ガバナンス原則……………………	101

第5章　コーポレート・ガバナンス原則と企業の実践
　　　　—企業独自原則の策定を目指して—

図 5-1	企業外部者策定型原則の企業への浸透 ………………………………	111
図 5-2	コーポレート・ガバナンス原則が求めているもの …………………	121
図 5-3	経営目標と企業経営機構改革 …………………………………………	122
図 5-4	企業独自のコーポレート・ガバナンス原則とはなにか ……………	124

図 5-5　企業独自コーポレート・ガバナンス原則の策定方法 ……………… 125

第 6 章　コーポレート・ガバナンス原則と議決権行使の IT 化
　　　　　─企業による実践と課題─

　　　図 6-1　コーポレート・ガバナンス原則の体系 ………………………………… 135
　　　表 6-1　コーポレート・ガバナンス原則による議決権行使の
　　　　　　　IT 化に関する要請 ………………………………………………………… 137
　　　表 6-2　商法に規定する株主総会までの流れ ………………………………… 140
　　　図 6-2　株主総会の議決権行使 IT 化の全体像 ……………………………… 141
　　　表 6-3　Web 方式による議決権行使の IT 化の長所と短所 ……………… 142
　　　表 6-4　E-mail 方式による議決権行使の IT 化の長所と短所 …………… 143
　　　表 6-5　議決権行使の IT 化と企業による実践 ……………………………… 145
　　　表 6-6　議決権行使の IT 化を採用する場合の株主総会までの
　　　　　　　スケジュール例 …………………………………………………………… 146
　　　表 6-7　議決権行使の IT 化における課題と対策 …………………………… 147

第 7 章　企業独自コーポレート・ガバナンス原則
　　　　　─企業独自原則を用いた企業経営の実践─

　　　表 7-1　コーポレート・ガバナンス原則による企業独自原則策定の要請 … 157
　　　表 7-2　帝人グループのコーポレート・ガバナンス原則 ………………… 163
　　　表 7-3　企業独自コーポレート・ガバナンス原則策定の 3 段階 ………… 171
　　　図 7-1　企業独自コーポレート・ガバナンス原則の概念 ………………… 172
　　　図 7-2　企業独自コーポレート・ガバナンス原則策定 3 段階の
　　　　　　　イメージと特徴 …………………………………………………………… 173
　　　図 7-3　企業独自コーポレート・ガバナンス原則の詳細内容 …………… 176
　　　図 7-4　企業独自コーポレート・ガバナンス原則策定・実施の
　　　　　　　フローチャート …………………………………………………………… 178

あとがき
　　　表 8-1　原則研究の結論 …………………………………………………………… 190
　　　表 8-2　今後の課題 ………………………………………………………………… 197

第Ⅰ部

コーポレート・ガバナンス原則の体系化

第1章

コーポレート・ガバナンス原則研究の領域と課題
―原則研究の全体像―

1 はじめに

　日本では，1990年代初頭のバブル経済崩壊から今日まで，企業の相次ぐ不祥事と低迷する収益力とが深刻な社会問題として影を落としている。そのため，企業の不祥事への対処と競争力の強化とを解決するために，現在も盛んにコーポレート・ガバナンス問題が議論されている。日本以外の先進諸国においても，企業経営環境，企業観，企業目的観等に若干の違いはあるものの，ほぼ同時期に同様の議論が積み重ねられてきたといえよう。今後も，コーポレート・ガバナンスは，21世紀における企業経営の中核的役割を担うものと予想される。

　コーポレート・ガバナンスに関する議論が深まるにつれて，コーポレート・ガバナンスに関する統一基準の必要性が高まった。これは，一般にコーポレート・ガバナンス原則（以下「原則」という）と称され，現在まで世界中の様々な機関や団体等によって数多く策定，公表されている。

　しかしながら，現在までに，代表的な原則について散発的に分析や研究がなされてはいるが，包括的な検討は少なかった。つまり，個別の原則については，その時々に取り上げられ紹介がなされてきたが，脈々と流れる原則策定の系譜のなかで取り上げられることが少なかった。そのため，今後は，原則の体系を確立し，原則策定の系譜を把握しながらコーポレート・ガバナン

スの諸問題に対処する必要がある、とのおもいが第1章を執筆した動機である。

そこで、図1-1に表されるように、第1章では、原則に関する研究領域

図1-1　原則研究の目的と内容

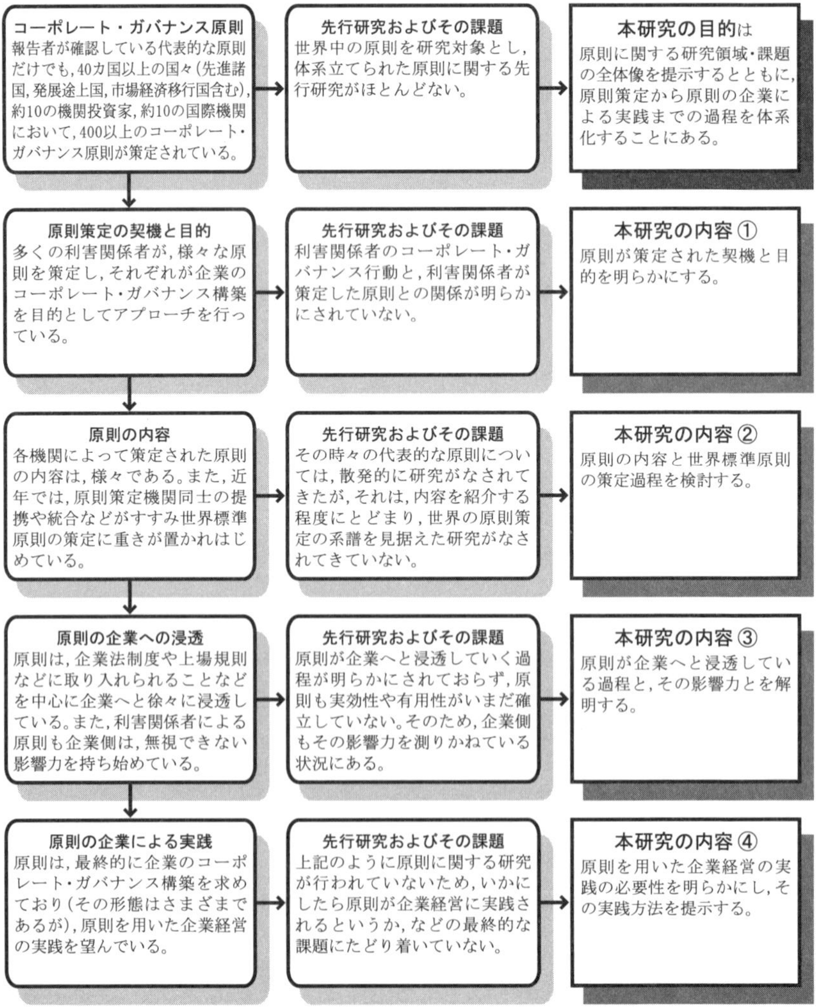

コーポレート・ガバナンス原則	先行研究およびその課題	本研究の目的は
報告者が確認している代表的な原則だけでも、40カ国以上の国々（先進諸国、発展途上国、市場経済移行国含む），約10の機関投資家，約10の国際機関において，400以上のコーポレート・ガバナンス原則が策定されている。	世界中の原則を研究対象とし，体系立てられた原則に関する先行研究がほとんどない。	原則に関する研究領域・課題の全体像を提示するとともに，原則策定から原則の企業による実践までの過程を体系化することにある。
原則策定の契機と目的	**先行研究およびその課題**	**本研究の内容①**
多くの利害関係者が，様々な原則を策定し，それぞれが企業のコーポレート・ガバナンス構築を目的としてアプローチを行っている。	利害関係者のコーポレート・ガバナンス行動と，利害関係者が策定した原則との関係が明らかにされていない。	原則が策定された契機と目的を明らかにする。
原則の内容	**先行研究およびその課題**	**本研究の内容②**
各機関によって策定された原則の内容は、様々である。また、近年では、原則策定機関同士の提携や統合などがすすみ世界標準原則の策定に重きが置かれはじめている。	その時々の代表的な原則については，散発的に研究がなされてきたが，それは、内容を紹介する程度にとどまり，世界の原則策定の系譜を見据えた研究がなされてきていない。	原則の内容と世界標準原則の策定過程を検討する。
原則の企業への浸透	**先行研究およびその課題**	**本研究の内容③**
原則は、企業法制度や上場規則などに取り入れられることなどを中心に企業へと徐々に浸透している。また、利害関係者による原則も企業側は、無視できない影響力を持ち始めている。	原則が企業へと浸透していく過程が明らかにされておらず，原則も実効性や有用性がいまだ確立していない。そのため、企業側もその影響力を測りかねている状況にある。	原則が企業へと浸透している過程と、その影響力とを解明する。
原則の企業による実践	**先行研究およびその課題**	**本研究の内容④**
原則は、最終的に企業のコーポレート・ガバナンス構築を求めており（その形態はさまざまであるが），原則を用いた企業経営の実践を望んでいる。	上記のように原則に関する研究が行われていないため、いかにしたら原則が企業経営に実践されるというか、などの最終的な課題にたどり着いていない。	原則を用いた企業経営の実践の必要性を明らかにし，その実践方法を提示する。

（出所）　筆者作成。

第1章 コーポレート・ガバナンス原則研究の領域と課題 5

図1-2 コーポレート・ガバナンス原則の全体像

I コーポレート・ガバナンス原則策定の契機と策定機関の目的

国際機関	機関投資家	国内機関
グローバル経済において企業経営活動に統一のルールが必要とされる。	受託者責任を果たし，株主として企業にアプローチする必要性を感じる。	経営者，政党，研究者など様々な機関から必要性に応じ策定されている。
幅広い分野から見識ある者により策定作業が進められる。	近年，横断的な原則の策定や支持・推薦等の活動をおこなう。	企業法制度や上場規則に取り入れられるケースが増えている。

II コーポレート・ガバナンス原則の内容と世界標準化過程

企業競争力の強化	企業不祥事への対処
国際機関原則　OECD原則　ICGN原則　世界銀行原則　など	
機関投資家原則　CalPERS原則　Hermes原則　TIAA－CREF原則　など	
国内機関原則　JCGF原則　など	

III コーポレート・ガバナンス原則の企業への浸透

経営者	機関投資家	上場規則 企業法制度改革
経団連（日）公認会計士協会（香港）など	イギリス（1992-）アメリカ　香港（1998-）ベルギー（1997-）タイ（1998-）マレーシア（1999-）など	日本（-2002）イギリス（-2002）ドイツ（-2002）フランス（-2002）中国（-2002）など

IV コーポレート・ガバナンス原則と企業経営の実践

企業競争力強化型原則	包括型原則（企業独自原則）	企業不祥事対処型原則
ソニー原則　日産自動車原則	なし（2002年1月現在）	GM原則
企業競争力を向上させることを主眼において策定され，機能的かつ効率的な企業経営機構体制の構築を中心とした原則である。	企業競争力を強化させると同時に企業不祥事を起こさせない企業経営を行わせるための総合的な規定をおいた原則である。	企業不祥事の再発を防止することを主眼において策定され，監査体制と利害関係者の権利等の内容を中心とした原則である。

（出所）筆者作成。

図1-3 コーポレート・ガバナンス原則の分類

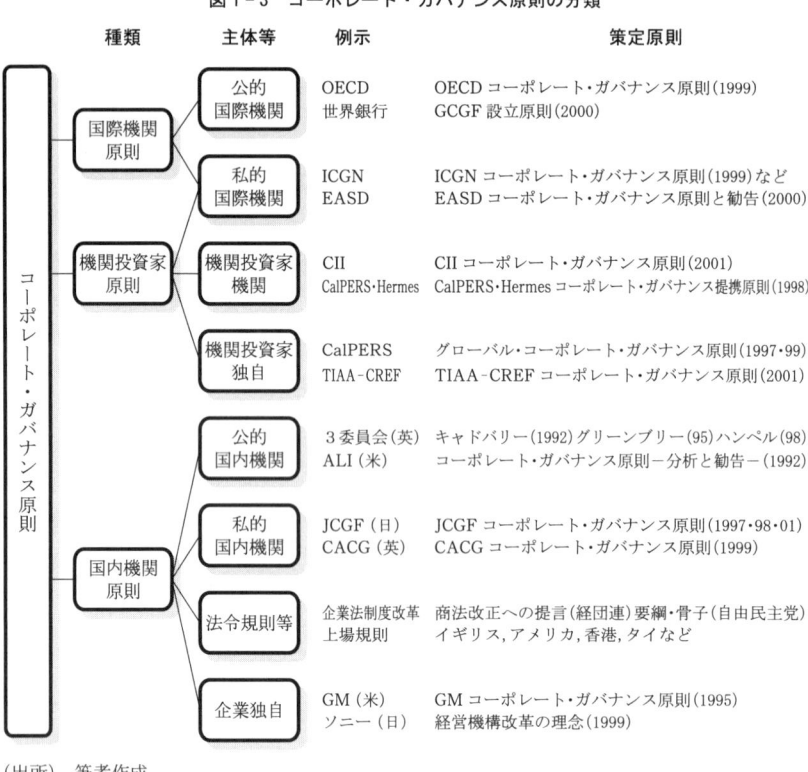

(出所) 筆者作成。

と研究課題との全体像を提示するとともに、原則策定から原則の企業による実践までの過程を体系化することにある。そのために、第1章は、1) 原則が策定された契機と目的とを明らかにする、2) 原則の内容と世界標準原則の策定過程を検討する、3) 原則が企業へと浸透している過程と、その影響力とを解明する、4) 原則を用いた企業経営の実践の必要性を明らかにし、その実践方法を提示する、の4つの内容を取り扱うことにする。そして、最終的に、原則の研究がコーポレート・ガバナンス問題を研究するにあたり、いかなる研究意義があるのか、についても言及したいと考えている。

2 コーポレート・ガバナンス原則の策定目的と系譜

2.1 コーポレート・ガバナンス原則の分類

はじめに,原則はいかなる契機で策定され,どのような系譜を辿って策定されてきたのか,という原則の研究領域の1つ目である,I原則の策定目的と系譜,についてみていくことにする。世界中で公表された原則は,図1-3のように分類することができる。図1-3を詳しくみると,まず,原則は,原則を策定した機関により,国際機関,機関投資家,国内機関として,大きく3つに分類することができる。さらには,原則の目的や機能により,国際機関原則は公的国際機関と私的国際機関の2つに,機関投資家原則は,私的国際機関(国際機関原則と重複),機関投資家機関,機関投資家独自の3つに,国内機関原則は,公的国内機関,私的国内機関,法令規則等,企業独自の4つに分類され,計8つに細分されることになる。そして,各原則の特徴は,以下の通りである。

- a．公的国際機関原則は,OECD原則に代表されるように,国の代表により構成された機関の原則であるため,他の機関の原則や各国の政策に強い影響をあたえるものである。
- b．私的国際機関原則は,ICGN原則に代表されるように,世界中の経営者,研究者,市場監督機関などにより構成され,グローバル企業への行動指針的な原則の提供を機動的に行うものである。
- c．機関投資家機関原則は,CII原則に代表されるように,機関投資家共通のガバナンス問題(議決権行使障壁等)について,改善策を盛り込んだものである(機関投資家同士の提携原則も含む)。
- d．機関投資家独自原則は,CalPERS原則やHermes原則に代表されるように,機関投資家がガバナンス行動(議決権行使や企業評価,企業との対話等)を行う際の基準となるものである。
- e．国内公的機関原則は,政府機関や市場監督機関が策定し,実質的な強制力を持つことが多い。

8　第Ⅰ部　コーポレート・ガバナンス原則の体系化

　　f．国内私的機関原則は，研究者や経営者等が中心となり策定するため，主として実務的かつ行動指針的な性格を有する。
　　g．法令・規則等やそれに関連した原則は，企業法制度のあり方に関する提言や意見書，企業法制度の自主的な運用ルールを定めることが多い。
　　h．企業独自原則は，企業目標および各機関によって策定されている原則

表1-1　コーポレート・ガバナンス原則の範囲と原則名

	策定機関	原則名
広義のコーポレート・ガバナンス原則（狭義を含む）	経済団体連合会 日本監査役協会 社会経済生産性本部 経済同友会	緊急提言（1997）報告書（2000）意見書（2001） 意見書（1996・1997） 提言（1998） 提言（1996・1999）
狭義のコーポレート・ガバナンス原則	OECD（公的国際機関） ICGN（私的国際機関） JCGF（日本） 3委員会（英）	OECDコーポレート・ガバナンス原則（1999） ICGNコーポレート・ガバナンス原則（1999） JCGFコーポレート・ガバナンス原則（1998・2001） 統合規範（1998）など

（出所）　小島大徳［2002a］36頁。

図1-4　コーポレート・ガバナンス原則の概念的範囲

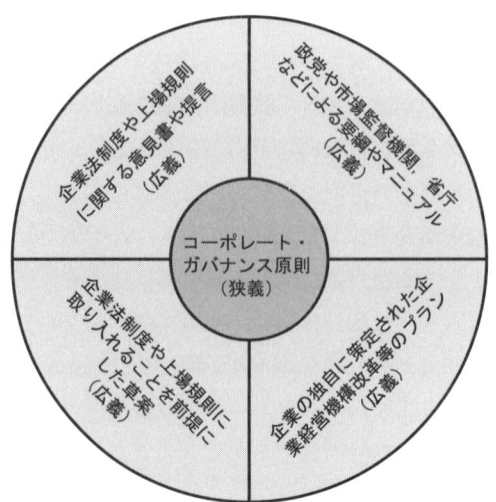

（出所）　筆者作成。

と関連付け，企業経営に生かすための原則である。

2.2 コーポレート・ガバナンス原則の範囲と定義，その目的

　原則の概念的範囲は，表1-1として表される狭義の原則（Corporate Governance Principles）の他に[1]，図1-4で表されるように，広義の原則として，①政党や市場監督機関，省庁などによる要綱やマニュアル，②企業の独自に策定された企業経営機構改革等のプラン，③企業法制度や上場規則に取り入れることを前提にした草案，④企業法制度や上場規則に関する意見書や提言，の4つに分類することができよう。

　それぞれ，具体的に例示するとすれば，①については，自由民主党の商法改正要綱・骨子（1997・98など），旧通商産業省の創造・革新型コーポレート・システム（1998），金融庁の各種検査マニュアルなどを，②については，ソニー経営機構改革の理念（1997），日産リバイバルプラン（1999），GMコーポレート・ガバナンス原則（1995）などを，③については，中国コーポレート・ガバナンス原則（2002），香港コーポレート・ガバナンス原則，タイ・コーポレート・ガバナンス原則，マレーシア・コーポレート・ガバナンス原則，イギリス3委員会報告書（1992・95・98）などを，④については，商法改正に関する提言（経団連・2000），コーポレート・ガバナンスに関する企業法制の将来について（日本監査役協会・2001）など，をあげることができる。

　これらをまとめると，原則の定義は，企業がその利害関係者間の利害調整を行いながら，健全で効率的な企業経営を行える企業構造の一形態を示したものであるとすることができる[2]。また，原則の目的は，最終的に企業に対してコーポレート・ガバナンス構築を目指すものでなくてはならない[3]，ということができよう。

3 コーポレート・ガバナンス原則の体系と世界標準化

3.1 コーポレート・ガバナンス原則の体系

それでは，原則の内容はいかなるもので，どのような方向に進もうとしているのか，という原則の研究領域の2つ目であるⅡ原則の体系と世界標準化，についてみていくことにする。世界の代表的な原則である，イギリスの統合規範，私的国際機関のICGN原則，公的国際機関のOECD原則を概観すると，表1-2としてまとめることができ，おおむね，株主の権利，取締役会，情報開示・透明性，利害関係者，の各項目から構成されることがわかる。その分類された項目を詳細に検討すると，図1-5に表されるように，企業経営機構に関する記述と，利害関係者の権利に関する記述，そして，その両者を繋ぐ連結環としての役割を担う情報開示・透明性に関する記述との3部の体系をもっているということができる。

これらについて詳しくみていくと，まず，企業経営機構に関しては，企業経営機構の最低限のルールについての内容となっており，おおむね，① 取

表1-2 コーポレート・ガバナンス原則の内容

	統合規範（英）	ICGN原則（私的国際）	OECD原則（公的国際）
株主の権利	C 株主との対話	1 法人の目的 3 株主議決権 6 経営意思決定 8 株主利益	Ⅰ 株主の権利 Ⅱ 株主の公平な取扱い
取締役会	A 取締役	4 取締役会制度	Ⅴ 取締役会の責任
情報開示・透明性	B 取締役の報酬 D アカウンタビリティーおよび会計監査	2 対話と報告 5 経営者の報酬	Ⅳ 情報開示と透明性
利害関係者	E 機関投資家	9 企業市民活動	Ⅲ 利害関係者の役割
その他		7 企業のパフォーマンス 10 コーポレート・ガバナンスの実現	

（出所）筆者作成。

図1-5 コーポレート・ガバナンス原則の体系

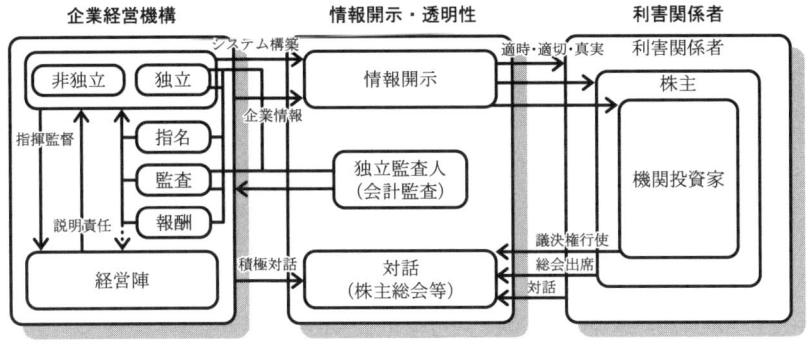

(出所) 筆者作成。

締役会には，独立取締役を招いて構成されるべきである，② 取締役会内には，独立取締役から構成される指名・監査・報酬の各委員会を設置されるべきである，③ 取締役会は，経営陣に指揮監督責任を有し，経営陣は，取締役会に説明責任を負うべきである，の3つが共通事項であるといえよう。

つぎに，利害関係者に関しては，国際機関から機関投資家，国内機関となるにつれ，利害関係者規定の範囲が狭くなるのが特徴である。そして，① 利害関係者は，適時に適切で真実な企業情報を企業より受ける権利を有しているべきである，② すべての利害関係者は，議決権行使および株主総会に出席する権利を有しているべきである，③ 利害関係者は，必要に応じて企業に対して対話を行えるように企業が配慮すべきである，の3つが主な内容であるといえよう。

また，情報開示・透明性に関しては，企業経営機構と利害関係者とを繋ぐ連結環としての役割を担うものである。そして，① 企業は独立監査人と協力して，内部監査体制などを構築するべきである，② 企業は独立監査人と協力して，情報開示システムを構築するべきである，③ 企業は，利害関係者に対して，企業情報を開示する責任を有している，の3つが主な内容であるといえる。

3.2 コーポレート・ガバナンス原則策定の系譜

それでは，ここで原則が策定された系譜を振り返ることにより，今日的な原則の姿と21世紀の原則とを明らかにしたい。まず，今日，盛んに策定されている原則の直接的な起源は，1990年代初頭まで遡ることができる。具体的には，1992年に策定されたイギリスの『キャドバリー委員会報告書4』であると位置づけても問題はないであろう。そして，この原則が策定された後，世界的に原則策定の動きが加速度的に広がっていくのであるが，その動向は，おおむね3つの時期に分類することができる。これを，図1-6により明らかにしてみる。

まず，1990年代初頭から，世界各国で徐々に原則の単独策定が始まる。そして，原則策定は，機関投資家，国際機関へと広がりを見せていくのである。これは，図1-5の縦の流れからも明らかにされる。つぎに，1990年代中頃から，各原則策定機関は，原則の相互提携をはじめとして，他機関の原則について支持などをおこない，相互補完関係を築きはじめる。たとえば，カリフォルニア州公務員退職年金基金（CalPERS）やHermesなどに見られる提携原則に横断的原則策定の例をあげることができる。さらに，1990年代後半から，インターナショナル・コーポレート・ガバナンス・ネットワーク（ICGN）やグローバル・コーポレート・ガバナンス・フォーラム（GCGF）などのあらゆる分野の原則策定をおこなっている機関が参加した新たな国際機関の設置に代表されるように，包括的な原則策定をおこなう体制に移行している。そして，これらの一連の原則策定をめぐる動向から，21世紀に入った今日では，世界標準原則の策定を目指した新潮流に入ったということができるであろう。

3.3 これまでのコーポレート・ガバナンス原則と21世紀のコーポレート・ガバナンス原則

これまでの原則は，図1-7に示されるように，1）各原則は，最終的に企業独自の原則の策定および原則を活用した経営を要求する，2）各原則策定機関は，他機関との提携や協力関係を有し，よりよい原則の策定を目指す，

第1章 コーポレート・ガバナンス原則研究の領域と課題　13

図1-6　コーポレート・ガバナンス原則の系譜

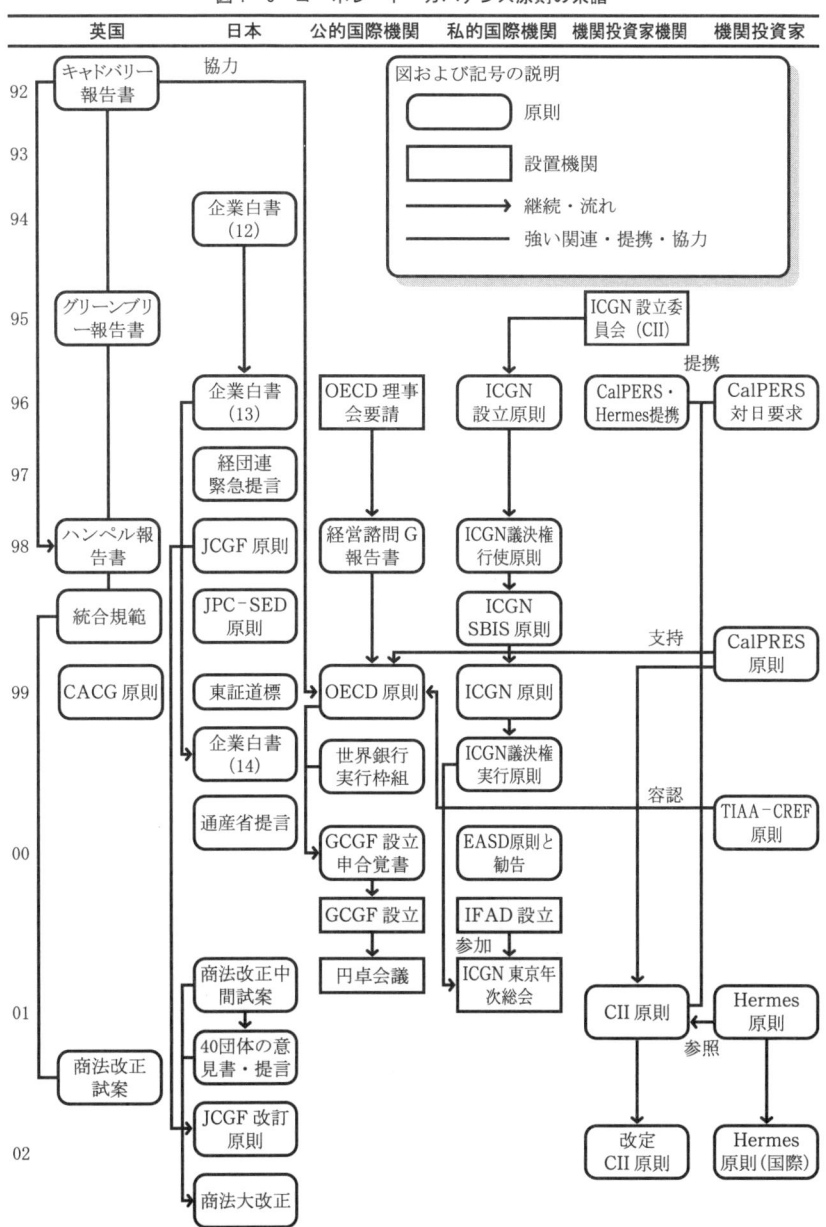

(出所)　筆者作成。

14　第Ⅰ部　コーポレート・ガバナンス原則の体系化

図1-7　これまでのコーポレート・ガバナンス原則の関係

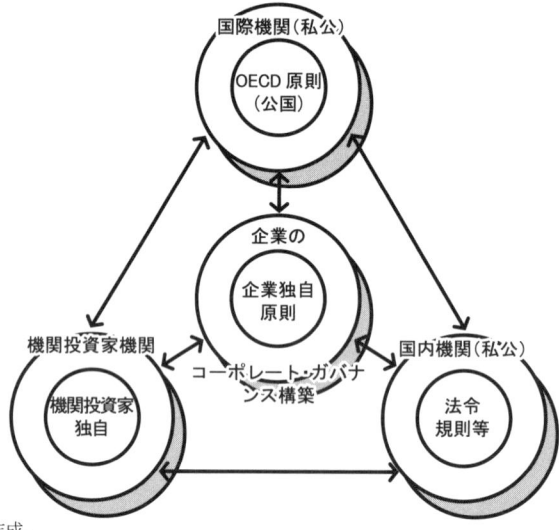

(出所)　筆者作成。

図1-8　21世紀のコーポレート・ガバナンス原則の関係

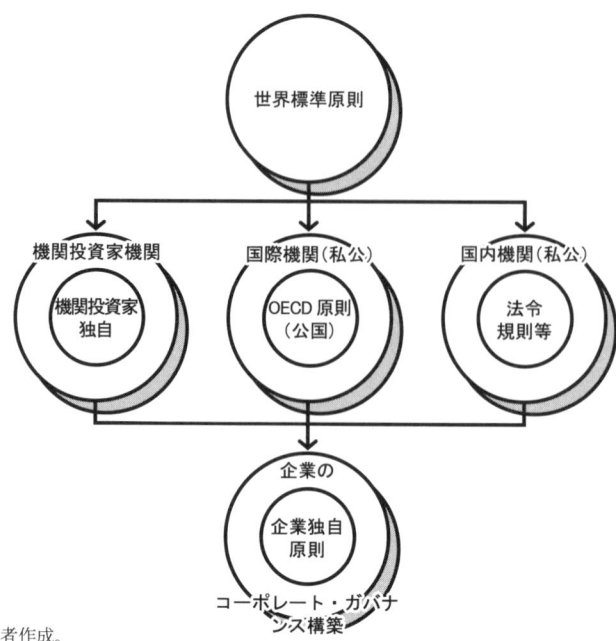

(出所)　筆者作成。

3) 各原則は，企業経営の実践や環境に適合した原則の策定および改訂を継続して行う，の3つの特徴を有していた。

しかし，すでにふれたように，今日，世界標準原則の策定作業が進んでいることからも，21世紀の原則は，図1-8のように，1) 世界標準原則（基幹原則）と各原則（行動指針原則）との分離を行い，2) 国内機関，機関投資家，国際機関は，相互提携，相互協力体制を維持，発展させるために，各原則の役割の明確化と協力体制を築き，3) 原則を用いることによる企業経営の実施，を行うという体制を構築していく必要があると考える。

そして，1) については，① 最低限のルールを世界標準原則として定め，② 国内機関，機関投資家，国際機関は，各々の目的に合わせて世界標準原則に準拠し，より具体的な行動指針的原則を策定する，ことが求められる。2) については，① 国際機関は，幅広い利害関係者に関する規定を設け，② 機関投資家は，株主の立場から原則を策定し，③ 国内機関は，各国の経済体制，経済発展などの状況に適合した企業法制度，上場規則を形作る原則を策定する，という具体的行動指針原則としての役割を持つ必要がある。3) については，① 企業は，行動指針原則を参照，あるいは（機関投資家や国内法令規則等の）要求に応じて，企業目標と各機関によって策定された原則とを考慮して企業独自の原則を策定し，② 企業独自の原則に基づいた，企業経営をおこなうこと，が望まれるのである。

なお，世界標準原則は，最低限の記述にとどまり，広く世界中に浸透することを目的としていることからも，これに強制力はない。また，具体的行動指針原則を策定する機関は，世界標準原則を参照し，原則を策定するべきである。つまり，世界標準原則は，非拘束性と参照可能性という，2つの特徴を有しているといえる。

4　コーポレート・ガバナンス原則の企業への浸透過程

4.1　コーポレート・ガバナンス原則の企業への浸透とその役割

それでは，原則はいかにして企業に浸透していくのか，という原則の研究

図1-9　原則が企業へ浸透する際の原則の分類

経営者策定型原則	企業外部者策定型原則
日本コーポレート・ガバナンス・フォーラム（JCGF）インターナショナル・コーポレート・ガバナンス・ネットワーク（ICGN）	機関投資家の原則 企業法制度・上場規則原則
企業外部から原則を遵守および参照しつつ，経営者自ら企業戦略や環境に合わせた原則である。	企業経営に対して一定のルールを課す，または要求することで，健全な企業経営を達成しようとする原則である。
企業競争力の強化	企業不祥事への対処

（出所）　筆者作成。

　領域の3つ目であるⅢ原則の企業への浸透過程，に関してみていくことにする。原則が企業へ浸透する際の原則は，図1-9に表されるように，1）経営者策定型原則と，2）企業外部者策定型原則との，2つに分類することができる。

　まず，1）は，企業外部から原則を遵守および参照しつつ，経営者自ら企業戦略や環境に合わせた原則であり，主として企業競争力の強化を目指したものである。また，2）は，企業経営に対して一定のルールを課す，または要求することで，健全な企業経営を達成しようとする原則であり，主として企業不祥事に対処しようとする原則である。

4.2　コーポレート・ガバナンス原則の企業への浸透とその分類

　ここで，原則が企業へ浸透していく過程を示すと，図1-10のように表される。第1に，経営者策定型原則は，経営者が参加して策定した原則であることはいうまでもなく，JCGF原則やICGN原則，経済団体連合会や監査役協会による各種提言などが代表的なものである[5]。経営者が原則策定に関与し始めたきっかけとしては，OECD原則や機関投資家原則が相次いで出されるなか，経営者の視点を原則に取り入れるためであったと考えられる。その背景には，機関投資家や市場監督機関等が主導して策定された原則が，影響力を持ち始めてきたという危機感があったと考えられる。

第 1 章 コーポレート・ガバナンス原則研究の領域と課題　17

図 1-10　コーポレート・ガバナンス原則の企業への浸透過程

経営者	機関投資家	市場監督機関等
JCGF 原則 ICGN 原則 経団連各種提言 監査役協会各種提言	CalPERS 原則 Hermes 原則 TIAA-CREF 原則 CII 原則	NYSC 上場規則 香港上場規則 中国上場規則 ロンドン上場規則
OECD 原則や機関投資家原則が相次いで出されるなか，経営者の視点を原則に取り入れるべく策定に 90 年代後半から参加し始める。	90 年代中頃から活発に原則を公表し，近年では，機関投資家同士の結束を強めるとともに，経営者や市場監督機関等を巻き込んだ原則作りを目指している。	イギリスの 3 委員会の成功と OECD 原則の公表をきっかけに発展途上国を中心として上場規則採用を前提とした原則や，先進諸国の企業法制度改革の草案としての原則策定が活発である。

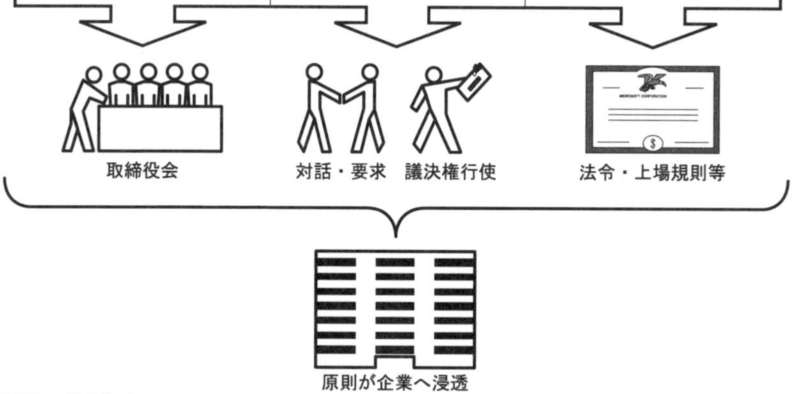

　　　　　取締役会　　　対話・要求　議決権行使　　　法令・上場規則等

原則が企業へ浸透

（出所）　筆者作成。

　第 2 に，企業外部者策定型原則に分類される機関投資家原則は，CalPERS 原則，Hermes 原則，TIAA-CREF 原則，CII 原則などが代表的な原則である。機関投資家は，90 年代中頃から活発に原則を公表し，近年では，機関投資家同士の結束を強めるとともに，経営者や市場監督機関等を巻き込んだ原則作りを目指している。

　第 3 に，同じく企業外部者策定型原則に分類される市場監督機関等の原則は，ニューヨーク証券取引所や，香港，中国，ロンドンなどの上場規則があてはまる。市場監督機関等は，イギリスの 3 委員会の成功と OECD 原則の公表をきっかけに発展途上国を中心として上場規則採用を前提とした原則

や，先進諸国の企業法制度改革の草案としての役割も有している。

4.3　コーポレート・ガバナンス原則の企業への浸透過程

　このように企業へ浸透していく3種類の原則は，以下のようなそれぞれの役割をもっている。まず，経営者が策定に関与した原則は，おのずと，経営者のモラルやコーポレート・ガバナンスに対する意識の向上を生み，企業経営に原則が徐々に浸透していく大きな要因となる。また，機関投資家は，原則を策定・公表することにより，企業に対して自らの意思を表明できる。また，原則に則って，対話や要求，議決権行使をすることで，企業に対して，やや強制的に原則を企業に浸透させることができる。そして，市場監督機関等の原則は，近年，原則を上場規則や企業法制度にそのまま取り入れたり，または，多くの部分を採用したりする傾向にある。そうではなくとも，市場監督機関等が策定する原則は，一定の基準となり，強制力を有していると考えられる。

　ここで，これら3種類の原則の特筆すべきこととしては，以下のようである。まず，経営者策定型原則を詳細に検討すると，経営者が原則策定に加わり始めたのは，OECD原則の公表や相次ぐ機関投資家原則の公表により，原則の重要性と有効性を認識し始めた1990年代後半のことであった。ここには，経営者不在による原則策定への危機感や，経営者も原則策定に加わらなくてはいけない時代的要請があったものと読みとることができる。また，機関投資家は，今日，企業に対して原則を通じて最も影響力を与えている。そして，世界的にも，機関投資家を中心とした世界標準原則の策定に向けた取り組みや，あらゆる機関が策定した原則に関する支持表明などを行い，イニシアティブを取っている。今後も，機関投資家が中心となった原則策定がしばらく続くものと考えられよう。なお，企業法制度や上場規則は，必ず守らなくてはいけないルールである。そのルールに原則が採用されるなど，市場規制機関等の策定した原則には重みがある。企業は，これらの原則をあらかじめ参照し研究することで，今後の企業経営機構改革や企業戦略などを立てることにも活用することができるという長所があろう。

5　コーポレート・ガバナンス原則を用いた企業経営の実践

5.1　コーポレート・ガバナンス原則がもとめているもの

　それでは，ここで，原則がいかなる企業経営を行うことをもとめているのか，について，図1-11を参照して触れておきたい。

　コーポレート・ガバナンスの本質は，平田光弘［2001b］が指摘するように，「コーポレート・ガバナンス問題はつまるところ経営者問題にほかならない[6]」のである。そして，原則も，「最終的に企業のコーポレート・ガバナンス構築を目指している[7]」ものであるため，原則は，経営者が主体となって原則の内容を実践していくことを求めているといえよう。また，コーポレート・ガバナンスの目的は，たとえば，吉森賢［2001］が，「企業統治と

図1-11　コーポレート・ガバナンス原則が求めているもの

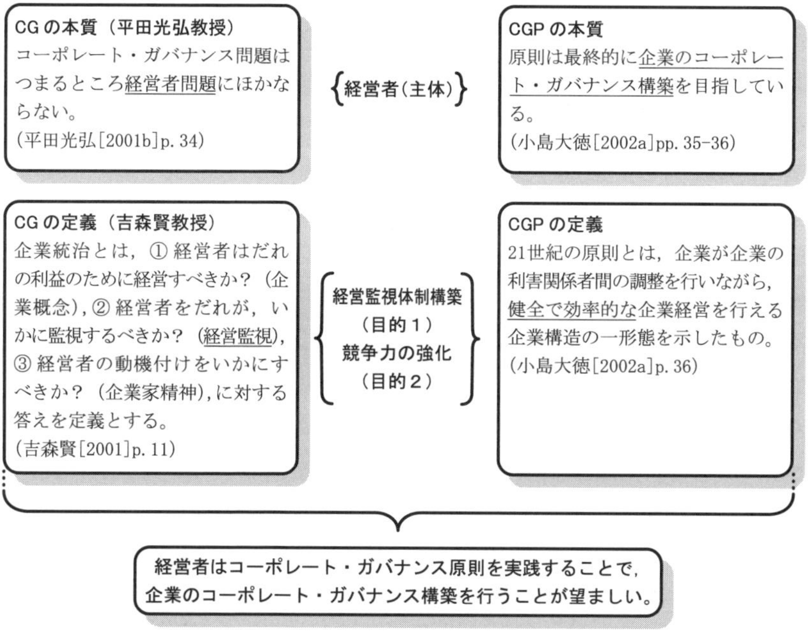

CGの本質（平田光弘教授）		CGPの本質
コーポレート・ガバナンス問題はつまるところ経営者問題にほかならない。 （平田光弘[2001b]p.34）	｛経営者（主体）｝	原則は最終的に企業のコーポレート・ガバナンス構築を目指している。 （小島大徳[2002a]pp.35-36）
CGの定義（吉森賢教授）		**CGPの定義**
企業統治とは，①経営者はだれの利益のために経営すべきか？（企業概念），②経営者をだれが，いかに監視するべきか？（経営監視），③経営者の動機付けをいかにすべきか？（企業家精神），に対する答えを定義とする。 （吉森賢[2001]p.11）	経営監視体制構築 （目的1） 競争力の強化 （目的2）	21世紀の原則とは，企業が企業の利害関係者間の調整を行いながら，健全で効率的な企業経営を行える企業構造の一形態を示したもの。 （小島大徳[2002a]p.36）

経営者はコーポレート・ガバナンス原則を実践することで，企業のコーポレート・ガバナンス構築を行うことが望ましい。

（出所）　筆者作成。

は，①経営者はだれの利益のために経営すべきか？（企業概念），②経営者をだれが，いかに監視するべきか？（経営監視），③経営者の動機付けをいかにすべきか？（企業家精神），に対する答えを定義とする（下線は筆者による）[8]」と指摘するように，おおむね，経営監視体制構築と企業競争力の強化とにあるといってもよいであろう。

そもそも，原則の本質は，最終的に企業のコーポレート・ガバナンス構築を目指していることにある[9]。そして，原則は，「企業が企業の利害関係者間の調整を行いながら，健全で効率的な企業経営を行える企業構造の一形態を示したもの（下線は筆者による）[10]」，と定義される。

これらを図示した図1-11によると，原則は，経営者が原則を実践し，企業のコーポレート・ガバナンス構築（経営監視体制構築と競争力の強化とを目的とした）を行うことをもとめている，ということができるであろう。

5.2 実際の企業経営と企業独自のコーポレート・ガバナンス原則

それでは，実際の企業経営においてコーポレート・ガバナンス構築はどのように行われているのであろうか。これを検証するために，コーポレート・ガバナンスに先進的といわれる日産自動車，ソニー，トヨタ自動車の例を，図1-12を用いて取り上げることにする。

まず，日産自動車は，1999年に『日産リバイバルプラン』を公表した。これによると，①2000年までの黒字化，②売上げ営業利益率4.5％，③有利子負債7,000億円，の3つを経営目標に掲げ，そのために，①取締役の大幅削減，②CEO，COO，EVP，SVPの選任，③執行役員制度の導入，を中心とした企業経営機構改革を行うことにした。

また，ソニーは，1997年に『ソニー企業経営機構改革の理念と実践』をスタートさせ，①企業価値の向上，②リソースの集中，③コーポレート・ガバナンスの構築，の3つを経営目標に掲げ，そのために，①取締役の役割の明確化，②取締役の大幅削減，③社外取締役の重視，④執行役員制度の導入，を柱とした企業経営機構改革を行うことにした。

さらに，トヨタ自動車でも，1996年の『2005年ビジョン』に引き続き，

図1-12　実際の企業経営と企業独自のコーポレート・ガバナンス原則

企業競争力強化型原則	包括型原則	企業不祥事防止型原則
日産リバイバルプラン ソニー経営機構改革理念	なし（2002年1月現在）（企業独自原則）	GMコーポレート・ガバナンス原則
これは，企業競争力の強化を目的として，企業経営機構改革を行いつつ企業経営目標を達成しようとする原則である。	これは，企業競争力強化と企業不祥事防止とを同時に達成することを目的とした原則である。	これは，企業不祥事防止を目的として，原則に基づいた企業経営機構改革を実施および維持していくことを目的とした原則である。

日産 リバイバルプラン

経営目標　　　　1999/03/27
① 黒字化（2000年まで）
② 売上営業利益率 4.5%
③ 有利子負債 7,000億円

企業経営機構改革
① 取締役の大幅削減
② CEO, COO, EVP, SVP 選任
③ 執行役員制度の導入

ソニー 経営機構改革理念

企業目標　　　　1997/06
① 企業価値の向上
② リソースの集中
③ CG の構築

企業経営機構改革
① 取締役役割の明確化
② 取締役の大幅削減
③ 社外取締役の重視
④ 執行役員制度の導入

日産　結果報告
1　2001年度上半期に過去10年間における最高の決算報告をおこなう。
2　リバイバルプランを1年早く完了
3　『日産180』プランへの移行

ソニー　結果報告
1　企業業績結果に基づく継続的な企業経営機構体制の再構築
2　グループ・ガバナンスへの移行

企業は，徐々に，コーポレート・ガバナンス原則の内容に近い形のプランや理念に基づき企業経営を実践している。

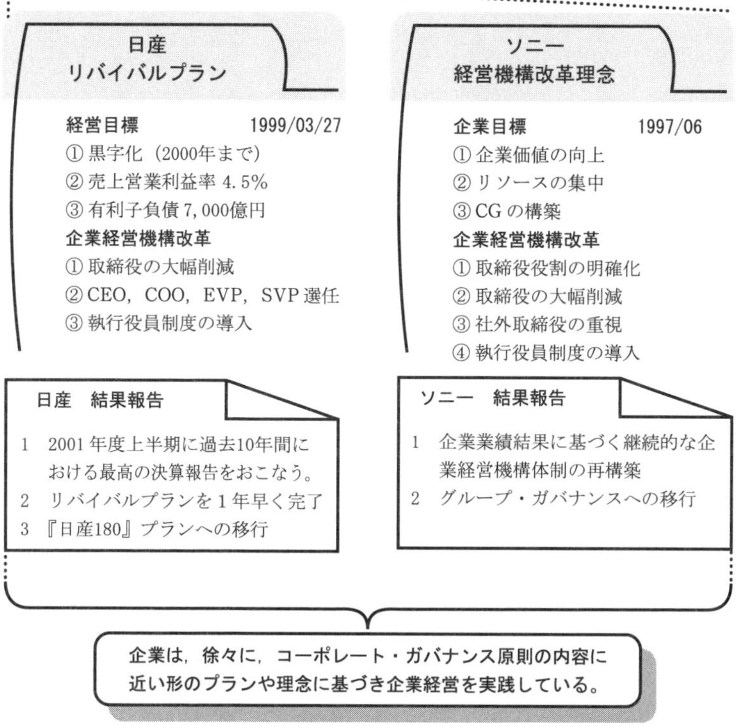

（出所）　筆者作成。

2002年4月1日に『2010グローバルビジョン』を公表した。その内容は，Ⅰ 将来に向けた4つの Innovation（21世紀前半に我々が期待する社会の姿と目指すべき企業像）として，目指すべき企業像を明確にした。そして，こ

れを達成するために，Ⅱパラダイムチェンジとして，3つの主要な取り組むべき課題を挙げているのであるが，そのなかの1つに，2. マネジメントとして，① グローバル経営体制の刷新，② グループ体制の刷新，③ 多様な人材のチームワーク，の項目で，グローバルヘッドクォータ等の設置やグループ体制の刷新などの具体的な計画を盛り込んでいる。

5.3　コーポレート・ガバナンス原則とコーポレート・ガバナンス

昨今のコーポレート・ガバナンス議論は，様々な分野で研究が進められ，コーポレート・ガバナンスの本質が見失われがちである。つまり，世界中で

図1-13　企業独自のコーポレート・ガバナンス原則とは何か

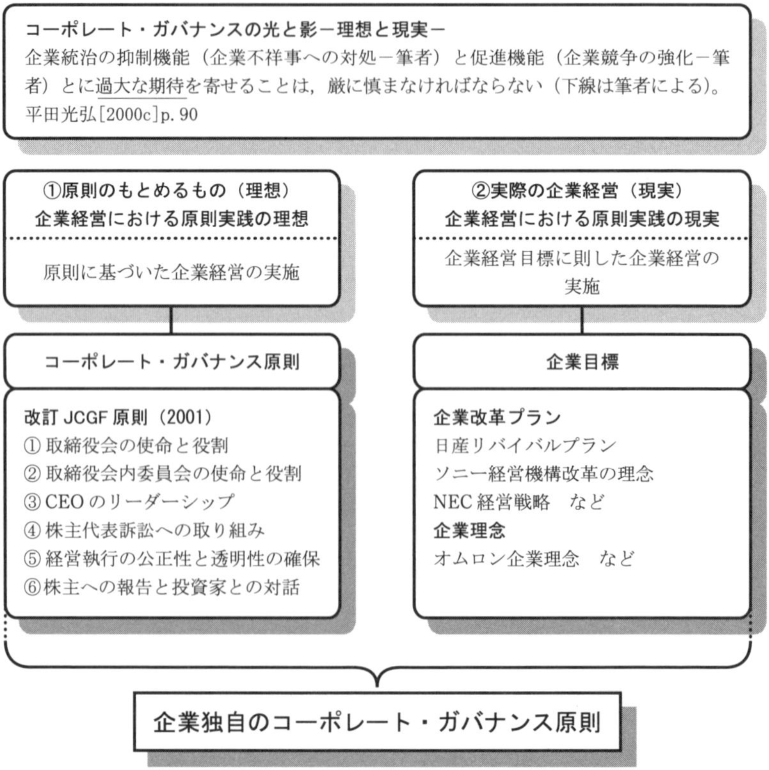

コーポレート・ガバナンスの光と影－理想と現実－
企業統治の抑制機能（企業不祥事への対処－筆者）と促進機能（企業競争の強化－筆者）とに過大な期待を寄せることは，厳に慎まなければならない（下線は筆者による）。
平田光弘[2000c]p. 90

①原則のもとめるもの（理想） 企業経営における原則実践の理想	②実際の企業経営（現実） 企業経営における原則実践の現実
原則に基づいた企業経営の実施	企業経営目標に則した企業経営の実施
コーポレート・ガバナンス原則	**企業目標**
改訂JCGF原則（2001） ① 取締役会の使命と役割 ② 取締役会内委員会の使命と役割 ③ CEOのリーダーシップ ④ 株主代表訴訟への取り組み ⑤ 経営執行の公正性と透明性の確保 ⑥ 株主への報告と投資家との対話	企業改革プラン 日産リバイバルプラン ソニー経営機構改革の理念 NEC経営戦略　など 企業理念 オムロン企業理念　など

企業独自のコーポレート・ガバナンス原則

（出所）　筆者作成。

第1章 コーポレート・ガバナンス原則研究の領域と課題　23

図1-14　企業独自のコーポレート・ガバナンス原則の策定方法

日産リバイバルプランの場合
1. 日・米・欧の200人が関与して寄せられた2,000件のアイデアに基づく。
2. その内，400件をエグゼクティブコミッティに提案する。
3. 取締役会で最終承認する。

ソニー経営機構改革理念の場合
1. 経営会議の新設と，CHRO, CTO, CFOなどの任命をおこなう。
2. 経営会議の下にマネジメントコミッティを置く。
3. マネジメントコミッティが，戦略・計画の立案や業務執行をおこなう。

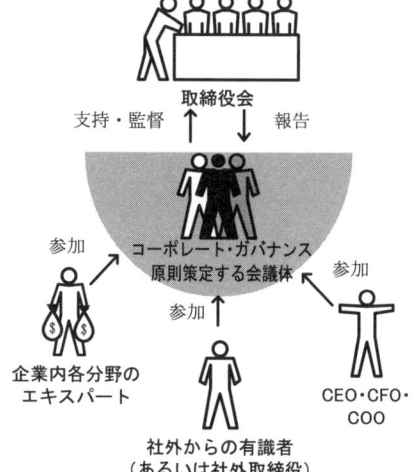

取締役会
支持・監督　報告
コーポレート・ガバナンス原則策定する会議体
参加
企業内各分野のエキスパート
参加
社外からの有識者（あるいは社外取締役）
参加
CEO・CFO・COO

（出所）　筆者作成。

　今日も収まることのない企業不祥事や，業績不振企業に対する経営革新などに，必ずといっていいほど，コーポレート・ガバナンス問題をからめて議論が行われる。しかし，コーポレート・ガバナンス構築を行うことで，これら全ての問題が解決するわけでもなく，逆に，コーポレート・ガバナンスが優れていない企業が，これら全ての問題を内包しているわけでもない。

　これを実証しているのが，上述のトヨタ自動車の例である。つまり，トヨタ自動車の『2010年グローバルビジョン』は，コーポレート・ガバナンスに消極的であっても業績が高く不祥事もないとされる企業であっても，コーポレート・ガバナンスの理念や理想を有しているからこそ，業績が高く不祥事もないとされるべきであろう。つまり，このコーポレート・ガバナンスの理念や理想の確立と実践こそ原則の求めているものであり，いいかえるならば，形だけの企業経営機構改革ではなく，そこには，企業目標や経営者の積極的な関与と取り組みがあってこそ，であると言えるのではないだろうか。

6 コーポレート・ガバナンス原則研究の課題と意義

6.1 コーポレート・ガバナンス原則の体系

ここで論じてきたように，コーポレート・ガバナンス原則の体系は，4つの研究領域から構成される。ここで，今一度まとめると，Ⅰ原則の策定契機と策定機関の目的，Ⅱ原則の内容と世界標準化過程，Ⅲ原則の企業への浸透，Ⅳ原則と企業経営の実践，の4つである。そして，図1-15に表されるように，原則は，Ⅰ→Ⅱ→Ⅲ→Ⅳと企業のコーポレート・ガバナンス構築にアプローチすることになる。さらに，注目すべきは，Ⅳ→Ⅰへと，企業経営環境等に適合した原則策定のサイクル運動を起こすことである。そして，このような原則は，いつの時代でも，常に企業に密接した内容を定められている。

これらの代表的な例として，イギリスにおける，1992年のキャドバリー委員会報告書から1995年のグリーンブリー委員会報告書，1998年のハンペル委員会報告書と統合規範，の例や，日本における1998年のJCGF原則か

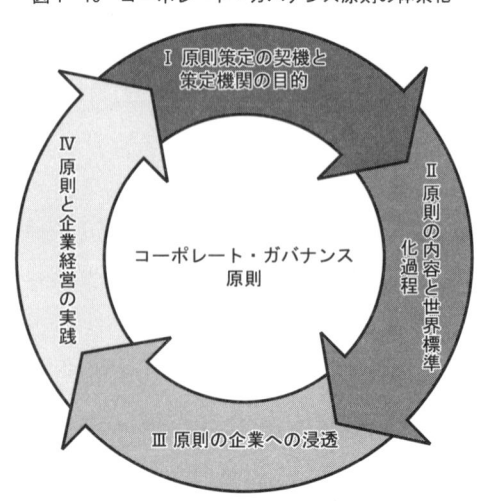

図1-15 コーポレート・ガバナンス原則の体系化

（出所）筆者作成。

ら 2001 年の改訂 JCGF 原則などがあげられる。

6.2 コーポレート・ガバナンスの研究意義

コーポレート・ガバナンスは，1990 年代前半より，盛んに議論が行われ，今日，多くの研究成果と企業による実践が行われている。しかし，21 世紀に入り，さらに，この問題を深化させていくためには，1) 研究者と実務家との交流，2) コーポレート・ガバナンス問題の本質の解明，の 2 つを積極的に行っていかなければならない。最後に，この 2 つについて，原則を用いることにより，解決を迫ることが可能である点を指摘することとしたい。

まず，今日，コーポレート・ガバナンス問題は，多くの利害関係者により，それぞれの立場で議論が行われ，実践されている。しかし，学際的な研

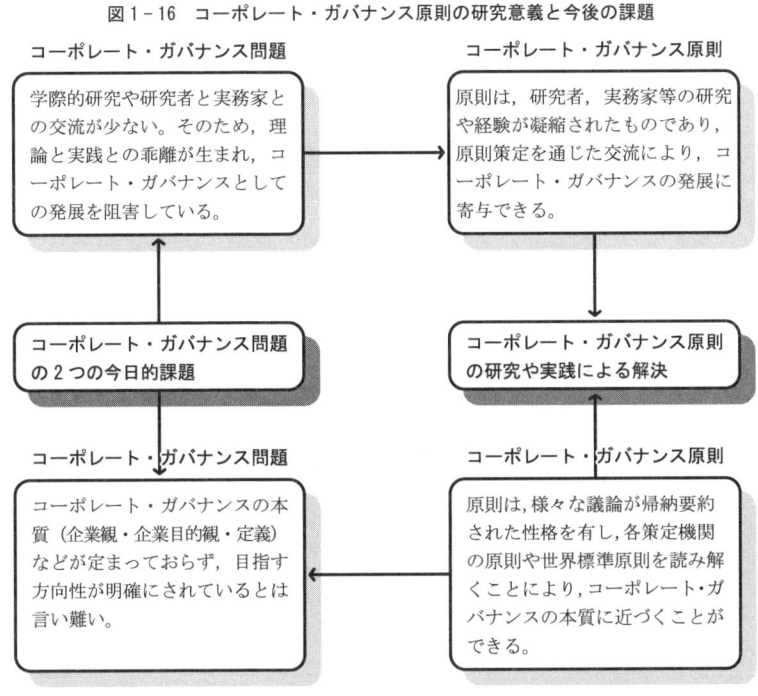

図 1-16 コーポレート・ガバナンス原則の研究意義と今後の課題

コーポレート・ガバナンス問題

学際的研究や研究者と実務家との交流が少ない。そのため，理論と実践との乖離が生まれ，コーポレート・ガバナンスとしての発展を阻害している。

コーポレート・ガバナンス原則

原則は，研究者，実務家等の研究や経験が凝縮されたものであり，原則策定を通じた交流により，コーポレート・ガバナンスの発展に寄与できる。

コーポレート・ガバナンス問題の 2 つの今日的課題

コーポレート・ガバナンス原則の研究や実践による解決

コーポレート・ガバナンス問題

コーポレート・ガバナンスの本質（企業観・企業目的観・定義）などが定まっておらず，目指す方向性が明確にされているとは言い難い。

コーポレート・ガバナンス原則

原則は，様々な議論が帰納要約された性格を有し，各策定機関の原則や世界標準原則を読み解くことにより，コーポレート・ガバナンスの本質に近づくことができる。

(出所) 筆者作成。

究や研究者と実務家との交流が少ないとたびたび指摘されている。そのため，コーポレート・ガバナンスの理論と実践との乖離が生じ，コーポレート・ガバナンス問題の発展を阻害しているといわれることが多々ある。そこで，原則は，研究者，実務家等の研究や経験が凝縮されたものであり，原則策定を通じた交流により，コーポレート・ガバナンス問題の発展に寄与することが可能となるのである。

また，コーポレート・ガバナンス問題の大きな課題として，コーポレート・ガバナンスの本質である，企業観，企業目的観，定義，などが，いまなお定まっておらず，目指すべき方向性が明確にされていない。しかし，原則は，様々な議論が帰納要約された性格を有しており，各策定機関の原則や，世界標準原則を読み解くことによって，コーポレート・ガバナンスの本質により接近することができるのである。

7　おわりに

このように，第1章では，今まで世界中で数多く策定されてきている原則について，体系化することに重点をおいて論説してきた。今後も，コーポレート・ガバナンス問題は，今なお世界中で起こり続けている企業不祥事に対処するためにも，業績低迷が続き企業競争力を強化しようとする企業に役立つためにも，さらに議論されていくことになるであろう。それにともなって，ますます原則の位置づけもさらに重視され，原則の役割も拡大していくことになると考えられる。そして，21世紀も引き続き，第1章で取り上げた原則研究の領域である4つのブロックごとに，原則が企業のコーポレート・ガバナンス構築にアプローチするための活動が進められて行くであろう。

ここで，原則の研究領域である各ブロックが，今後，いかなる方向に進んでいくかについて言及すると，第1に，今日，原則策定に主体的な役割を有している，国際機関，機関投資家，国内機関，の3つにくわえて，原則策定を主な役割とした機関の設置が行われて行くであろう。それに似た機関とし

て，現在，GCGFが活動を続けている。第2に，ここでもたびたび触れたが，世界標準原則の策定が行われるであろう。この世界標準原則は，参照可能性と非拘束性とを基本概念として，世界中の国々や企業に適応可能なものとなると考えられる。第3に，原則が企業へ浸透していくプロセスは，より多様化すると考えられる。第1章で明らかにした3つの浸透過程は，世界標準原則の策定や，その実行指針原則の策定がすすめられるにつれて，原則の企業へ与える影響力などが変化していくであろう。第4に，原則を用いた企業の実践は，日産自動車やソニー，トヨタ自動車の成功により，ますます増えていくことが予想され，それにともなって企業独自の原則が徐々に策定される方向に行くことが期待される。

　これらの問題について，本論文の各章で，検討を重ね，解明を目指していくことにしたい。

注
1　小島大徳［2002a］35-36頁。
2　小島大徳［2002a］36頁。
3　小島大徳［2002a］36頁。
4　Cadbury Report［1992］
5　日本の代表的な原則であるJCGF原則は，経営者が策定委員会の約40％をしめた。
6　平田光弘［2001b］34頁。
7　小島大徳［2002a］35-36頁。
8　吉森賢［2001］11頁。
9　小島大徳［2002a］35-36頁。
10　小島大徳［2002a］36頁。

参考文献

邦語文献
菊池敏夫・平田光弘編著［2000］『企業統治の国際比較』文眞堂。
菊池敏夫［1999a］「コーポレート・ガバナンスにおける日本的条件の探求」経営行動研究学会編『経営行動研究年報』第8号，経営行動研究学会，7-10頁。
菊池敏夫編著［1999b］『現代の経営行動―課題と方向―』同友館。
小島大徳［2003a］「コーポレート・ガバナンス原則と企業の実践―企業独自原則の策定を目指して―」『日本経営学会誌』第9号，千倉書房，26-40頁。
小島大徳［2003b］「コーポレート・ガバナンスと議決権行使のIT化―企業による実践と課題―」『経営情報学会誌』第11巻第4号，経営情報学会，33-46頁。
小島大徳［2003c］「世界のコーポレート・ガバナンス原則―原則の策定系譜，類型と役割―」『経営実践と経営教育理論―経営教育研究6―』学文社，129-163頁。
小島大徳［2003d］「国際機関と機関投資家のコーポレート・ガバナンス原則」『横浜経営研究』第

23 巻第 4 号，横浜国立大学経営学会，89-108 頁。
小島大徳 [2003e]「コーポレート・ガバナンス原則の体系化―原則に関する研究領域と研究課題―」『東洋大学大学院紀要第 39 集』東洋大学大学院，87-108 頁。
小島大徳 [2002a]「日本のコーポレート・ガバナンス原則―原則策定の背景と課題―」日本経営教育学会編『新企業体制と経営者育成―経営教育研究 5 ―』学文社，33-52 頁。
小島大徳 [2002b]「企業経営機構とコーポレート・ガバナンス―米国と日本の国際比較による現状と今後の展望―」『東洋大学大学院紀要第 38 集』東洋大学大学院，225-244 頁。
コーポレート・ガヴァナンス原則策定委員会 [1998]『コーポレート・ガヴァナンス原則―新しい日本型企業統治を考える―(最終報告)』日本コーポレート・ガバナンス・フォーラム。
出見世信之 [1997]『企業統治問題の経営学的研究』文眞堂。
西村茂 [1998]「ソニーグループの経営機構改革」『取締役の法務』No.55，商事法務研究会，18-27 頁。
日本コーポレート・ガバナンス委員会 [2001]『改訂コーポレート・ガバナンス原則』日本コーポレート・ガバナンス・フォーラム。
橋本綱夫 [1997]「グループ経営のためのソニーの機構改革」『取締役の法務』No.42，商事法務研究会，8-11 頁。
原田晃治他 [2001]『会社法制の大幅な見直しに関する各界意見の分析―会社法の抜本改正に係る「中間試案」に対する意見―』別冊商事法務 No.244，商事法務研究会。
平田光弘 [2002]「日本における企業統治改革の現状と今後の方向」『経営論集』56 号，東洋大学経営学部，155-174 頁。
平田光弘 [2001a]「OECD のコーポレート・ガバナンス原則」『経営研究所論集』第 24 号，東洋大学経営研究所，277-292 頁。
平田光弘 [2001b]「21 世紀の企業経営におけるコーポレート・ガバナンス研究の課題―コーポレート・ガバナンス論の体系化に向けて―」『経営論集』53 号，東洋大学経営学部，23-40 頁。
平田光弘 [2000]「1990 年代の日本における企業統治改革の基盤作りと提言」『経営論集』51 号，東洋大学経営学部，81-106 頁。
平田光弘 [1999a]「英国におけるコーポレート・ガバナンス改革の実践」『経営論集』49 号，東洋大学経営学部，225-240 頁。
平田光弘 [1999b]「EU および英国におけるコーポレート・ガバナンスの実践」『経営哲学の実践』森山書店，107-136 頁。
吉森賢 [2001]『日米欧の企業経営―企業統治と経営者―』放送大学教育振興会。

外国語文献

Cadbury Report [1992], *Report of the Committee on the Financial Aspects of Corporate Governance*, Gee and Co. Ltd.
CalPERS [1999], *Global Corporate Governance Principles*, California Public Employees' Retirement System.
CalPERS [1998a], *CalPERS And Hermes Team To Form Corporate Governance Alliance*, Corporate Governance News 1998, California Public Employees' Retirement System.
CalPERS [1998b], *Japan Market Principles*, California Public Employees' Retirement System.
CII [2001], *Core Policies, General Principles*, Positions & Explanatory Notes, Council of Institutional Investors (U.S.).

GM [1995], *Corporate Governance Guidelines*, General Motors.
Greenbury Report [1995], *Report of a Study Group chaired by Sir Richard Greenbury*, Gee and Co. Ltd.
Hampel Report [1997], *Committee on Corporate Governance*, Gee and Co. Ltd.
Hirata, Mitsuhiro [2001], *How can we formulate a theory of corporate governance?*, Keieironshu, Toyo University, No.54, pp.37-44.
Hermes [2001], *Hermes Corporate Governance Activities*, Hermes Pensions Management Limited.
Hermes [1998], *Hermes and CalPERS Create Global Corporate Governance Alliance*, Hermes Pensions Management Limited.
ICGN [2001], *International Corporate Governance Network 7th Annual Conference in Tokyo —Global Corporate Governance Myth and Reality—*, International Corporate Governance Network.
ICGN [2000a], *Statement on Global Implementation of ICGN Share Voting Principles*, International Corporate Governance Network.
ICGN [2000b], *Resolution on the Mandate of the Standing Committee on Share Voting*, International Corporate Governance Network.
ICGN [1999], *ICGN Statement on Global Corporate Governance Principles*, International Corporate Governance Network.
ICGN [1998], *ICGN Global Share Voting Principles*, International Corporate Governance Network.
ICGN [1996], *ICGN Founding Principles*, International Corporate Governance Network.
OECD [1999a], *OECD Principles of Corporate Governance*, Organisation for Economic Co-operation and Development.
OECD [1999b], *World Bank and OECD step up co-operation to promote improved corporate governance*, News Release, 27 May 1999, Organisation for Economic Co-operation and Development.
TIAA-CREF [2001], *TIAA-CREF Annual Report 2000: Built on A Strong Foundation*, Teachers Insurance and Annuity Association College Retirement Equities Fund.
TIAA-CREF [2000], *TIAA-CREF Policy Statement on Corporate Governance*, Teachers Insurance and Annuity Association College Retirement Equities Fund.
World Bank [1999], *World Bank, OECD Announce Global Forum on Corporate Governance*, News Release No.99/2217/S, World Bank.

インターネット・サイト
CalPERS http://www.calpers-governance.org/
GCGF http://www.gcgf.org/
Hermes Asset Management http://www.hermes.co.uk/
ICGN http://www.icgn.org/
JCGF http://jcgf.org/jp/
London Stock Exchange http://www.stockex.co.uk/
OECD http://www.oecd.org/
Teachers' Insurance Annuity Association
http://www.tiaa-cref.org/libra/governance/index.html

United States Securities and Exchange Commission http://www.sec.gov/

アンケート調査・資料
コーポレート・ガバナンス国際比較研究会［2000］『経営環境の変化と日本型コーポレート・ガバナンスの未来像に関するアンケート調査結果報告書』コーポレート・ガバナンス国際比較研究会。

第 2 章

日本のコーポレート・ガバナンス原則
―原則策定の背景と課題―

1　はじめに

　現在，各国内の機関等や機関投資家，さらには国際機関までもがコーポレート・ガバナンス原則（以下「原則」という）の策定に熱心である。この背景には，企業経営の国際化によって企業が，多くの利害関係者に対して強い影響力を与えるようになったことが指摘できる。

　今日まで，国内・国外を問わず様々なコーポレート・ガバナンスに関わる機関・団体等が原則を策定している。そこで，原則のめざす方向性や性質はなにかを明らかにしたい，とのおもいが第 2 章を執筆することになった動機である。というのも，筆者は，コーポレート・ガバナンス議論の末には，一応の世界標準となる原則が策定されると考えているからである。しかし，現在のところ原則が企業に対して直接的に影響力を与えることは少ない，と指摘されることが多い。

　そこで，第 2 章では，21 世紀に入りますます重要となる原則の基礎的問題に焦点をあてて，日本における今後の原則に関する研究の土台を作ることを目的として考察を行う。具体的には，国際的な原則策定の系譜を概観し，その目的と定義付けをおこなう。そして，日本国内の原則策定の流れと体系をまとめたい。さらには，国際的な原則と日本の原則との関わりを明らかにすることで，今後の原則を基礎とした日本企業によるコーポレート・ガバナ

ンス構築の将来像を考察したい。

2　コーポレート・ガバナンス原則とはなにか

2.1　コーポレート・ガバナンス原則策定の系譜

　1990年代に入り，先進諸国を中心にコーポレート・ガバナンスを巡る議論が活発となっている。これを概観すると，コーポレート・ガバナンスは，企業経営の監視・牽制の仕組みを構築し企業不祥事を防止する役割と，企業経営の意思決定システム等を確立し企業競争力の強化に役立たせる役割を持つ。また，1990年代半ばより，コーポレート・ガバナンスは，次第に後者の役割に重点が置かれるようになったといわれている[1]。

　このようなコーポレート・ガバナンスに関する議論が盛んになるにつれ，コーポレート・ガバナンスに関わりの深い機関等は，企業に対して実効性のある具体的な企業像を提示し，企業のコーポレート・ガバナンス構築に直接関与する必要性を迫られることになる。その先駆けとして，1992年に公表されたイギリスの『キャドバリー委員会報告書[2]』をあげることができる。イギリスでは，当時，大型の企業不祥事が多発し，包括的な原則の策定が求められた。また，1990年代中頃には，世界の主要機関投資家が中心となって私的国際機関であるインターナショナル・コーポレート・ガバナンス・ネットワーク（International Corporate Governance Network，以下「ICGN」という）が設立された[3]。ICGNは，1998年から2000年にかけて数種類のコーポレート・ガバナンスに関する原則を公表している[4]。さらに，1999年に，公的国際機関である経済協力開発機構（Organisation for Economic Co-operation and Development，以下「OECD」という）が『OECDコーポレート・ガバナンス原則（以下「OECD原則」という）[5]』を公表した。

　原則策定の背景を概観すると，原則策定の機運は，各国内の企業不祥事への対処を巡る議論から派生したと考えられる。つまり，これは，コンプライアンス経営を企業に求めるとともに，それを実行するための行動指針的性質

であった。その後，1990年代中頃のICGN設立にみられるように，機関投資家が中心となって，コンプライアンス経営はもちろんのこと，企業の競争力強化にも力点をおいた原則が公表された。さらに，1990年代後半には，OECDのように企業のあらゆる利害関係者を念頭に置き，企業不祥事の防止と企業競争力の強化とを同時に達成することのできる原則の策定がみられる。このように，コーポレート・ガバナンスの議論の蓄積とともに，原則の策定が着実に行われてきたといえよう。

2.2　コーポレート・ガバナンス原則の意義と目的

　ここでは，まず，表2-1により原則の範囲を明確にする。原則を狭義にとらえると，広範な事項を体系立てて策定された原則（Corporate Governance Principles）を指す。また，広義にとらえると，狭義の原則に加えて，コーポレート・ガバナンスに関する報告書，意見書，提言等が含まれる。一般に原則は，狭義の意味を示すことが多い。しかしながら，狭義の原則が形成されるまでには，様々な議論の蓄積がなされる。そのため，これからは，コーポレート・ガバナンス原則といった場合，広義の意味でとらえていく必要がある。

　原則は，企業に関わる多くの利害関係者によって活発に策定されている。それは，前述のイギリスのキャドバリー委員会をはじめとする3委員会[6]，

表2-1　コーポレート・ガバナンス原則の範囲

	策定機関	原則名
広義のコーポレート・ガバナンス原則（狭義を含む）	経済団体連合会	緊急提言（1997）・報告書（2000）・意見書（2001）
	日本監査役協会	意見書（1996・1997）
	社会経済生産性本部	提言（1998）
	経済同友会	提言（1996・1999）
狭義のコーポレート・ガバナンス原則	OECD（公的国際機関）	OECDコーポレート・ガバナンス原則（1999）
	ICGN（私的国際機関）	ICGNコーポレート・ガバナンス原則（1999）
	JCGF（日本）	JCGFコーポレート・ガバナンス原則（1998）
	3委員会（イギリス）	統合規範（1998）

（出所）　筆者作成。

ICGNやOECDだけではなく機関投資家や機関投資家の集まった私的機関，各国内の公的機関や私的機関等である。近年では，これらに加え，今までコーポレート・ガバナンスに直接関与することのなかった機関や団体が，原則の重要性を認識し始めている[7]。

　今までの原則は，それぞれの機関が，各々の目的に適合した原則を策定していた。そのため，それは標準的で平準化した各国企業に一律適用できる原則であったとは言い難い。そこで，21世紀の原則とは，企業が企業の利害関係者間の利害調整を行いながら，健全で効率的な企業経営を行える企業構造の一形態を示したものにする必要があるであろう。しかし，これは，企業経営活動を規制することが第一義的目的ではなく，国際的に通用する最低限の規範とした意味合いが強いものである。そして，その目的は，最終的に企業におけるコーポレート・ガバナンス構築を目指すものでなくてはならない。

2.3　コーポレート・ガバナンス原則の種類

　1990年代初頭から今日まで，様々な機関や団体等が，多くの種類のコーポレート・ガバナンス原則を策定している。そして，この原則は，「国際機関」「機関投資家」「各国内」の原則に，大分類することができる。近年では，これら3つの枠組みのなかで，それぞれが単独ではなく，互いが対話・協力・提携を行い原則の策定にあたっている。これは，原則の世界標準化の動きが活発化している証左であるといえよう。

　しかし，コーポレート・ガバナンス原則の目的は，最終的に企業のコーポレート・ガバナンス構築に関与するものでなくてはならない。そのため，一方では，世界標準となる原則策定の動きをながめつつも，各国内の文化，慣習，企業法制度に適合した原則の具体的行動指針の策定が重要である。

　これまで日本におけるコーポレート・ガバナンスに関する議論や企業の取り組みは，他の先進諸国に比べ後進的であるとの指摘がみられた。しかし，長引く不況や企業経営環境の変化等から，今日では世界でもトップクラスの議論の蓄積と企業の取り組みがなされ始めていると考えられる。これを原則

の側面からみるならば，他の先進諸国に引けを取らない数多くの原則策定がなされているし，内容も充実しつつある。つぎでは，現在まで策定された原則をまとめ，今後の方向性を明らかにしたい。

3 日本のコーポレート・ガバナンス原則

3.1 日本のコーポレート・ガバナンス原則の種類

　コーポレート・ガバナンス原則が，「国際機関」「機関投資家」「各国内」の3つに大分類されたなかで，日本国内の原則は，「各国内」の原則にあてはまる。そして，これはさらに策定機関等により「公的機関」「私的機関」「法令・規則等」「企業独自」の4つに小分類される。ここでは，原則の分類を行った表2-2を用いて代表的な原則をあげ，その特質を明らかにする。

　まず，「公的機関」の原則は，旧通商産業省が策定した1998年の『創造・革新型コーポレート・システム[8]』や2000年の『21世紀の企業経営のための会社法制の整備[9]』，日本監査役協会が公表した1996年の『コーポレート・ガバナンスと監査役[10]』や1997年の『社外監査役の機能強化のために[11]』，東京証券取引所が1999年に公表した『東証の将来像について─新たなステージへの道標として─[12]』があげられる。これらは，企業に対して規制や監督をおこなう機関が策定した原則であるため，企業に対して一層のコーポレート・ガバナンス構築を促す役割を担うものである。

　つぎに，「私的機関」の原則は，日本コーポレート・ガバナンス・フォーラム（Japan Corporate Governance Forum，以下「JCGF」という）が1998年に策定した『コーポレート・ガヴァナンス原則─新しい日本型企業統治を考える─（最終報告）（以下，「JCGF原則」という）[13]』や2001年の『改訂コーポレート・ガバナンス原則[14]』，経済同友会が公表した1996年の『第12回企業白書[15]』や1998年の『第13回企業白書[16]』や1999年の『第14回企業白書[17]』，経済団体連合会が公表した1997年の『コーポレート・ガバナンスに関する緊急提言[18]』や2000年の『わが国公開会社におけるコーポレート・ガバナンスに関する論点整理（中間報告）[19]』をあげることができ

る。これらは，企業のコーポレート・ガバナンス構築に直接関わる企業経営者が集まった機関等が策定した原則であるため，より実務的な内容であり，実効性の高いものであるといえる。

さらに，「法令・規則等」の原則は，自由民主党が策定した1997年の『コーポレート・ガバナンスに関する商法等改正試案骨子[20]』や1998年の『企業統治に関する商法等の改正案骨子[21]』や1999年の『企業統治に関する商法等の改正案要綱[22]』，経済団体連合会が公表した1999年の『「商法等の一部を改正する法律案要綱中間試案」に対するコメント[23]』や2000年の『商法改正への提言[24]』や2001年の『会社機関の見直しに関する考え方[25]』があげられる。これらは，企業経営活動の基盤となる企業法制度に対して，健全で効率的な企業経営を行うことを要求したものである。そして，これまでの議論を最大限考慮し，2001年法務省は，『商法等の一部を改正する法律案要綱中間試案[26]』をまとめた。そして，これは，2002年に行われた企業法制度の大改正に強い影響を与えたのである[27]。この一連の流れが，最終的に2006年の会社法の施行につながることになった。

最後に，「企業独自」の原則は，日本国外では，GMの『GMコーポレート・ガバナンス原則[28]』など数例をあげることができるが，日本ではまだ策

表2-2 日本国内のコーポレート・ガバナンス原則

	公的国内機関	私的国内機関	法令・規則等	企業独自
企業競争力の強化	・旧通商産業省の提言（1998年） ・経済産業省の提言（2001年）	・日本コーポレート・ガバナンス・フォーラムの原則（1997・1998年） ・経済同友会の提言（1996・1998年・1999年）	・経済団体連合会の商法改正への提言（2001年）	・ソニー
企業不祥事への対処	・日本監査役協会の提言（1996・1997年） ・旧通商産業省の提言（2000年）	・経済団体連合会の提言（1997年） ・社会経済生産性本部の提言（1998年）	・自由民主党の提言（1997・1998・1999年） ・法務省商法改正中間試案（2001年）	Cf.GM原則（1995）

（出所）　平田光弘［2000］91-100頁を参考にして筆者が加筆し表を作成する。

定されるに至っていない。それに近い形として,ソニーなどのコーポレート・ガバナンスに対する理念を有する企業がある。原則は,最終的に企業のコーポレート・ガバナンス構築に役立てるものでなくてはならないため,企業独自の原則策定が望ましい。そのため今後は,世界規模で活躍する企業を中心に,この流れが広がっていくことが期待される。

以上の原則は,コーポレート・ガバナンスの2つの目的によって特徴付けることができる。つまり,これらの原則は,企業不祥事への対処を主眼に置いた原則と企業競争力の強化を主眼に置いた原則とに大別することができるのである[29]。

3.2 企業不祥事への対処のためのコーポレート・ガバナンス原則

先進諸国の原則策定の機運は,企業不祥事が発端になり高まったといえる。これは日本でも例外でない。1990年代初頭のバブル経済崩壊が引き金となり,多くの企業で大型の企業不祥事が明るみとなった。これにいち早く対処したのが,企業法制度の改革である。企業組織を形作る中心的役割を担う日本の商法は,1990年から現在まで度重なる改正を経ている。また,その都度,各機関や団体等から報告書や意見書等が数多く公表されている。日本における企業不祥事への対処を主眼に置いた原則とは,企業法制度の改正に関する試案,意見書,報告書等が中心であるといえよう。

企業不祥事への対処を主眼に置いた代表的なコーポレート・ガバナンス原則は,自由民主党や経済団体連合会,日本監査役協会から公表されている[30]。表2-3は,それぞれの原則の主な内容をまとめたものである。それによると,これらの原則は,主として,1) 監査役,2) 株主代表訴訟,の内容から構成されている。ここでは,主に企業経営機構に対して外部の視点でいかにして監視・監督を行うかに重点が置かれている。つまり,企業経営機構に対して,1) 監査役は企業内部の監査役が,また,2) 株主代表訴訟は企業外部の株主が,監視・監督を有効に行える制度作りに焦点が集まっている。

まず,1) 監査役に関しては,主に,① 社外監査役要件の厳格化,② 社外

表2-3 企業不祥事への対処を主眼としたコーポレート・ガバナンス原則の内容

	自由民主党	経済団体連合会	日本監査役協会
監査役	①代表取締役の監査役会への説明責任 ②社外監査役の機能強化 ③監査役会の独立性強化	①社外監査役の強化 ②監査役の独立性強化 ③監査役の主要役員会への出席	①監査役会の機能向上 ②社外監査役の機能強化 ③監査役と経営者との理解と協力 ④一層の監査基準の向上と取締役会の監督機能強化
株主代表訴訟	①取締役と監査役の責任軽減 ②株主の訴訟権利制限 ③会社の訴訟への参加	①取締役の責任軽減 ②株主の訴訟権利制限 ③会社の訴訟への参加	①監査役の役割の明確化

(出所) 平田光弘 [2000] 92-95頁, 自民党法務部会商法に関する小委員会 [1999][1998][1997], 経済団体連合会コーポレート・ガバナンス特別委員会 [1997], 日本監査役協会監査制度委員会 [1997][1996] を参考にして, 表を作成する。

監査役の法定人員増加, ③監査役選任についての監査役会の同意, が中心的な内容となっている。これは, 取締役会と監査役会とに対する外部からのチェック体制を強化する狙いがあるものと考えられる。つぎに, 2) 株主代表訴訟は, ①原告となる要件の厳格化, ②企業の被告支援, ③賠償責任の限度額設定, が中心的な内容となっている。これは, 株主代表訴訟制度の入り口を狭め, 制度自体の効果を薄める内容となっている。だが, よりよい制度の確立を継続的に目指している姿勢は, 評価することができよう。

このように, 企業不祥事への対処を主眼とした原則は, 企業に対して, 内部と外部からの監視・監督を強化する内容であるといえる。

3.3 企業競争力の強化のためのコーポレート・ガバナンス原則

企業競争力の強化を主眼に置いた代表的な原則は, 経済同友会の原則, JCGF原則をあげることができる[31]。これらの原則は, 企業不祥事への対処を基盤とし, 企業競争力の強化を目的としたものである。そして, 原則の内容をまとめた表2-4によると, 具体的には, 1) 取締役と取締役会, 2) 監査役と監査役会, 3) 情報開示と透明性, から構成され, 主として, 企業経営機構のあり方についての記述となっている。

表2-4　企業競争力の強化を主眼としたコーポレート・ガバナンス原則の内容

	JCGF	経済同友会
取締役と取締役会	①社外取締役制度の確立と過半数割合の設置 ②取締役会の適正規模 ③意思決定機関と業務執行機関との明確な分離 ④取締役会内委員会制度の導入	①意思決定機関と業務執行機関との明確な分離 ②取締役会の適正規模 ③取締役間の情報交換 ④社外取締役の積極導入
監査役と監査役会	①社外監査役の積極活用 ②監査領域の拡大 ③監査委員会への移行	①監査領域の拡大 ②適切な監査役人材の確保 ③監査環境の整備 ④監査役の独立性確保
情報開示・透明性	①取締役会のシステム構築 ②あらゆる企業情報開示 ③国際会計基準の導入 ④利害関係者の利害調整	①株主と企業との双方向対話 ②あらゆる企業情報開示
その他	＜株主総会＞ ①株主との対話 ②同日開催の回避 ③大株主への個別説明会 ④決議事項の縮小	＜資本効率重視経営の確立＞ ①経営者の企業業績に対する責任 ②継続的改革 ③業績連動型報酬 ④役員の評価・報酬システム構築と透明性 ⑤経営者育成と登用

(出所)　平田光弘［2000］96-100頁，コーポレート・ガヴァナンス原則策定委員会［1998］, 経済同友会［1996］［1998］［1999］を参考にして表を作成する。

　まず，1) 取締役と取締役会では，① 取締役会の規模の縮小と意思決定と業務執行の明確な分離，② 社外取締役の積極的導入，③ 取締役会内委員会制度の導入，が規定されている。また，2) 監査役と監査役会では，① 監査役権限の強化，② 独立性の確保，③ 監査領域の拡大（妥当性監査の導入を中心として），が規定されている。そして，3) 情報開示・透明性では，① 適時・適切・真実な全ての企業情報の開示，② 情報開示システムの構築，③ 双方向型対話，が規定されている。

　ここで注目されるのは，それまでは企業経営機構内部に向けられていた企業経営機構の監視・監督の問題を，外部の利害関係者にも求めている点である。そのため，企業競争力の強化を主眼に置いた原則は，企業の情報開示・透明性を全面に打ち出したものとなっている。

3.4 包括的なコーポレート・ガバナンス原則をめざして

　日本の原則策定の経緯を考察すると，まず，企業不祥事への対処に主眼を置いた原則の策定がなされた。そして，コーポレート・ガバナンス議論の深まりとともに企業競争力の強化を達成できる原則作りに移行したといえよう。その後，2000年に入ると，その両者を同時に達成する包括的な原則策定の方向性が顕著に現れ始めた。

　たとえば，法務省の2001年に公表された商法等改正試案は，社外取締役の導入や監査役会の機能強化等の企業不祥事への対処を目的とした改正試案を打ち出しつつも，取締役会内委員会制度の選択制や執行役の導入をも視野に入れている。要するに，取締役会内委員会制度を導入した場合，監査委員会や指名委員会等を設置することになるが，その過半数または全部を社外取締役が占めることを要求されるであろう。その場合，社外取締役の人員を大幅に増やす必要がある。また，社外取締役は，取締役会の適正な運営のチェックといった役割を担うだけでなく，独立の立場から企業経営に携わることにより，企業経営に役立つことをも求められる。さらに，執行役制度の導入は，意思決定と業務執行の分離により企業競争力の強化に役立つほか，取締役会による企業経営の監視・監督の充実をもたらすであろう。

4　コーポレート・ガバナンス原則の世界標準化

4.1　コーポレート・ガバナンス原則の影響力

　これまで，日本の原則についての系譜と体系をみた。一方，世界に目を向けると，国境を越えた国際的な原則や世界標準を目指した原則も多数が策定・公表されている。それは，機関投資家と国際機関の原則である。

　まず，機関投資家は，企業の主要な利害関係者である株主の立場から原則を策定している。そして，企業価値極大化という目的のもとに，各企業に直接の対話や要求，議決権行使等を行う。その際に用いられるのが機関投資家の原則である。代表的なものに，CalPERSの『対日本コーポレート・ガバナンス原則[32]』やTIAA‐CREFの『TIAA‐CREFコーポレート・ガバナ

ンス原則[33]』やHermesの『Hermesコーポレート・ガバナンス原則[34]』をあげることができる。また，国際機関は，OECD原則やICGN原則のように世界標準となることを目指した原則を策定している。つまり，世界各国に共通したコーポレート・ガバナンスの枠組みを提示することを目的としたものである。

　これらのグローバルな原則は，日本国内の原則に大きな影響を与えつつある。機関投資家は，株主の立場から企業に対してコーポレート・ガバナンスの構築を求める。また，国際機関は，法的拘束力を持つものではないが，OECD原則の先進7カ国首脳会議等における政府間合意[35]にみられるように，事実上の国際公約としての性質を有する。そのため，これからの原則は，内向きではなく，世界に目を向け策定されなければならないであろう。要するに，日本の企業は，機関投資家や国際機関の動きにも注視し，コーポレート・ガバナンスの構築を行い，一方，日本国内の原則策定機関や法令・規則等も，国際的視点でコーポレート・ガバナンスをみていく必要がある[36]。

4.2　コーポレート・ガバナンス原則と企業への浸透

　今日，徐々にではあるが，原則を実践する日本の企業が増えつつある。今後は，さらに原則が企業へ浸透していくことになるであろう。そこで，筆者は，原則が企業のコーポレート・ガバナンス構築に働きかける2つの側面があると考えている。

　1つ目は，世界標準となる原則の策定が進むにつれて，機関投資家や国内機関が，各国に合わせた原則と企業の行動指針を作ることになるという企業外部の側面である。そのうえで，機関投資家は，対話や要求，議決権行使を通じて企業にアプローチを行う。また，国内機関は，たとえばOECD原則の政府間合意，ICGNへの東京証券取引所の参加にみられるように，政府機関の積極的な関与や，上場規則への導入等に力を注ぐであろう。このように，世界標準となる原則を国内公的機関が規則・規制等を通じて企業にアプローチしていくことになると考えられる。

２つ目は，企業経営者の原則に対する関心が高まっているという企業内部の側面である。2001年に東京で開催されたICGN年次総会には，多数の機関・団体や市場関係者等が参加した。なかでも，日本におけるコーポレート・ガバナンスの関心の高さを反映して，日本の企業経営者の参加が多数みられた。コーポレート・ガバナンス問題は，経営者が中心となって構築を目指すものである[37]。そのため，経営者が積極的に原則に関わることは，おのずから各企業のコーポレート・ガバナンス構築を推し進めることになるであろう。

　そして，原則が企業に浸透していくための外部と内部の側面を具体的に実践する１つの形として，今日の日本企業は，執行役員制度の導入やそれによる取締役会の規模の縮小，社外取締役の導入や取締役会内委員会の設置など，少しずつコーポレート・ガバナンス改革を進めていると考えることができるであろう。今後も，こうした原則を用いた企業のコーポレート・ガバナンス構築がさらに活発になることが期待される。

5　おわりに

　先進諸国の原則策定の機運は，各国内の企業不祥事への対処を巡る議論から派生した。その後，1990年代中頃，ICGN等の私的国際機関設立にみられるように，企業不祥事への対処を基盤として，企業の競争力強化にも力点をおいた原則が公表された。さらに，1990年代後半には，OECD等の公的国際機関が企業のあらゆる利害関係者を念頭に置き，企業不祥事の防止と企業競争力の強化をも同時に達成することのできる原則の策定がみられた。2000年に入ると，この動きに呼応してコーポレート・ガバナンスに関係する諸分野からの積極的参加もみられた。

　このような原則策定の系譜から，21世紀の原則とは，企業のコーポレート・ガバナンス構築を目的として，経営者が企業の利害関係者間の利害調整を行いながら，健全で効率的な企業経営を行える企業構造の一形態を示したものということができた。

日本国内においても盛んに原則が公表され，徐々にではあるが原則を実践している企業が増えつつある。そして，今後も，近年の各国政府と国内監督機関や機関投資家，企業経営者の原則策定への関与をみると，企業は，企業法制度改革，上場規則，株主による要求，企業内部の原則および行動指針策定などを通じて，企業の外部や内部からコーポレート・ガバナンスの構築を迫られるであろう。

　第2章では，原則の全体像と目的，日本における原則の種類と流れ，そして国際的な原則と日本の原則との関わりを明らかにした。しかし，これらの原則が企業に対して及ぼす影響力は，今なお過渡期にあり，今後の展開が期待されるところである。そのため，今後は，この原則が，どのように企業に浸透し，存在感を表していくかを，より詳細に考察していく必要がある。

注
1　平田光弘 [2000] 81-82頁。
2　Cadbury Report [1992]。
3　ICGNの設立経緯や目的等については，ICGN [1996] を参照のこと。
4　ICGN [2000a], ICGN [2000b], ICGN [1999], ICGN [1998]。
5　OECD [1999a]。
6　1992年のキャドバリー委員会報告書の公表後，1995年にはグリーンブリー委員会報告書，1998年にはハンペル委員会報告書が公表されている。詳しくは，平田光弘 [1999a] を参照のこと。
7　世界各国の会計士団体で組織される国際会計士連盟 (International Federation of Accountants) は，コーポレート・ガバナンスの世界基準を作るように証券監督者国際機構 (International Organization of Securities Commission and Similar Agencies) に要請した。また，2000年に会計関係者を中心として発足した国際会計開発会議 (International Forum on Accountancy Development) は，会計・監査制度の充実のためにはコーポレート・ガバナンスが重要であるとの認識を示し，ICGN等に積極的に参加を行っている。
8　通商産業省産業政策局 [1998]。
9　産業構造審議会総合部会新成長政策小委員会企業法制分科会報告書 [2000]。
10　日本監査役協会監査制度委員会 [1996]。
11　日本監査役協会監査制度委員会 [1997]。
12　東京証券取引所証券政策委員会 [1999]。
13　コーポレート・ガヴァナンス原則策定委員会 [1998]。
14　日本コーポレート・ガバナンス委員会 [2001]。
15　経済同友会 [1996]。
16　経済同友会 [1998]。
17　経済同友会 [1999]。
18　経済団体連合会コーポレート・ガバナンス特別委員会 [1997]。
19　経済団体連合会 [2000a]。

20 自民党法務部会商法に関する小委員会［1997］。
21 自民党法務部会商法に関する小委員会［1998］。
22 自民党法務部会商法に関する小委員会［1999］。
23 経済団体連合会［1999］。
24 経済団体連合会［2000b］。
25 経済団体連合会［2001a］。
26 法務省［2001］。
27 法務省中間試案に対しても，各機関や団体は，積極的に意見や提言を表明している。詳しくは，商事法務研究会［2001］を参照のこと。
28 GM［1995］。
29 平田光弘［2000］91-92 頁。
30 平田光弘［2000］91-92 頁。
31 平田光弘［2000］91-92 頁。
32 CalPERS［1998b］。
33 TIAA-CREF［2000］。
34 Hermes［2001a］, Hermes［2001b］。
35 先進7カ国首脳会議は，1999年のケルンサミットで世界標準原則の策定作業を歓迎し，2000年の沖縄サミットでOECD原則の支持と世界中への浸透を表明した。また，2001年のジェノバサミットにおいても，OECD原則を基にしてコーポレート・ガバナンスについて話し合いがもたれ，さらなる世界標準原則の策定に向けて，政府間の合意がなされている。他にも，アジア太平洋経済協力会議（APEC）や財務相・中央銀行総裁会議などの国際会議でも，コーポレート・ガバナンス原則が取り上げられている。
36 最近では，機関投資家同士のコーポレート・ガバナンス原則の共有・提携や，国際機関と各国政府が協力し新たな国際機関であるグローバル・コーポレート・ガバナンス・フォーラム（Global Corporate Governance Forum）の設立がみられる。詳しくは，前者については，CalPERS［1998a］, Hermes［1998］を，後者については，OECD［1999b］, World Bank［1999］を参照のこと。
37 平田光弘［2001b］34 頁。

参考文献

邦語文献

菊池敏夫・平田光弘編著［2000］『企業統治の国際比較』文眞堂。
経済団体連合会［2001a］『会社機関の見直しに関する考え方』経済団体連合会。
経済団体連合会［2001b］『「商法等の一部を改正する法律案要綱中間試案」に対するコメント』経済団体連合会。
経済団体連合会コーポレート・ガバナンス委員会［2000a］『わが国公開会社におけるコーポレート・ガバナンスに関する論点整理（中間報告）』経済団体連合会。
経済団体連合会［2000b］『商法改正への提言』経済団体連合会。
経済団体連合会［1999］『「商法等の一部を改正する法律案要綱中間試案」に対するコメント』経済団体連合会。
経済団体連合会コーポレート・ガバナンス特別委員会［1997］『コーポレート・ガバナンスのあり方に関する緊急提言』経済団体連合会。
経済同友会［1999］『第14回企業白書』経済同友会。
経済同友会［1998］『第13回企業白書』経済同友会。

経済同友会［1996］『第 12 回企業白書』経済同友会。
小島大徳［2003a］「コーポレート・ガバナンス原則と企業の実践―企業独自原則の策定を目指して―」『日本経営学会誌』第 9 号，千倉書房，26-40 頁。
小島大徳［2003b］「コーポレート・ガバナンスと議決権行使の IT 化―企業による実践と課題―」『経営情報学会誌』第 11 巻第 4 号，経営情報学会，33-46 頁。
小島大徳［2003c］「世界のコーポレート・ガバナンス原則―原則の策定系譜，類型と役割―」『経営実践と経営教育理論―経営教育研究 6―』学文社，129-163 頁。
小島大徳［2003d］「国際機関と機関投資家のコーポレート・ガバナンス原則」『横浜経営研究』第 23 巻第 4 号，横浜国立大学経営学会，89-108 頁。
小島大徳［2003e］「コーポレート・ガバナンス原則の体系化―原則に関する研究領域と研究課題―」『東洋大学大学院紀要第 39 集』東洋大学大学院，87-108 頁。
小島大徳［2002a］「日本のコーポレート・ガバナンス原則―原則策定の背景と課題―」日本経営教育学会編『新企業体制と経営者育成―経営教育研究 5―』学文社，33-52 頁。
小島大徳［2002b］「企業経営機構とコーポレート・ガバナンス―米国と日本の国際比較による現状と今後の展望―」『東洋大学大学院紀要第 38 集』東洋大学大学院，225-244 頁。
産業構造審議会総合部会新成長政策小委員会企業法制分科会報告書［2000］『21 世紀の企業経営のための会社法制の整備』通商産業省。
商事法務研究会［2001］『会社法制の大幅な見直しに関する各界意見の分析―会社法の抜本改正に係る「中間試案」に対する意見―』別冊商事法務 No.244，商事法務研究会。
自民党法務部会商法に関する小委員会［1999］『企業統治に関する商法等の改正案要綱』自由民主党。
自民党法務部会商法に関する小委員会［1998］『企業統治に関する商法等の改正案骨子』自由民主党。
自民党法務部会商法に関する小委員会［1997］『コーポレート・ガバナンスに関する商法等改正試案骨子』自由民主党。
東京証券取引所証券政策委員会［1999］『東証の将来像について―新たなステージへの道標として―』東京証券取引所。
日本監査役協会企業法制委員会［2001］「コーポレート・ガバナンスに関する企業法制の将来について」『監査役』No.445，日本監査役協会，5-21 頁。
日本監査役協会［2001］『商法等の一部を改正する法律案要綱中間試案に対する意見』日本監査役協会。
日本監査役協会監査制度委員会［1997］『社外監査役の機能強化のために』日本監査役協会。
日本監査役協会監査制度委員会［1996］『コーポレート・ガバナンスと監査役』日本監査役協会。
コーポレート・ガヴァナンス原則策定委員会［1998］『コーポレート・ガヴァナンス原則―新しい日本型企業統治を考える―(最終報告)』日本コーポレート・ガバナンス・フォーラム。
日本コーポレート・ガバナンス委員会［2001］『改訂コーポレート・ガバナンス原則』日本コーポレート・ガバナンス・フォーラム。
日本コーポレート・ガバナンス・フォーラム［2001］『コーポレート・ガバナンス―英国の企業改革―』商事法務研究会。
平田光弘［2001a］「OECD のコーポレート・ガバナンス原則」『経営研究所論集』第 24 号，東洋大学経営研究所，277-292 頁。
平田光弘［2001b］「21 世紀の企業経営におけるコーポレート・ガバナンス研究の課題―コーポレート・ガバナンス論の体系化に向けて―」『経営論集』53 号，東洋大学経営学部，23-40 頁。

平田光弘［2000］「1990年代の日本における企業統治改革の基盤作りと提言」『経営論集』51号，東洋大学経営学部，81-106頁。
平田光弘［1999a］「英国におけるコーポレート・ガバナンス改革の実践」『経営論集』49号，東洋大学経営学部，225-240頁。
平田光弘［1999b］「EUおよび英国におけるコーポレート・ガバナンスの実践」『経営哲学の実践』森山書店，107-136頁。
通商産業省産業政策局［1998］『創造・革新型コーポレート・システム』東洋経済新報社。
法務省［2001］「商法等の一部を改正する法律案要綱中間試案」『商事法務』No.1593, 商事法務研究会，28-51頁。

外国語文献

Cadbury Report [1992], *Report of the Committee on the Financial Aspects of Corporate Governance*, Gee and Co. Ltd.
CalPERS [1999], *Global Corporate Governance Principles*, California Public Employees' Retirement System.
CalPERS [1998a], *CalPERS And Hermes Team To Form Corporate Governance Alliance*, Corporate Governance News 1998, California Public Employees' Retirement System.
CalPERS [1998b], *Japan Market Principles*, California Public Employees' Retirement System.
CII [2001], *Corporate Governance Policies*, Council of Institutional Investors.
GM [1995], *Corporate Governance Guidelines*, General Motors.
Greenbury Report [1995], *Report of a Study Group chaired by Sir Richard Greenbury*, Gee and Co. Ltd.
Hampel Report [1997], *Committee on Corporate Governance*, Gee and Co. Ltd.
Hermes [2001a], *Statement on UK Corporate Governance & Voting Policy*, Hermes Pensions Management Limited.
Hermes [2001b], *Hermes Corporate Governance Activities*, Hermes Pensions Management Limited.
Hermes [1998], *Hermes and CalPERS Create Global Corporate Governance Alliance*, Hermes Pensions Management Limited.
Hirata, Mitsuhiro [2001], *How can we formulate a theory of corporate governance*, keieironshu, Toyo University, No.54, pp.37-44.
ICGN [2000a], *Statement on Global Implementation of ICGN Share Voting Principles*, International Corporate Governance Network.
ICGN [2000b], *Resolution on the Mandate of the Standing Committee on Share Voting*, International Corporate Governance Network.
ICGN [1999], *ICGN Statement on Global Corporate Governance Principles*, International Corporate Governance Network.
ICGN [1998], *ICGN Global Share Voting Principles*, International Corporate Governance Network.
ICGN [1996], *ICGN Founding Principles*, International Corporate Governance Network.
OECD Business Sector Advisory Group on Corporate Governance [1998], *Corporate Governance : Improving Competitiveness and Access to Capital in Global Markets*.
OECD [1999a], *OECD Principles of Corporate Governance*, Organisation for Economic Co-

operation and Development.
OECD [1999b], *World Bank and OECD step up co-operation to promote improved corporate governance*, News Release, 27 May 1999, Organisation for Economic Co-operation and Development.
TIAA-CREF [2000], *TIAA-CREF Policy Statement on Corporate Governance*, Teachers Insurance and Annuity Association College Retirement Equities Fund, 2000.
World Bank [1999], *World Bank, OECD Announce Global Forum on Corporate Governance*, News Release No.99/2217/S, World Bank.

第3章

世界のコーポレート・ガバナンス原則
―原則の策定系譜,類型と役割―

1　はじめに

　第3章の目的は,コーポレート・ガバナンス原則(以下「原則」という)について,1)世界にはどのくらいの原則が存在するのか,2)それらはいかなる系譜を辿って策定され,今日はどのような潮流にあるのか,3) 21世紀の原則策定の枠組みはいかなるもので,何をめざしているのか,の3点を解決することにある。

　そのために,まず,今日までに世界中で策定された原則を可能な限り収集し,なかでも,各国内や国際的に評価され,影響を与えている原則を調査した結果を整理して表にあらわし,どのような機関により,どのくらいの原則が策定されているのかを把握する。つぎに,1990年代初頭から今日までの世界の主要な原則の策定された背景を分析し図示し,策定の系譜を追うとともに,今日の潮流を明らかにする。さらに,現在の原則策定を後押ししている国際会議の合意と実践,企業外部者や企業経営者による原則策定の現状を検討し,21世紀の原則策定の枠組みと目指している方向性を解明する。

　原則は,2000年頃から注目され,現在まで,世界的に影響力のある原則といわれる経済協力開発機構(OECD)のOECD原則や,イギリスの一連の委員会における報告書,などを中心に散発的に先行研究がなされている。しかし,世界的にも原則の系譜や体系等の包括的な研究は,いまだなされて

いない。第3章は，これらに焦点をあてて，世界の原則に関する基礎的考察を行うものである。

2 世界のコーポレート・ガバナンス原則

2.1 各国内のコーポレート・ガバナンス原則とその役割

まず，1990年代初頭から策定されはじめた先進諸国の原則は，表3-1に表されるように，ヨーロッパ地域では，イギリス，フランス，ドイツ，イタリア，ベルギー，オランダ，オーストリア，デンマーク，ギリシャ，スイス，スウェーデン，フィンランド，北米地域では，アメリカ，カナダ，アジア地域では，日本，香港，シンガポール，オーストラリア，ニュージーランド，アフリカ地域では，南アフリカ，をあげることができる。また，1990年代後半から，表3-2に表されるように，発展途上国である，タイ，マレーシア，韓国，インド，メキシコ，ブラジル，ケニア，ペルー，キルギスタン，スリランカ，チェコ，パキスタン，そして，表3-3に表されるように，市場経済移行国である，中国，ロシア，ルーマニア，ポーランド，が原則を策定しはじめた[1]。このように，世界36カ国で111の代表的な原則が策定されており，今後も，増えていくものと考えられる。また，各国内では，この他にも多くの原則が策定されており，その数と種類は，枚挙にいとまがない。たとえば，日本だけでも，10を超える機関がそれぞれ複数の原則を策定しているのである[2]。

これらの各国内の原則は，第1段階の法令や規則を改正することを目的に策定されたもの（法令・規則改正原則），第2段階の政府機関や証券取引所等の公的機関が策定し強制力をもつもの（公的機関原則），第3段階の経営者団体や機関投資家等の私的機関が策定し規範的役割を有するもの（私的機関原則），第4段階の各企業が独自に策定し企業内のコーポレート・ガバナンス構築を目指したもの（企業独自原則），の4つに分類することができる。

そして，コーポレート・ガバナンスの議論の深まりとともに，段階的に原則策定が行われている。たとえば，先進諸国では，ゼネラルモーターズ

(GM) 原則[3]やソニー等のコーポレート・ガバナンスに関する理念を有する企業が出現しており，第3段階ないし第4段階にある。つぎに，発展途上国では，企業経営に関する法整備が着実に進み，現在では，大企業に適用する原則を取り入れた上場規則の策定が行われていることからも，第2段階まで進んでいるといえる。さらに，市場経済移行国では，中国のように近年活発に第1段階と第2段階の原則を同時に策定する国や，ロシアのように国内の機関投資家による原則策定作業が進んでおり，第3段階に進みつつあるといえよう[4]。

表3-1　代表的な先進諸国のコーポレート・ガバナンス原則

策定年	国名	策定機関	コーポレート・ガバナンス原則名
1990年	アメリカ	ビジネスラウンドテーブル（BRT）	コーポレート・ガバナンスと競争力に関するステートメント
1992年	アメリカ	全米法律業協会（ALI）	ALIコーポレート・ガバナンス原則
1992年12月	イギリス	キャドバリー委員会	キャドバリー委員会報告書
1994年（初版1978年）	アメリカ	アメリカ法律家協会（ABA）会社法委員会（CCL）企業経営法セクション（SBL）	取締役ガイドブック
1994年11月	南アフリカ	取締役協会（IDSA）	コーポレート・ガバナンス・キングリポート
1994年12月	カナダ	トロント証券取引所コーポレート・ガバナンス委員会（TSECCG）	良きコーポレート・ガバナンスのためのガイドライン
1994年	アメリカ	取締役協会（NACD）	NACD報告書
1994年	イギリス	中小企業都市グループ（CGSC）	CISCOガイド
1995年3月	スウェーデン	スウェーデン取締役アカデミー（SAD）	良き取締役会の行動規範
1995年（初版1991年2月）	イギリス	経営管理協会（ICSA）	良き取締役会
1995年	イギリス	取締役協会	取締役の行動規範
1995年	フランス	CNPF & AFEP	ストックオプション
1995年（第3版）	オーストラリア	取締役協会・公認会計士協会，経営協会，法律協会等	企業行動と運営

第3章 世界のコーポレート・ガバナンス原則   51

1995年7月	フランス	雇用者国民会議（CNPF）民間会社協会（AFEP）	フランス上場企業の取締役会
1995年7月	イギリス	グリーンブリー委員会	グリーンブリー委員会報告書
1996年10月	スペイン	企業経営協会（ECE）	よりよいオペレーション規準の提案
1996年11月	アメリカ	取締役協会（NACD）	NACD報告書
1997年3月	カナダ	トロント証券取引所企業情報開示委員会（TSCCD）	企業情報開示の責任
1997年6月	オランダ	コーポレート・ガバナンス委員会（CCG）	コーポレート・ガバナンス—40の勧告
1997年9月	アメリカ	ビジネスラウンドテーブル（BRT）	コーポレート・ガバナンス・ステートメント
1997年12月	イタリア	イタリア財務省（MIT）	Draghi委員会報告書
1997年	アメリカ	企業庁（ASCS）	投資コミュニティーとの公示および取引ガイドライン
1997年	オランダ	Vereniging van Effectenbezitters（VEB）	コーポレート・ガバナンス10の勧告
1998年1月	ベルギー	ベルギー企業連盟（VBO／FEB）	コーポレート・ガバナンス勧告
1998年1月	香港	会計士協会（HKSA）	新しいコーポレート・ガバナンス基準—監査委員会—
1998年1月	イギリス	ハンペル委員会	ハンペル委員会報告書
1998年2月	スペイン	Olivencia委員報告書	コーポレート・ガバナンス
1998年3月	ベルギー	ブリュッセル証券取引所	コーポレート・ガバナンスに関するベルギー委員会報告書
1998年3月	ドイツ	Deutscher Bundestag	企業の管理と透明性に関する法律
1998年5月	日本	日本コーポレート・ガバナンス・フォーラム（JCGF）	日本コーポレート・ガヴァナンス原則
1998年6月	フランス	AFG‐ASFFI	コーポレート・ガバナンス勧告
1998年6月	ドイツ	Deutsche Schutzvereinigung für Wertpapierbesitz e.V.（DSW）	DSWガイドライン（DSW Guidelines）
1998年7月	イギリス	ロンドン証券取引所コーポレート・ガバナンス委員会（LSECCG）	統合規範

1998年12月	ベルギー	ブリュッセル証券取引所・銀行財務委員会 (BSE／BFC)	ベルギー上場企業のコーポレート・ガバナンス
1999年3月	フランス	証券取引監視委員会 (SEOC)	規則 (Regulation No.98-01 98-10)
1999年3月	アイルランド	投資管理協会 (IAIM)	コーポレート・ガバナンス：ストックオプションと他のインセンティブ枠組み
1999年3月	マレーシア	コーポレート・ガバナンス財務委員会 (HLFCCG)	コーポレート・ガバナンス報告書
1999年6月	メキシコ	CCE & CNBV	コーポレート・ガバナンス規則
1999年7月（第3版）	オーストラリア	投資財務サービス業協会 (IFSA)	コーポレート・ガバナンス：投資家と企業のガイドライン
1999年7月	フランス	AFEP & MEDEF	コーポレート・ガバナンスに関する委員会報告書
1999年9月	インド	インド証券取引委員会 (SEBI) のコーポレート・ガバナンス委員会 (KMC)	コーポレート・ガバナンス報告書―草案―
1999年9月	イギリス	イギリス公認会計士協会 (ICAEW)	内部統制
1999年9月	イギリス	法律委員会・スコットランド法律委員会 (LC & SLC)	企業の取締役
1999年10月	ギリシャ	コーポレート・ガバナンスに関する資本市場委員会 (CCCCG)	コーポレート・ガバナンス原則
1999年10月	イギリス	KPMG監査委員会研究所	KPMG内部統制の再検討：運営指針
1999年10月	イタリア	上場企業のコーポレート・ガバナンス委員会 (CCGLC)	企業経営の報告書と規則
1999年11月	ポルトガル	証券市場委員会 (SMC)	コーポレート・ガバナンス勧告
1999年	アメリカ	ブルーリボン委員会	報告と勧告
2000年1月	ベルギー	FDA	取締役憲章
2000年2月	デンマーク	デンマーク株主協会 (DSA)	上場企業最良経営のガイドライン

2000年3月	香港	香港会計士協会（HKSA）	コーポレート・ガバナンス・ディスクロージャー
2000年6月	ドイツ	ベルリングループ	ドイツコーポレート・ガバナンス原則
2000年7月（初版2000年1月）	ドイツ	ドイツコーポレート・ガバナンス委員会（GCP）	コーポレート・ガバナンス規則
2000年8月	ニュージーランド	取締役協会	取締役会と取締役の最善行動規範
2000年9月（1989・96・99年改訂）	香港	香港証券取引所（SEHK）	最善の行動規範
2000年9月	香港	香港証券取引所（SEHK）	上場企業取締役の行動規範
2000年1月	スウェーデン	スウェーデン株主協会（SSA）	コーポレート・ガバナンス原則
2000年11月	フィンランド	貿易産業省（MTI）	コーポレート・ガバナンス・ガイドライン
2000年（初版1998年）	シンガポール	シンガポール証券取引所	上場規則と最善行動規範
2001年1月	イギリス	ユニットトラスト・投資ファンド協会（AUTIF）	最善行動規範
2001年3月	カナダ	コーポレート・ガバナンス委員会（JCCG）	コンプライアンス：ガバナンス文化の構築
2001年3月	シンガポール	財務省	コーポレート・ガバナンス規則
2001年7月	ドイツ	バームス委員会	バームス委員会報告書
2001年7月	ギリシャ	ギリシャ産業連盟（FGI）	コーポレート・ガバナンス原則
2001年9月	オランダ	コーポレート・ガバナンス調査基金（SCGOP）	コーポレート・ガバナンス・ハンドブック
2001年10月	日本	日本コーポレート・ガバナンス・フォーラム（JCGF）	改訂コーポレート・ガバナンス原則
2001年11月	カナダ	コーポレート・ガバナンス合同委員会（JCCG）	ガバナンス文化の構築
2001年11月	デンマーク	コペンハーゲン証券取引所（CSE）	Nørby委員会報告書

2002年3月	カナダ	トロント証券取引所 (TSE)	改訂ディスクロージャー基準草案
2002年3月	南アフリカ	取締役協会 (IDSA)	キングレポート2
2002年5月	アメリカ	ビジネス・ラウンド・テーブル	コーポレート・ガバナンス原則
2002年6月	イギリス	産業貿易省	非執行取締役の役割と効力についての再検討
2002年7月	イタリア	上場会社コーポレート・ガバナンス委員会 (CCLGC)	コーポレート・ガバナンス原則
2002年7月	スイス	スイス企業同盟 (Swiss Business Federation)	コーポレート・ガバナンス
2002年7月	スイス	スイス証券取引所 (SWX Swiss Exchange)	コーポレート・ガバナンス指令
2002年9月	オーストリア	オーストリア・コーポレート・ガバナンス協会	オーストリア・コーポレート・ガバナンス原則
2002年9月	フランス	MEDEF and AFEP-AGREF	コーポレート・ガバナンス原則
2002年	アメリカ	アメリカ法律家協会 (ALI)	改訂コーポレート・ガバナンス原則

(出所) 筆者作成。

表3-2 代表的な発展途上国のコーポレート・ガバナンス原則

策定年	国名	策定機関	コーポレート・ガバナンス原則名
1997年7月	キルギスタン	コーポレート・ガバナンス研究会 (WGCG)	最善行動規範
1997年7月	キルギスタン	キルギスタン総理府 (PMOKR)・経済開発省 (DESD)	持株解放憲章
1997年12月	スリランカ	スリランカ公認会計士協会 (ICASL)	最善行動規範
1998年4月	インド	インド産業連合 (CII)	望ましいコーポレート・ガバナンス
1998年10月 (初版1997年10月)	タイ	タイ証券取引所 (SET)	上場企業取締役の責任・義務・役割
1999年3月	マレーシア	コーポレート・ガバナンス財務委員会 (HLFCCG)	コーポレート・ガバナンス報告書

第3章 世界のコーポレート・ガバナンス原則 55

1999年6月	メキシコ	CCE&CNBV	コーポレート・ガバナンス規則
1999年9月	インド	インド証券取引委員会（SEBI）のコーポレート・ガバナンス委員会（KMC）	コーポレート・ガバナンス報告書—草案—
1999年9月	韓国	コーポレート・ガバナンス委員会（CCG）	コーポレート・ガバナンス原則
1999年11月	ポルトガル	証券市場委員会（SMC）	コーポレート・ガバナンス勧告
2000年2月	インド	インド証券取引委員会（SEBI）のコーポレート・ガバナンス委員会（KMC）	コーポレート・ガバナンス報告書
2000年3月	マレーシア	JPKワーキンググループ	コーポレート・ガバナンス報告書
2000年3月	インドネシア	コーポレート・ガバナンス委員会	良きコーポレート・ガバナンス規則
2000年4月	チェコ	チェコ取締役協会（CID）	コーポレート・ガバナンス原則—草案—
2000年7月（初版1999年11月）	ケニア	民間部門コーポレート・ガバナンス（PSICG）	コーポレート・ガバナンス原則
2000年9月	チェコ	チェコ証券委員会（CSC）	OECD原則を基にしたコーポレート・ガバナンス原則—草案—
2001年2月	チェコ	チェコ証券委員会（CSC）	改訂コーポレート・ガバナンス原則：OECD原則を基礎として
2001年3月	インドネシア	コーポレート・ガバナンス委員会	良きコーポレート・ガバナンス規則
2001年4月（1999年5月初版）	ブラジル	コーポレート・ガバナンス委員会（IBGC）	コーポレート・ガバナンス最善行動規範
2001年6月（初版2001年1月）	マレーシア	クアラルンプール証券取引所（KLSE）	上場規則
2001年7月	ペルー	Comisió Nacional Supervisora de Empresas y Valores (CONASEV)	Principios de Buen Gobierno para las Sociedades Peruanas
2001年10月	マルタ	マルタ証券取引所（MSE）	良きコーポレート・ガバナンス原則
2001年11月	ペルー	Centro de Estudios de Mercado de Capitales y Financiero	Perú：Código de Buen Gobierno Corporativo para Empresas Emisoras de Valores

2002年3月	パキスタン	パキスタン証券取引所 (SECP)	コーポレート・ガバナンス規則（総論）
2002年3月	パキスタン	パキスタン証券取引委員会（SECP）	コーポレート・ガバナンス上場規則
2002年6月	ブラジル	Comissão de Valores Mobiliários (CVM)	コーポレート・ガバナンス原則

(出所) 筆者作成。

表3-3 代表的な市場経済移行国のコーポレート・ガバナンス原則

策定年	国名	策定機関	コーポレート・ガバナンス原則名
1996年6月（初版 1993年10月）	ロシア	エリツィン大統領・バーカー教授	株主の権利保証
2000年3月	ルーマニア	国際企業研究センターと企業経営統合の戦略提携（ICES&SABA）	コーポレート・ガバナンス規則
2001年6月	中国	中国証券監視委員会（CSRC）	中国上場企業のコーポレート・ガバナンス原則―草案―
2001年1月	ロシア	世界経済企業のコーポレート・ガバナンス	コーポレート・ガバナンスの変革
2002年4月	ロシア	コーポレート・ガバナンス会議	企業運営規則
2002年6月	ポーランド	ポーランド・コーポレート・ガバナンス・フォーラム	上場企業コーポレート・ガバナンス規則
2002年7月	ポーランド	コーポレート・ガバナンス委員会	大企業のベスト・プラクティス

(出所) 筆者作成。

2.2 機関投資家のコーポレート・ガバナンス原則とその役割

　1990年代半ばより，機関投資家が活発に原則を策定している。機関投資家の原則は，表3-4に表されるように，オーストラリア投資財務サービス協会（IFSA），フランス機関投資家協会（AFG-ASFFI），ドイツ・コーポレート・ガバナンス委員会（GPCG），アイルランド投資家協会（IAIM），Hermes, Pensions, カリフォルニア州公務員退職年金基金（CalPERS），全米機関投資家協会（CII），大学教職員退職年金基金（TIAA-CREF），ア

メリカ労働総同盟・産別会議（AFL-CIO），から策定・公表されている。

このように，代表的な 10 の機関投資家が，21 の原則を策定している。機関投資家の原則の特徴は，① 各国の状況に合わせた原則の策定，② 世界の経済や資本市場の環境に合わせた機動的な原則の改訂，である。これを，詳しくみていくことにする。

まず，① 各国の状況に合わせた原則の策定は，CalPERS や Hermes の世界で最大規模の機関投資家にみられる。CalPERS は，1997 年から 1998 年にかけて，日本，アメリカ，ドイツ，フランス，イギリスのそれぞれの国に向けて，『対国別コーポレート・ガバナンス原則[5]』を公表した。また，1999 年には，国別ではなく，世界的に適用可能な『グローバル・コーポレート・ガバナンス原則[6]』を公表した。同様に，Hermes も 1998 年にイギリス国内向けに原則を策定した後，1999 年から 2001 年にかけて，『インターナショナル・コーポレート・ガバナンス原則[7]』を策定し，改訂を重ねている。

つぎに，② 世界の経済や資本市場の環境に合わせた機動的な原則の改訂は，ほとんどの機関投資家が行っている。つまり，今日，経済や資本市場を取り巻く環境は，日々刻々と変化しているといっても過言ではない。たとえば，現在進行中のイギリスやドイツや日本等の先進諸国を中心とした企業法制度の改革による議決権行使環境の変化や，1997 年のアジア経済危機や一連の EU 経済統合による総合的な対策などを背景として，機関投資家は，それぞれの投資環境に合わせるように原則の改訂を行っている。

表 3-4 代表的な機関投資家のコーポレート・ガバナンス原則

策定年	国名	策定機関	コーポレート・ガバナンス原則名
1991 年 4 月	イギリス	機関投資家委員会（ISC）	取締役の責任と役割
1992 年 5 月	アイルランド	アイルランド投資家協会（IAIM）	公開会社の取締役の役割と責任についての最善行動規範
1997 年	アメリカ	アメリカ労働総同盟・産別会議（AFL-CIO）	将来の投資：AFL-CIO 代理投票ガイドライン
1997 年 7 月	オーストラリア	投資財務サービス協会（IFSA）	コーポレート・ガバナンス：投資家と企業のガイドライン

1998年6月	フランス	フランス機関投資家協会（AFG‐ASFFI）	コーポレート・ガバナンスに関する勧告
1998年6月（1993・97年）	カナダ	ペンション（PIAC）	標準的コーポレート・ガバナンス
1998年4月	アメリカ	カリフォルニア州公務員退職年金基金（CalPERS）	アメリカ・コーポレート・ガバナンス—原則とガイドライン
1998年7月	イギリス	ハーミーズ（Hermes）	コーポレート・ガバナンスと議決権行使政策
1999年2月	アメリカ	CalPERS	国内議決権行使基準
1999年2月	アメリカ	CalPERS	国際議決権行使基準
1999年3月	アイルランド	アイルランド投資家協会（IAIM）	コーポレート・ガバナンス：ストックオプションと他の報酬計画ガイドライン
1999年3月（初版1999年3月）	アメリカ	機関投資家協会（CII）	中心的政策・一般原則・方針と注釈
2000年（1993・96・99改訂）	イギリス	Pensions（PIRC）	PIRC株主議決権行使ガイドライン
2000年3月（初版1997年10月）	アメリカ	大学教職員退職年金基金（TIAA‐CREF）	TIAA‐CREFコーポレート・ガバナンス政策
2000年7月（初版同年1月）	ドイツ	ドイツ・コーポレート・ガバナンス会議（GPCG）	最善行動規範
2000年	イギリス	Pensionファンド協会（NAPF）	コーポレート・ガバナンス・マニュアル
2001年3月（初版1993年）	イギリス	Pensions投資調査コンサルタント（PIRC）	PIRC株主議決権ガイドライン
2001年1月	イギリス	投資信託投資基金協会（AUTIF）	最良行動規範
2002年3月	アメリカ	機関投資家協会（CII）	改訂中心的政策・一般原則・方針と注釈
2002年10月	イギリス	機関投資家委員会（ISC）	機関投資家の責任—声明と原則—
2002年10月	イギリス	ハーミーズ（Hermes）	ハーミーズ原則

（出所）　筆者作成。

2.3 国際機関のコーポレート・ガバナンス原則とその役割

1990年代後半から,国際機関が原則策定に乗り出した。代表的な国際機関のコーポレート・ガバナンス原則は,表3-5に表されるように,経済協力開発機構(OECD),ヨーロッパ証券取引業協会(EASD),ユーロシェアホルダーズ,ヨーロッパ証券取引所(EASDAQ),イギリス連邦コーポレート・ガバナンス協会(CACG),ヨーロッパ復興開発銀行(EBRD),インターナショナル・コーポレート・ガバナンス・ネットワーク(ICGN),中央ヨーロッパ政策研究会(CEPS)が策定・公表している。

このように,国際機関の原則は,代表的な8つのヨーロッパ地域を中心とした国際機関で13の原則が策定されている。そこで,これらの国際機関について,ヨーロッパにおける状況を例にとって原則が策定された背景を考察すると,それは,① 経済統合による企業法制度の統一が急務であること,② 既にヨーロッパ全土にわたる企業経営活動の自由が根付き,証券市場等のルールの設定が必要であること,の2つであるといえる。

まず,① 経済統合による企業法制度の統一は,現在EU委員会を中心に進められている。そして,EU会社法の成立が望まれているのであるが,それを待つのではなく,各国の企業法制度の枠内で企業がヨーロッパにおいて経営活動を行う際に支障のないように,もっとも基礎的な企業経営環境の統一を図ろうとするものである。その内容は,自主的な情報開示や取締役会会長と最高経営責任者との分離等の企業がイニシアティブを取り,実行可能なコーポレート・ガバナンス構築のための内容を多く含んでいるのである。このような原則を実行規範として位置づけ策定した機関は,OECD,ICGN,ユーロシェアホルダーズ,EBRD,CEPSである。

また,② 証券市場等のルールの設定では,ヨーロッパ内では,大小様々な証券取引所が存在するが,証券取引所と,そこに上場する企業との信頼を高めるための原則を策定し,それを上場規則として企業のコーポレート・ガバナンス構築に役立たせている。このように,原則を上場規則等として導入し,規制することを目的に原則を策定した機関は,EASDQ,EASD,CACGである。

表3-5 代表的な国際機関のコーポレート・ガバナンス原則

策定年	策定機関	コーポレート・ガバナンス原則名
1995年6月	中央ヨーロッパ政策研究会 (CEPS)	ヨーロッパのコーポレート・ガバナンス―勧告
1997年9月	ヨーロッパ復興開発銀行 (EBRD)	標準的経営と企業実践：ガイドライン
1998年4月	経済協力開発機構経営諮問グループ	コーポレート・ガバナンス：グローバル市場における競争力向上と資本参入
1998年7月	インターナショナル・コーポレート・ガバナンス・フォーラム (ICGN)	議決権行使原則
1999年4月	経済協力開発機構 (OECD)	OECDコーポレート・ガバナンス原則
1999年7月	インターナショナル・コーポレート・ガバナンス・フォーラム (ICGN)	グローバル・コーポレート・ガバナンス原則
1999年11月	イギリス連邦コーポレート・ガバナンス協会 (CACG)	CACGガイドライン：イギリス連邦コーポレート・ガバナンス原則
2000年1月	ヨーロッパ証券業協会オート相場 (EASDAQ)	EASDAQルールブック―第3版―
2000年2月	ユーロシェアホルダーズ (Euroshareholders)	ユーロシェアホルダーズのコーポレート・ガバナンス・ガイドライン2000
2000年5月	ヨーロッパ証券業協会 (EASD)	コーポレート・ガバナンス：原則と勧告

（出所） 筆者作成。

3 コーポレート・ガバナンス原則の潮流

3.1 コーポレート・ガバナンス原則の策定系譜

　世界中で策定されている原則は，策定した機関の目的などから，大きく「国際機関」「機関投資家」「各国内機関」の3つに分類される[8]。これに基づいて，原則が策定され始めた1990年代初頭から今日までの代表的な原則策定の系譜や各原則の相関関係は，図3-1のように表すことができる。そして，ここから，1）各原則策定機関の継続した原則と改訂，2）原則策定機関を超えた支持や容認などの原則に関する相互協力と相互提携，3）複数の原則策定機関が協力して1つの原則を策定するための新たな国際機関の設置，の3つの潮流が明らかにされる。ここでは，これを詳しく見ていくことにする。

第3章 世界のコーポレート・ガバナンス原則　61

　第1に，各原則策定機関の継続した原則策定と改訂，について取り上げる。まず，各国内機関についてみると，たとえばイギリスにおいて，1992年に『キャドバリー報告書[9]』が公表され，1995年の『グリーンブリー報告書[10]』，1998年の『ハンペル報告書[11]』と『統合規範[12]』の公表へと，継続した原則の改訂作業が行われている。そして，これらは，ロンドン証券取引所の上場規則として採用されるなど，一定の成果をあげるとともに，その都度，検証作業が行われているのが特徴である。また，機関投資家についてみると，世界の代表的な機関投資家であるCalPERSやTIAA‐CREF，Hermesは，本社のある国の国内原則から投資主要国原則へと，その守備範囲を広げている。さらに，国際機関においては，OECDを例に取ると，1996年の原則策定にむけた理事会要請から1998年の『経営諮問グループ報告書[13]』が出され，1999年には，OECD原則が公表されるという継続的な検討と議論の末，原則が策定されている。
　このように，各国内機関，機関投資家，国際機関は，それぞれの主要な目的を達成するために，原則の策定を行っており，これが原則策定における潮流の1つ目の特徴である。

3.2　コーポレート・ガバナンス原則の相互協力と相互提携

　第2に，原則策定機関を超えた支持や容認などの原則に関する相互協力と相互提携，についてみていく。まず，これらについて積極的な活動を行っているCalPERSなどの機関投資家について取り上げる。CalPERSは，自らの原則を有しているだけではなく，Hermesと原則の共有を行っている。つまり，アメリカに本拠地を置くCalPERSとイギリスに本拠地を置くHermesが，『CalPERS・Hermes提携原則[14]』を交わしたことにより，相手国にある企業に対して議決権行使を行う場合に，相手の原則を遵守し，共同歩調を取ることで，より影響力のある株主活動を行おうとするものである。また，これらの機関投資家は，情報交換を目的に設立されたCIIにも加盟し，そのCIIでもCII原則を策定している。さらに，1996年には，機関投資家が中心となって設立したICGNは，今日，企業経営者，研究者，国

62　第Ⅰ部　コーポレート・ガバナンス原則の体系化

図3-1　コーポレート・ガバナンス原則の系譜

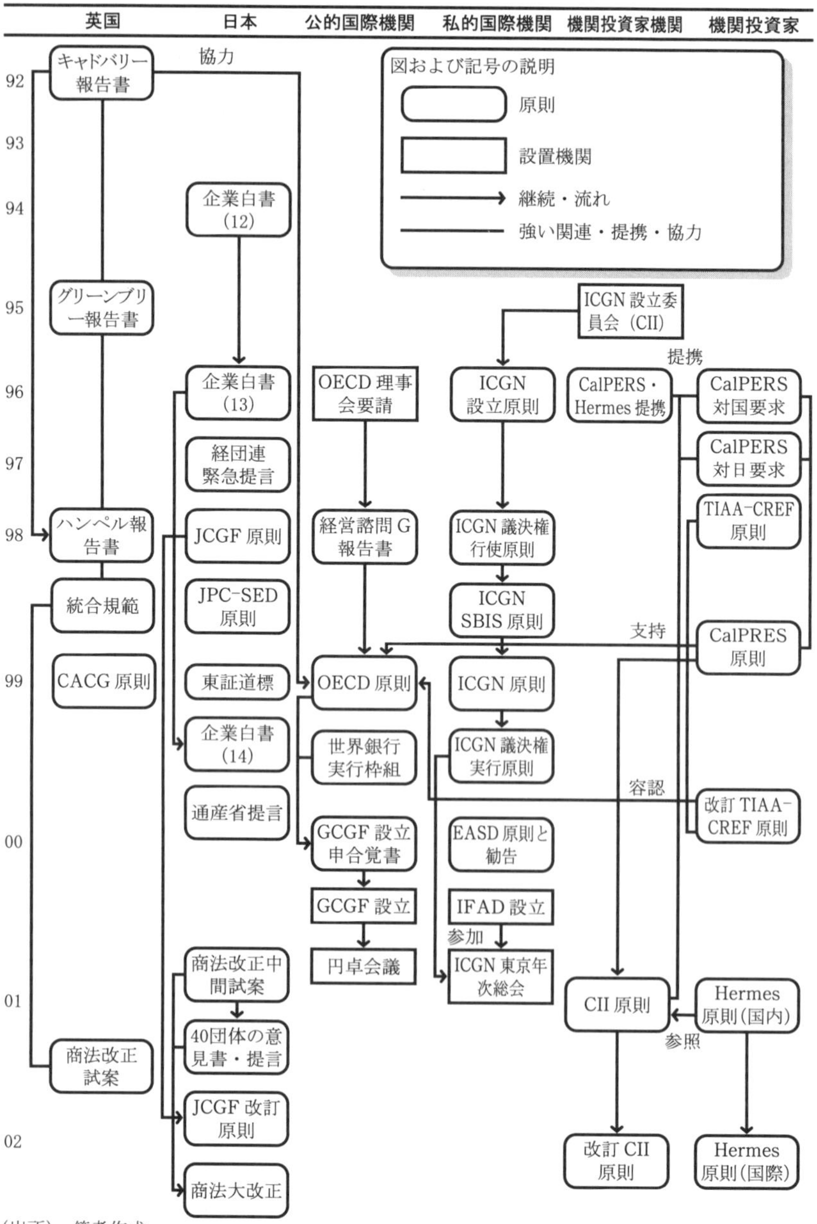

年	英国	日本	公的国際機関	私的国際機関	機関投資家機関	機関投資家
92	キャドバリー報告書	協力				
93						
94		企業白書(12)				
95	グリーンブリー報告書			ICGN設立委員会(CII)		
96		企業白書(13)	OECD理事会要請	ICGN設立原則	CalPERS・Hermes提携	CalPERS対国要求
97		経団連緊急提言				CalPERS対日要求
98	ハンペル報告書	JCGF原則	経営諮問G報告書	ICGN議決権行使原則		TIAA-CREF原則
	統合規範	JPC-SED原則		ICGN SBIS原則	支持	CalPRES原則
99	CACG原則	東証道標	OECD原則	ICGN原則		
		企業白書(14)	世界銀行実行枠組	ICGN議決権実行原則	容認	改訂TIAA-CREF原則
00		通産省提言	GCGF設立申合覚書	EASD原則と勧告		
			GCGF設立	IFAD設立		
			円卓会議	ICGN東京年次総会 参加		
01		商法改正中間試案			CII原則	Hermes原則(国内)
	商法改正試案	40団体の意見書・提言			参照	
02		JCGF改訂原則			改訂CII原則	Hermes原則(国際)
		商法大改正				

図および記号の説明
□ 原則
□ 設置機関
→ 継続・流れ
― 強い関連・提携・協力

(出所)　筆者作成。

際機関，各国の市場監督規制機関などが参加し，1998年の『議決権行使原則[15]』や，1999年の『ICGN コーポレート・ガバナンス原則[16]』など，数種類の原則を策定している。

このように，1990年代半ばから，機関投資家を中心として，原則を用いた相互協力と相互提携の動きが活発化しており，これが，原則策定における潮流の2つ目の特徴である。

3.3 コーポレート・ガバナンス原則の共同策定

第3に，複数の原則策定機関が協力して1つの原則を策定するための新たな国際機関の設置，についてみていく。ここで，近年，特に注目されるのは，① 各国内機関，機関投資家，国際機関のそれぞれが独自の原則を策定していた状況から，この3者が共同して1つの原則を策定していることと，② 今まで原則策定に直接的な関与を行っていなかった分野からの原則策定への参加，の2点である。

まず，①については，OECD 原則を策定した OECD と，1990年代初頭から発展途上国や市場経済移行国のコーポレート・ガバナンス問題について議論と提言を行ってきた世界銀行グループが，後述する先進7カ国首脳会議（G7）の合意に基づいて，新たな国際機関であるグローバル・コーポレート・ガバナンス・フォーラム（GCGF）[17]を設置したことを例としてあげることができる。GCGF には，幅広い分野の機関・団体や個人の自由な参加が認められており，先進諸国だけでなく，発展途上国や市場経済移行国を含む世界標準としての原則の策定を睨んだ活発な議論と研究が現在も行われている。

一方，②については，たとえば，国際会計士連盟（IFAC）の証券監督者国際機構（IOSCO）への原則策定の要請と，ICGN への参加や GCGF への関与などは，会計士が監査を通じて企業をチェックしても，企業のコーポレート・ガバナンス体制そのものを改めないと，経営者による不正等は防ぐことができないとした判断によるものであった[18]。また，国際会計開発会議（IFAD）には，世界銀行グループや OECD，アメリカ証券取引委員会や

IOSCOなどが参画し，ビジネスのルールである会計制度や監査制度を統一しても，取締役の意思決定方法や取締役に対するチェック機能が不統一では株主の権利などを守ることができないとして，ICGN等に参加するとともに原則策定に向けて活動をつづけている[19]。

このように，各国内機関，機関投資家，国際機関による共同策定と，関連諸領域の機関や団体の参加が，原則策定における潮流の3つ目の特徴である。そして，これらの3つの潮流は，世界標準としての原則（以下「世界標準原則」という）の策定を視野に入れてのことであることはいうまでもないであろう。この動きが着実に進展している証左として，次節では，21世紀の新たな原則策定の枠組みの形成について論じていく。

4　21世紀のコーポレート・ガバナンス原則

4.1　国際会議におけるコーポレート・ガバナンス原則の合意と実践

1998年頃からはじまったOECD原則の策定作業と時を同じくして，国際会議で原則について話し合いがもたれるようになった[20]。現在まで，先進諸国のトップが一堂に会するG7や，地域経済に関して中心的に話し合われるアジア太平洋経済協力会議（APEC），そして，世界経済の動向に大きな影響を与える実務者首脳による財務相・中央銀行総裁会議が，積極的にコーポレート・ガバナンスを取り上げ，議論を行っている[21]。

これらの国際会議において特に重要な合意内容を要約すると，まず，G7では，1999年のケルンサミットでOECD原則を支持し，GCGF設立について合意が行われた[22]。2000年の沖縄サミットでは，OECD原則の世界中への浸透を促すことが確認された[23]。そして，2001年のジェノバサミットでは，原則を官民が共同して，かつ会計領域などの他分野との協力により，経済発展に生かしていく形で一層充実させていくことを強く求めている[24][25]。

また，APECでは，1998年の第10回マレーシア会議でOECD原則の支持表明をした[26]。そして，1999年の第11回ニュージーランド会議で経済・金融政策に原則を生かしていくことが確認され[27]，原則のAPEC加盟国の国

内政策（企業法制度など）に適応し拡充させていくことが取り決められた[28]。

さらに，財務相・中央銀行総裁会議では，1998年10月に，いち早くOECD原則の策定作業を歓迎し，1999年2月にも，早期の完成を求めている[29]。そして，できあがったOECD原則に対して，1999年4月，早速，会計などの他の国際基準との支援や協力関係を求めた。そして，2001年9月のAPEC財務相会議では，各国はOECD原則をもとに，各国内の法令・規則等の整備を強力に行っていくことを表明している[30]。

このように，OECD原則の支持と合意を基に政府レベルで経済政策を中心に活発な議論が行われており，特に最近では，国内諸法令の整備などの実践に向かっていることが確認できる。

4.2 企業外部者によるコーポレート・ガバナンス原則策定

多くの原則は，直接企業経営に携わらない企業外部者から出されたものである。これらの企業の外部から企業経営にアプローチする原則は，主として企業不祥事を事前に防止する役割を有している。つまり，企業経営に対して一定のルールを課す，または要求することで，健全な企業経営を達成しようとするものである。これらの原則が，企業経営環境や市場からの要請に従い，絶えず改訂や改正を繰り返していることは，既述のとおりである。そして，原則策定の系譜を辿ると，1つの流れがあることが明らかとなる。

日本を例に取ると，2002年5月に，社外取締役の設置や取締役会内委員会制度，執行役および代表執行役の創設を柱とした企業法制度改革が行われた。ここにいたるまでに，日本国内では，たくさんの企業法制度の改正が重ねられてきたが，そこでは企業外部者によって策定された数多くの原則が影響を与えてきたのである[31]。

こうした，企業外部者の視点による原則策定は，企業の利害関係者の企業への要求と共通することがおおい。その結果として，上記の日本の例だけでなく，イギリス，ドイツ，フランス，中国などでも原則を用いた企業法制度改革が進んでいるのである。

4.3 経営者によるコーポレート・ガバナンス原則策定

近年，経営者の積極的な参加による原則策定が特に目立っている。日本国内では，1996年に経営者が中心となって設立した日本コーポレート・ガバナンス・フォーラム（JCGF）は，1998年に『コーポレート・ガヴァナンス原則（JCGF原則)[32]』を公表し，2001年に『改訂コーポレート・ガバナンス原則（改訂JCGF原則)[33]』を策定した。一方，国際的な視点に移すと，今日，多数の経営者が参加しているICGNは，前に述べたように，今まで数種類の原則を策定しており，ミラノで行われた第7回年次総会でも活発な活動が行われた。さらに，JCGFとICGNは，2001年に東京でICGN年次総会を開催した。そこでは，他の年次総会と比較しても多くの経営者が積極的に参加した。ここでは，コーポレート・ガバナンス問題が経営者の関心の的になっていることと，経営者による積極的な原則策定や原則の企業への浸

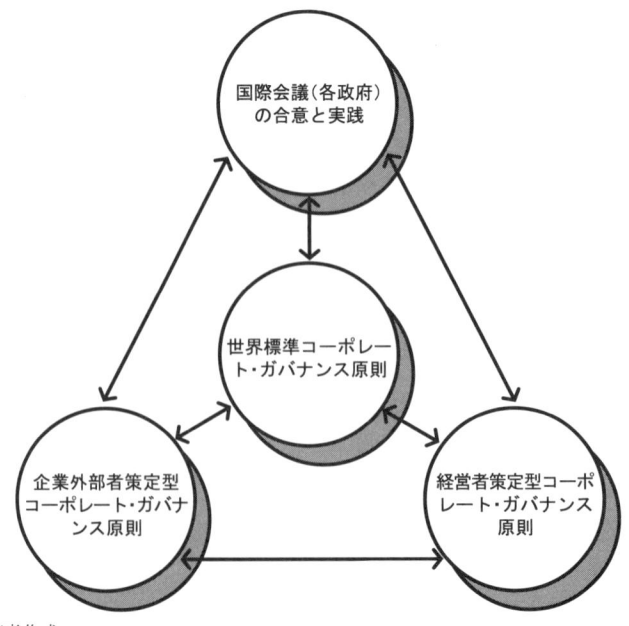

図3-2 コーポレート・ガバナンス原則の体系

(出所) 筆者作成。

第3章 世界のコーポレート・ガバナンス原則　67

透が進んでいることを伺うことができる[34]。

　このように，原則策定が第3節で明らかとなったように，世界標準としての原則策定に向けて動き出しているなか，図3-2に示されるように，21世紀の新たな原則策定の枠組みは，国際会議の合意と実践，企業外部者策定型原則，経営者策定型原則，の3者であるといえよう。そして，各々が独自の原則策定を行うと同時に相互協力を行いながら，世界標準原則の策定を視野に入れた活動が，ますます活発化していくことは間違いないであろう。

5　おわりに

　第3章で取り上げたように，今日，代表的なものだけで，36カ国，10の機関投資家，8の国際機関において原則が策定されており，筆者が確認している原則だけでも，世界中で，400以上の原則が策定されている。また，これらの原則には，継続的な策定と改訂，相互協力と相互提携，共同原則策定，といった3つの潮流が存在した。そして，今では，世界標準原則の策定に向けた動きが活発化したことが特徴的なこととして浮き彫りになった。ここからも原則は，世界標準原則の策定を視野に入れて，図3-3に表されるような枠組みに収まってくことになるだろうと考えている。

　このように，世界では，とても多くの原則が，各国内や地域，国際機関などで精力的に策定されている。これは，世界中でコーポレート・ガバナンス問題の解決が必要とされている大型企業不祥事の多発などの事態が発生していることも大きな原因の1つとなっているのであろう。たしかに，原則には，その時々の企業経営環境に合致した具体的な企業経営機構体制などを提示するなどの有効性が認められる。しかし，平田光弘［2001b］が「コーポレート・ガバナンス問題は，つまるところ経営者問題に他ならない[35]」としているように，原則も扱う経営者によって，歪められてしまう可能性があるという限界を有している。

　そこで，これからの原則は，2つの課題を内包しているといえよう。近年の先進諸国で頻発している大型不祥事に対処するために，各国は企業法制度

68　第Ⅰ部　コーポレート・ガバナンス原則の体系化

図3-3　21世紀のコーポレート・ガバナンス原則の関係

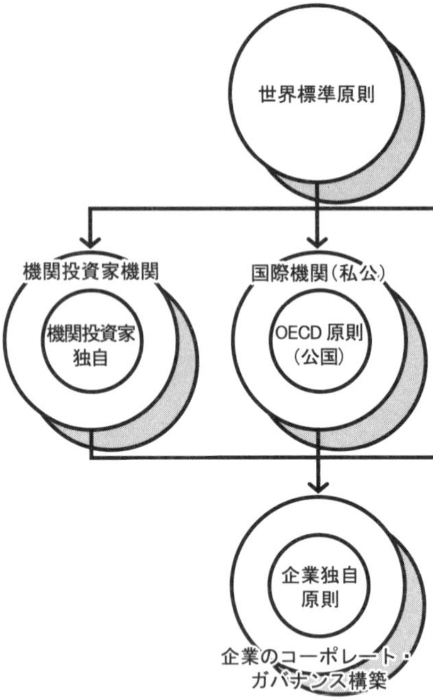

```
                    世界標準原則
                    ／    ｜    ＼
        機関投資家機関   国際機関(私公)   国内機関(私公)
         機関投資家      OECD原則       法令
         独自           (公国)         規則等
                    ＼    ｜    ／
                    企業独自
                    原則
                企業のコーポレート・
                ガバナンス構築
```

（出所）　筆者作成。

改革や上場規則改定などをおこない，そこでは原則が大きな役割を有している。そのため，企業経営環境は常に変化するものであることも鑑み，継続した改訂作業を今まで通り続けていくべきである。それと同時に，企業経営のグローバル化や国内で収まることのない企業不祥事などに対処するためにも，世界標準原則の策定と，その他の原則とのフレームワークとを整えておく必要があると考える。

また，平田光弘［2002］が「コーポレート・ガバナンスは，経営理念と経営倫理とにしっかり支えられることによって・・・（中略）・・・二つの機能（企業不祥事への対処と企業競争力の強化—筆者）を効果的に発揮しうるのである[36]」とし，「コーポレート・ガバナンスのハードづくりはもうほどほどにして，コーポレート・ガバナンスのこうした（革新的経営者や社員の育

第3章 世界のコーポレート・ガバナンス原則　69

成—筆者）ソフトづくりに力を注ぐときではなかろうか[37]」と指摘しているように，原則も経営者によって実践されなければ，何の意味もなさない。そのため，原則をもちいた企業経営の実践を行うためには，さらに積極的な原則策定への関与などを通じた経営者の意識改革や，企業が独自に原則（企業独自原則）を策定するなどの方策を，企業のあらゆる利害関係者とともに進めていくことが必要とされる[38]。

筆者は，今後，次なるステージに研究課題を移し，1) 世界標準原則は策定可能で，いかなる内容なのか，2) 世界標準原則をはじめとする諸原則は，企業に対していかに浸透していくのか，3) 企業側は原則をどのように実践していくべきか，について検討が必要であることを痛切に感じている。また，第3章では，原則の内容に関する分析が少なかった。そのため，次章以降で，これらの課題に対して考察を深めていきたい。

注
1　たとえば，中国などは，OECD原則を参照して原則を策定し，それを上場規則や企業法制度に採用した。つまり，資本市場経済に移行しつつある国においてこそ，先進国主導で策定したOECD原則が活用されているという証左となるであろう。しかし，原則は，その国の文化や慣習，法体系などを尊重し，「参照可能性」と「非拘束性」とを基本としており，世界統一の企業システムを目指したものではない。
2　日本のコーポレート・ガバナンス原則については，小島大徳［2002a］を参照のこと。
3　GM［2000］。
4　なお，第4段階に進んだ後，よりよい企業のコーポレート・ガバナンス構築を目指すために，また第1段階に戻り，法令・規則改正を行うための原則が策定されている。これらは，日本，イギリス，ドイツ等で進められている会社法等の改正作業からも明らかである。
5　CalPERS［1999］，CalPERS［1998b］，CalPERS［1998c］，CalPERS［1998d］，CalPERS［1997a］，CalPERS［1997b］。
6　CalPERS［1999］。
7　Hermes［1999］。
8　小島大徳［2002a］37頁。
9　Cadbury Report［1992］。
10　Greenbury Report［1995］。
11　Hampel Report［1997］。
12　日本コーポレート・ガバナンス・フォーラム［2001］。
13　OECD Business Sector Advisory Group on Corporate Governance［1998］。
14　CalPERS［1998a］，Hermes［1998］。
15　ICGN［1998］。
16　ICGN［1999］。
17　GCGFの目的は，OECD加盟国を超えてコーポレート・ガバナンスを広めること，発展途上

18 『日本経済新聞』2001年5月15日付。
19 『日本経済新聞』2000年7月18日付。
20 小島大徳 [2002a] 48頁。
21 他にも，アジア欧州会合（ASEM）やEU委員会等の地域国際会議もコーポレート・ガバナンスに関して強い関心を示している。
22 http://www.mof.go.jp/daijin/1e075.htm
23 http://www.mofa.go.jp/mofaj/gaiko/summit/ko_2000/documents/commu.html
24 http://www.asahi.com/business/sumit/K2001072202511.html
25 http://www.asahi.com/business/sumit/K2001072202511.html
26 http://www.mofa.go.jp/mofaj/gaiko/apec/98/seimei.html
27 http://www.mofa.go.jp/mofaj/gaiko/apec/99/kyodo_2.html
28 http://www.mofa.go.jp/mofaj/gaiko/apec/99/s_sengen.html
29 この付属文書は，1998年12月にG7蔵相からG7首脳に提出されたものである。
30 http://www.mof.go.jp/jouhou/kokkin/ap_010909.htm
31 近年の日本における企業法制度改革は，たとえば，2001年11月の商法改正（監査役（会）権限の強化など）と，2002年5月の商法改正（アメリカ型企業経営機構導入など）とには，一方では，監査役（会）の権限を強化しつつ，他方では，監査役（会）を廃止し委員会制度を導入できるとするなど，全く整合性と一貫性がない。それは，前者は，1997年から続いた自由民主党商法部会による提言に基づく改正であり，後者は，JCGFなどの民間からの提言に基づいた改正であったためである。このことからも，原則は，各方面に影響力を行使していることが明らかとなるであろう。
32 コーポレート・ガヴァナンス原則策定委員会 [1998]。
33 日本コーポレート・ガバナンス委員会 [2001]。
34 ICGN [2001]。
35 平田光弘 [2001b] 34頁。
36 平田光弘 [2002] 35頁。
37 平田光弘 [2002] 35頁。
38 筆者は，コーポレート・ガバナンス構築のための手段として，企業独自原則を策定するべきであると主張している。企業独自の原則についての必要性や有用性，策定方法・内容などについては，本書の第5章，第7章および小島大徳 [2003a] を参照のこと。

参考文献

邦語文献

菊池敏夫・平田光弘編著 [2000]『企業統治の国際比較』文眞堂。
菊池敏夫 [1999a]「コーポレート・ガバナンスにおける日本的条件の探求」経営行動研究学会編『経営行動研究年報』第8号，経営行動研究学会，7-10頁。
菊池敏夫編著 [1999b]『現代の経営行動—課題と方向—』同友館。
小島大徳 [2003a]「コーポレート・ガバナンス原則と企業の実践—企業独自原則の策定を目指して—」『日本経営学会誌』第9号，千倉書房，26-40頁。
小島大徳 [2003b]「コーポレート・ガバナンスと議決権行使のIT化—企業による実践と課題—」『経営情報学会誌』第11巻第4号，経営情報学会，33-46頁。
小島大徳 [2003c]「世界のコーポレート・ガバナンス原則—原則の策定系譜，類型と役割—」『経営実践と経営教育理論—経営教育研究6—』学文社，129-163頁。

小島大徳［2003d］「国際機関と機関投資家のコーポレート・ガバナンス原則」『横浜経営研究』第23巻第4号, 横浜国立大学経営学会, 89-108頁.
小島大徳［2003e］「コーポレート・ガバナンス原則の体系化―原則に関する研究領域と研究課題―」『東洋大学大学院紀要第39集』東洋大学大学院, 87-108頁.
小島大徳［2002a］「日本のコーポレート・ガバナンス原則―原則策定の背景と課題―」日本経営教育学会編『新企業体制と経営者育成―経営教育研究5―』学文社, 33-52頁.
小島大徳［2002b］「企業経営機構とコーポレート・ガバナンス―米国と日本の国際比較による現状と今後の展望―」『東洋大学大学院紀要第38集』東洋大学大学院, 225-244頁.
コーポレート・ガヴァナンス原則策定委員会［1998］『コーポレート・ガヴァナンス原則―新しい日本型企業統治を考える―(最終報告)』日本コーポレート・ガバナンス・フォーラム.
日本コーポレート・ガバナンス委員会［2001］『改訂コーポレート・ガバナンス原則』日本コーポレート・ガバナンス・フォーラム.
日本コーポレート・ガバナンス・フォーラム［2001］『コーポレート・ガバナンス―英国の企業改革―』商事法務研究会.
平田光弘［2002］「日米企業の不祥事を通してコーポレート・ガバナンスを考える」『月刊資本市場』No.205, 23-36頁.
平田光弘［2001a］「OECDのコーポレート・ガバナンス原則」『経営研究所論集』第24号, 東洋大学経営研究所, 277-292頁.
平田光弘［2001b］「21世紀の企業経営におけるコーポレート・ガバナンス研究の課題―コーポレート・ガバナンス論の体系化に向けて―」『経営論集』53号, 東洋大学経営学部, 23-40頁.
平田光弘［2000］「1990年代の日本における企業統治改革の基盤作りと提言」『経営論集』51号, 東洋大学経営学部, 81-106頁.
平田光弘［1999a］「英国におけるコーポレート・ガバナンス改革の実践」『経営論集』49号, 東洋大学経営学部, 225-240頁.
平田光弘［1999b］「EUおよび英国におけるコーポレート・ガバナンスの実践」『経営哲学の実践』森山書店, 107-136頁.
松下優［1998］「英国のコーポレート・ガバナンス議論とICIの『最善の行動規範』の遵守状況」『研究論集』第2号, 49-66頁.
吉森賢［2001］『日米欧の企業経営―企業統治と経営者―』放送大学教育振興会.

外国語文献

Cadbury Report [1992], *Report of the Committee on the Financial Aspects of Corporate Governance*, Gee and Co. Ltd.
CalPERS [1999], *Global Corporate Governance Principles*, California Public Employees' Retirement System.
CalPERS [1998a], *CalPERS And Hermes Team To Form Corporate Governance Alliance* Corporate Governance News 1998, California Public Employees' Retirement System.
CalPERS [1998b], *Japan Market Principles*, California Public Employees' Retirement System.
CalPERS [1998c], *Corporate Governance Core Principles & Guidelines : The United States*, California Public Employees' Retirement System.
CalPERS [1997a], *United Kingdom Market Principles*, California Public Employees' Retirement System.
CalPERS [1997b], *France Market Principles*, California Public Employees' Retirement

System.
CalPERS [1997c], *Germany Market Principles*, California Public Employees' Retirement System.
Greenbury Report [1995], *Report of a Study Group chaired by Sir Richard Greenbury*, Gee and Co. Ltd.
Hampel Report [1997], *Committee on Corporate Governance*, Gee and Co. Ltd.
Hermes [2001], *Hermes Corporate Governance Activities*, Hermes Pensions Management Limited.
Hermes [1998], *Hermes and CalPERS Create Global Corporate Governance Alliance*, Hermes Pensions Management Limited.
ICGN [2001], *7th Annual Conference in Tokyo — Global Corporate Governance : Myth and Reality—*, International Corporate Governance Network.
ICGN [2000a], *Statement on Global Implementation of ICGN Share Voting Principles*, International Corporate Governance Network.
ICGN [2000b], *Resolution on the Mandate of the Standing Committee on Share Voting*, International Corporate Governance Network.
ICGN [1999], *ICGN Statement on Global Corporate Governance Principles*, International Corporate Governance Network.
ICGN [1998], *ICGN Global Share Voting Principles*, International Corporate Governance Network.
ICGN [1996], *ICGN Founding Principles*, International Corporate Governance Network.
OECD [1999], *OECD Principles of Corporate Governance*, Organisation for Economic Co-operation and Development.
OECD Business Sector Advisory Group on Corporate Governance [1998], *Corporate Governance : Improving Competitiveness and Access to Capital in Global Markets*, Organisation for Economic Co-operation and Development.

第4章

機関投資家と国際機関の
コーポレート・ガバナンス原則

1 はじめに

　機関投資家は，受託資本の運用という使命を付託者に負っているため，運用先の企業に対して，株主価値最大化を他の利害関係者よりも強く求めている。そのため1990年代の中頃から，より企業のコーポレート・ガバナンス構築に対する要求を強め，その中核として原則の策定に乗り出したのである。

　機関投資家の原則策定の動きは，3つに分けることができる。まず，長年の機関投資家の経験と実践から機関投資家独自の原則策定の動きである。つぎに，より議決権行使に実効性を与えるため，機関投資家同士の原則策定と提携の動きである。さらに，国際機関の原則の公表を受けて，これを遵守する形で原則を実行していく動きである。

　そこで，第4章では，このような3分類される機関投資家の原則を詳細に検討する。具体的には，第2節では，機関投資家の原則が，世界中で策定されている原則のなかでいかなる位置づけにあるかを検討する。第3節では，複数の機関投資家が集まった機関が策定した原則について検討し，第4節と第5節では，世界の代表的な機関投資家を取り上げて原則を検討する。第6節では，今日，世界標準の原則に最も近いとされる原則をうけた機関投資家の動きを検討する。これらを通じて，国際機関の原則を基にした機関投

資家の原則の全体像を把握し，その役割と今後の展望についてを論じる。

2 機関投資家のコーポレート・ガバナンス原則の位置づけ

2.1 コーポレート・ガバナンス原則とはなにか

　コーポレート・ガバナンスに関する議論が盛んになるにつれ，コーポレート・ガバナンスに関わりの深い企業の利害関係者を中心とした機関等は，企業に対して，より実効性のある具体的な企業像を提示し，企業のコーポレート・ガバナンス構築に直接関与する必要に迫られた。このようにして，1990年代初頭より原則策定の動きが始まったのである。そして，今日までに策定された代表的な原則をまとめた表4-1によると，原則策定の動きは，萌芽期（1992年-1995年），活発期（1996年-1998年），発展期（1999年-現在），に分類することができる。

　まず，萌芽期では，国内機関によって原則が策定され始めた[1]。また，活発期では，機関投資家や私的国際機関がコーポレート・ガバナンスに高い関心を持ち，多くの原則が策定された[2]。さらに，発展期に入ると公的国際機関が原則策定に乗り出し，そこで策定された原則は高い評価を受けて

表4-1　代表的なコーポレート・ガバナンス原則策定の系譜

	年	原則名	策定機関	種類
萌芽期	1992年—1995年	キャドバリー委員会報告書 グリーンブリー委員会報告書	キャドバリー委員会（英） グリーンブリー委員会（英）	国内機関等 国内機関等
活発期	1996年—1998年	ハンペル委員会報告書 統合規範 JCGFコーポレート・ガバナンス原則 ICGNコーポレート・ガバナンス原則 CalPERS対国別要求	ハンペル委員会（英） CG委員会（英） JCGF（日） ICGN CalPERS	国内機関等 国内機関等 国内機関等 私的国際機関 機関投資家
発展期	1999年—現在	OECDコーポレート・ガバナンス原則	OECD	公的国際機関

（出所）　筆者作成。

いる[3]。

　そもそも原則は，それぞれの機関が各々の目的に適合した原則を策定していた。そのため，それは標準的で平準化した世界中の企業に一律適用できる原則であったとは言い難い。そこで，世界標準としての原則が必要とされている。21世紀の原則とは，企業が企業の利害関係者間の利害調整を行いながら，健全で効率的な企業経営を行える企業構造の一形態を示したものにする必要があるであろう。そして，各国の文化・慣習・法制度を考慮に入れた，全世界に通用する最低限の原則が早期に策定されることが望まれている。また，このような原則の目的は，最終的に企業に対してコーポレート・ガバナンス構築を目指すものでなくてはならない[4]。

2.2　世界標準としてのコーポレート・ガバナンス原則―OECD原則―

　原則の世界標準化の動きを決定的にしたのが，経済協力開発機構（Organisation for Economic Co-operation and Development，以下「OECD」という）が策定した1999年の『OECDコーポレート・ガバナンス原則（以下「OECD原則」という）[5]』であった[6]。この原則は，表4-2に表されるように，国や社会ごとに異なるモデルのなかから比較的共通の要素をまとめたもので，法的拘束力は無く，各国政府や民間企業などに重要な指針を提供するものである[7]。

表4-2　OECDコーポレート・ガバナンス原則

	Ⅰ　株主の権利
原則	コーポレート・ガバナンスの骨組みは，株主の権利を保護するべきである。
勧告A	（基本的株主権利保護）株主の基本的権利には，1) 所有登記方法を確保し，2) 株式を譲渡し，3) 適切な企業情報をタイムリーに，規則的に入手し，4) 株主総会に出席して投票し，5) 取締役会の構成員を選任し，6) 企業利益の分配をうける権利が含まれる。
勧告B	（株主資産保護）株主は，根本的な企業変更，例えば，1) 定款，合併条項または企業の類似の管理文書の修正，2) 追加株式の是認，3) 事実上，企業の売却につながる特別取引，に関する意思決定に参加する権利，また，このことに関して十分な情報を与えられる権利を有する。

勧告C	（株主総会出席と議決権行使権利）株主は，株主総会に実際に参加して議決する機会を持つべきであり，また，議決手続きを始め，株主総会を左右する規定についての情報を与えられるべきである。 1. 株主は株主総会の日取り，場所および議事日程，および総会議決事項に関して，十分かつタイムリーな情報を与えられるべきである。 2. 株主が取締役会に質問し，適度の制約はあっても，株主総会の議事日程に議題を提出する機会を与えられるべきである。 3. 株主は，本人投票または不在投票を行い得るべきであり，また，本人投票であれ不在投票であれ，議決に対しては同等の効果が与えられるべきである。
勧告D	（支配関係の変更）特定の株主に持分所有が不均化し，支配力を得た場合には，資本の構成と配列が開示されるべきである。
勧告E	（企業買収規定）企業支配市場は，効率的かつ透明な方式で機能するよう準備すべきである。 1. 資本市場における企業支配の獲得および合併や企業資産の相当部分の売却といった特別取引を左右する規定や手続きは，投資家が彼らの権利と遡求を理解できるように，はっきりと表現し開示されるべきである。取引は，透明な価格で，また，すべての株主の権利を，その階層に応じて保護する公正な条件のもとに行われるべきである。 2. 乗取りに対抗する策略は，経営陣の説明責任をかばうために使ってはならない。
勧告F	（議決権行使費用）機関投資家を始めとする株主は，議決権の行使に伴う費用と便益を考慮すべきである。
Ⅱ　株主の公平な取扱い	
原則	コーポレート・ガバナンスの骨組みは，少数持株株主や外国人株主を始めとするすべての株主の公正な扱いを保証するべきである。すべての株主は，その権利の侵害に対して，事実上の補償を得る機会を持つべきである。
勧告A	（1株1議決権の原則）同じ階層の株主は，みな公正に扱われるべきである。 1. いずれの階層にあっても，株式購入前に，すべての階層の株式に付与された議決権に関する情報を入手することができるべきである。 2. 議決は，受益株主の同意を得た上で，保管者または名義人によってなされるべきである。 3. 株主総会のための手順および手続きは，すべての株主の公正な扱いを可能にすべきである。企業の手続きは，議決することを過度に困難にしたり，過度に金のかかるものにしたりしてはいけない。
勧告B	（不公平取引の禁止）インサイダー取引や不正な自己取引は，禁止されるべきである。
勧告C	（ネガティブ情報開示）取締役会構成員や経営者に対しては，企業に影響を及ぼすような取引または項目で得た重要な利益の開示が要求されるべきである。
Ⅲ　利害関係者の役割	
原則	コーポレート・ガバナンスの骨組みは，法律によって確定されている利害関係者の権利を認識し，富，仕事および財務的に健全な企業の存続可能性を創り出せるよう，企業と利害関係者との積極的な協力を推進すべきである。

勧告A	（法律上の利害関係者の尊重）コーポレート・ガバナンスの骨組みは，法律によって保護されている利害関係者の権利が尊重されることを保証すべきである。
勧告B	（利害関係者の賠償請求）利害関係者の利益が法律によって保護されている場合，利害関係者は，その権利の侵害に対して，事実上の補償を得る機会を持つべきである。
勧告C	（利害関係者参加による企業業績の向上）コーポレート・ガバナンスの骨組みは，利害関係者の参加により業績が高まるような機構を可能にすべきである。
勧告D	（利害関係者への情報公開）利害関係者がコーポレート・ガバナンスの過程に参加する場合，彼らが適切な情報を入手できるようにすべきである。
Ⅳ　情報開示と透明性	
原則	コーポレート・ガバナンスの骨組みは，企業の財務状態，業績，所有およびガバナンスを含む，企業に関するすべての重要事項について，タイムリーで的確な情報開示がなされることを確実にすべきである。
勧告A	（あらゆる企業情報の開示）情報開示は，以下の事項に関する重要情報を含むべきであるが，これに限定する必要はない。 1. 企業の財務結果と業務成績 2. 企業の目的 3. 主要な株主所有と議決権 4. 取締役会構成員並びに主要な経営陣およびその報酬 5. 予知しうる重要な危険要因 6. 従業員と他の利害関係者に関わる重要事項 7. ガバナンス構造とガバナンス方策
勧告B	（高水準の財務書類等の監査や開示）質的に高い会計，財務・非財務の開示および監査の水準にふさわしい情報が作成され，監査され，開示されるべきである。
勧告C	（独立監査人による監査）財務情報が作成され提示される方法に外部からの客観的な保証を与えるために，年次監査は独立監査人によって行われるべきである。
勧告D	（適時・適切・真実・費用効果的な開示）情報を広く行き渡らせるための経路は，利用者が適切な情報を公正に，タイムリーに，費用効果的に入手できるようにすべきである。
Ⅴ　取締役会の責任	
原則	コーポレート・ガバナンスの骨組みは，企業の戦略的指揮，取締役会による経営陣の効果的監視および企業と株主に対する取締役会の説明責任を確実にすべきである。
勧告A	（株主に対する善管注意義務）取締役会構成員は，十分な情報を基に，誠意をもち，相当の注意をもって，また，企業と株主に最良の利益を生むように行動すべきである。
勧告B	（株主の平等な取扱い）取締役会の決定が，異なる株主集団に異なる影響を及ぼす恐れがある場合でも，取締役会は，すべての株主を公平に扱うべきである。
勧告C	（コンプライアンス経営と利害関係者の利益）取締役会は，適切な法律の遵守を確保し，利害関係者の利益を斟酌すべきである。

勧告 D	(取締役会の重要な機能) 取締役会は, 以下の事項を含む重要な機能を遂行すべきである。 1. 企業戦略, 主要な行動計画, 危機政策, 年次予算および事業計画を見直し指揮すること。業績目標を設定すること。業務遂行および企業業績を監視すること。そして主要な資本的支出, 買収および企業分割を監督すること。 2. 主要な経営陣を選任し, 報酬を与え, 監視し, 必要なときには補充し, そして後継者計画を検査すること。 3. 主要な経営陣および取締役報酬を見直し, 正式の透明な取締役指名過程を確実にすることを。 4. 企業資産の誤用や関係者同士の取引の濫用を始めとする経営陣, 取締役会構成員および株主間の利害の潜在的対立を監視し管理すること。 5. 独立監査を含む企業の会計・財務報告制度の統合を確保すること。そして, 適切な管理制度, とりわけ危機, 財務管理および法令遵守の監視制度が整備されていること。 6. ガバナンスの実践の効果を監視し, 必要とあらば, 変更すること。
勧告 E	(経営陣から独立した意思決定機関) 取締役会は, とくに経営陣から独立して, 企業の業務に関して客観的判断を下すことができなければならない。 1. 取締役会は, 利害の対立の可能性がある業務について, 独立的判断を下し得る十分な数の非執行取締役の選任を考慮すべきである。利害対立を生みそうな重要責務の例としては, 財務報告, 指名および経営陣と取締役の報酬がある。 2. 取締役会構成員は, その責務に十分な時間を割くべきである。
勧告 F	(取締役の適時・適切・真実な情報の入手) 取締役会構成員は, その責務を履行するために, 正確で, 適切で, タイムリーな情報を入手すべきである。

(出所) 平田光弘[2001a]をもとに, OECD閣僚理事会・OECD民間諮問委員会編[2001], OECD[1999a]を参考に表を作成する。

　OECDが原則に関心を示した背景には, 加盟各国の経済に対するコーポレート・ガバナンスの重要性と政府・民間部門の相互作用の必要性とを認識し, 国際的なコーポレート・ガバナンス問題を検討することが必要であるとの認識からであった[8]。その後, この問題を検討するため設置されたコーポレート・ガバナンスに関する経営諮問グループは, 1998年に, 『コーポレート・ガバナンス:グローバル市場における競争力向上と資本参入[9]』とした報告書を策定し, OECD本部へ報告を行った[10]。これを受けて検討が重ねられ, 1999年の閣僚理事会においてOECD原則が採択された[11]。

　OECD原則は, 多くの国々が参加して策定したはじめての原則であるため, 公的標準としての役割を担う最低限で基幹的な原則であるといえよう[12]。そのため, これは, 各国が法的, 制度的, 規制的枠組みを評価や

改善する際に参照できるような基本的原則として位置付けることができる[13]。

2.3 行動規範を定めたコーポレート・ガバナンス原則―ICGN原則―

1990年代半ばには，世界各国におけるコーポレート・ガバナンス問題についての関心が高まりをみせ，やがてコーポレート・ガバナンス問題を中心として取り扱う私的な国際機関が設置された。ここでは，インターナショナル・コーポレート・ガバナンス・ネットワーク（International Corporate Governance Network，以下「ICGN」という）を例にあげ検討を行う。

1995年3月に，アメリカのカリフォルニア州公務員退職年金基金（California Public Employees' Retirement System）や教職員保険・年金基金大学退職株式ファンド（Teachers Insurance and Annuity Association College Retirement Equities Fund）といった代表的機関投資家が中心となって発足した。現在では，機関投資家の他にも，市場監督機関，国際機関，企業経営者，研究者など，幅広い分野や団体，個人が参加する私的国際機関である。

ICGNは，これまで数種類の原則を策定し，公表している。まず，1998年には，株主の主要な権利である議決権行使に焦点を絞り，企業や関係監督機関等に具体的な改善を求める原則である『議決権行使原則[14]』を策定した。1999年には，ICGNの設立後，初めて公表されたコーポレート・ガバナンスに関する包括的な原則であり，表4-3と表4-4とに表される『グローバル・コーポレート・ガバナンス原則（以下「ICGN原則」という）[15]』を策定した[16]。2000年には，先進諸国を対象に議決権行使原則が遵守されているか，について取りまとめた『議決権行使履行報告書[17]』が公表された。また，同時に『議決権行使常任委員会の設置に関する決議[18]』が採択され，ICGN原則を基礎として，議決権行使原則を各国・各企業に遵守するよう強く求めていく姿勢が明確に示された。

ICGN原則は，ICGNが独自にコーポレート・ガバナンスの視点をまとめた前半部分（表4-3）と，OECD原則を基礎として，OECD原則をより実

効性のある原則とするためのアプローチである後半部分(表4-4)との2部から構成されている。ここからも，ICGN原則とOECD原則とには，密接な関係があることがみてとれる。また，ICGNが定めた複数の原則のなかでも，ICGN原則はOECD原則を基にして，行動規範を定めた原則であるともいうことができる。つまり，OECD原則が最低限の原則であるのに対して，ICGNは，OECD原則を達成するために必要な具体的に取り組むべき規範をまとめたものであるといえよう。

表4-3 ICGNコーポレート・ガバナンス原則(前半:ICGNの視点)

前文(略)		
OECD原則に関する声明(略)		
ICGNの基本的原則(要約)		
原則1	企業目的	1 (株主価値最大化)企業の目的は，長きにわたって株主へのリターンを最大化することである。 2 (説明責任) 1が不可能な場合は，理由を明らかにするべきである。 3 (企業の継続性と株主との友好関係)この目的を達成するために，企業の継続性の保証と，友好な株主との関係を保持する努力を行うべきである。
原則2	対話と報告	1 (適時・適切・真実な情報開示)株主財産を侵すような決定等は，適時・適切・真実な情報開示を行うべきである。
原則3	議決権	1 (1株1議決権原則) 1株1議決権を堅持するべきである。 2 (完全議決権保証)企業は，議決権を完全に保証すべきである。 3 (代理人議決権保証)企業は，代理人投票を容易にする責任を持っている。 4 (情報開示)法律等で，議決権に関する情報を速やか，かつタイムリーに行えるよう配慮するべきである。
原則4	取締役会	1 (受託者責任)取締役会は，株主の受託者であり，株主に対して全責任を負うべきである。 2 (株主による取締役の選任)取締役会は，株主により選ばれた取締役から構成されるべきである。 3 (取締役の適正性)取締役会は，取締役の独立性，能力，技能，経歴等を年次報告書等に記載し，株主に対していかなる利益をもたらすかを公表するべきである。 4 (委員会の構成)取締役会内の各委員会は，十分な数の適切な能力で独立した取締役を3人以上含むべきである。 5 (委員会の種類)監査・報酬・指名委員会は完全に独立した取締役で構成されるべきである。

第4章 機関投資家と国際機関のコーポレート・ガバナンス原則　81

原則5	企業の報酬政策	1 (株主と報酬政策) 企業の経営者や取締役の報酬は，株主の利害関係とおおいに関係がある。 2 (報酬政策の開示) 企業の報酬政策基準が公表され，報酬金額は完全に公開されるべきである。
原則6	戦略上の焦点	1 (経営戦略の変更) 企業の重要な経営戦略の修正・変更および株主所有権が侵される事由は，株主の同意なしでされるべきではない。 2 (情報開示) このような提案を株主にする場合は，十分な情報を速やかに明らかにするべきである。
原則7	運営上のパフォーマンス	1 (コーポレート・ガバナンスと企業運営パフォーマンス) コーポレート・ガバナンスを構築することにより，長い期間にわたって企業の運営上のパフォーマンスを最適化するように努力するべきである。
原則8	株主リターン	1 (コーポレート・ガバナンスと株主リターン) コーポレート・ガバナンスを構築することにより，長い時期にわたって株主へのリターンを最大化するように努力すべきである。
原則9	企業市民	1 (コンプライアンス経営の堅持) 企業は，コンプライアンス経営を行うべきである。 2 (企業経営政策の開示) 雇用や環境等を伴う問題に対しては企業経営政策を発表するべきである。
原則10	コーポレート・ガバナンスの実行	1 (コーポレート・ガバナンス原則の策定) コーポレート・ガバナンス原則は，企業がコーポレート・ガバナンスを実行できるように投資家等により開発・発展されるように努力すべきである。 2 (コーポレート・ガバナンスの実行) 企業の利害関係者と緊密に連絡をとり，コーポレート・ガバナンス原則が実行されるような環境を構築するべきである。

(出所) ICGN [1999] をもとに筆者が作成する。

表4-4　ICGN コーポレート・ガバナンス原則 (後半：OECD 原則へのアプローチ)

OECD 原則	ICGN 原則	ICGN の OECD 原則へのアプローチ
I　株主の権利	原則1 企業目的 原則6 戦略上の焦点 原則8 株主リターン	1 (ICGN 議決権行使原則の遵守) ICGN 議決権行使原則を遵守すべきである。 2 (議決権結果の公表) OECD 原則に加えて，速やかな議決権行使の結果を公表すべきである。 3 (平等原則の堅持) 株主平等の原則に反する場合の適切な対応を行うべきである。 4 (議決権行使の容易化) 議決権行使にかかる極端な費用と障害の排除をするべきである。 5 (代理人議決権行使の保証) 代理人議決権行使の保証をするべきである。

II	株主の公平な取扱い	原則3 議決権	1（市場からの撤退）株主を平等に扱わない場合の市場からの撤退をする可能性がある。 2（少数・外国人株主の平等な取扱い）少数株主や外国人株主の平等な取扱いを行うべきである。
III	利害関係者の役割	原則9 企業市民	【OECD原則が規定する利害関係者のなかでも、株主の役割に焦点をあてる】 1（協力関係の構築）株主と企業の積極的協力関係の構築を行うべきである。 2（株主利益と利害関係者利益）株主利益と企業の利害関係者利益とは同一である。
IV	情報開示と透明性	原則2 対話と報告 原則5 企業の報酬政策	1（所有権と議決権）OECD原則に加えて、金融情報などについても公表すべきである。 2（取締役情報の開示）広範な取締役に関する情報を開示するべきである。 3（報酬政策の開示と公開報酬額公表）報酬政策の公表と経営者や取締役等の一律基準による報酬情報の開示をすべきである。 4（監査）国際監査基準を基礎とした質の高い監査の実施と、非監査サービスとの分離を行うべきである。
V	取締役会の責任	原則4 取締役会	【OECD原則の全面的な支持】 1（経営者と取締役の分離）経営者と取締役は完全に分離するべきである。 2（委員会の構成）ICGN原則4を完全に遵守し、特に、監査・報酬・指名の各委員会の全委員は、完全に独立した取締役から構成されるべきである。

（出所）ICGN［1999］, OECD［1999a］をもとに、筆者が作成する。

2.4 機関投資家のコーポレート・ガバナンス原則の体系

　代表的な機関投資家は、それぞれに原則を持っている。まず、これまで策定されている機関投資家独自の原則をみることにする。

　アメリカの代表的な機関投資家であるCalPERSが策定した原則をまとめた表4-5によると、CalPERSは、1997年に、フランス、イギリス、に対して、1998年に、アメリカ、日本、ドイツ、に対して、『対国別コーポレート・ガバナンス原則[19][20]』を策定した。その後、1999年には、『グローバル・コーポレート・ガバナンス原則[21]』、2001年には、『グローバル代理投票原則[22]』を策定している。

　イギリスの代表的な機関投資家であるHermesは、1997年に、イギリス

表4-5　CalPERSのコーポレート・ガバナンス原則

年	コーポレート・ガバナンス原則名
1997	対フランスコーポレート・ガバナンス原則
1997	対イギリスコーポレート・ガバナンス原則
1998	対日本コーポレート・ガバナンス原則
1998	対アメリカコーポレート・ガバナンス原則
1998	対ドイツコーポレート・ガバナンス原則
1999	グローバル・コーポレート・ガバナンス原則
2001	グローバル・代理投票原則

(出所)　筆者作成。

　国内向けに，『Hermesコーポレート・ガバナンス原則―1998―[23]』を公表した。続いて，これを2001年に改訂し，『Hermesコーポレート・ガバナンス原則（以下「Hermes原則」という）[24]』を策定した。また，Hermesは，国際的なコーポレート・ガバナンス活動に対応するため，『Hermesインターナショナル・コーポレート・ガバナンス原則[25]』や『ICGNコーポレート・ガバナンス原則のHermesの見解（以下「Hermes国際原則」という）[26]』を策定している。

　これらの機関投資家の原則は，2つのタイプに分けることができる。それは，それぞれの機関投資家が置かれている国向けに公表された国内原則と，国外向けに公表された国際原則である。国内原則は，機関投資家が保有する株式のなかでも多くを占める国内企業に対する原則を定めたものである。また，国際原則は，機関投資家の保有する株式の一角をしめる国外企業に対する原則を定めたものである。今日の機関投資家は，国内企業に対するコーポレート・ガバナンスよりも，国外企業に対するコーポレート・ガバナンスに力を入れ始めている。なぜならば，機関投資家は，国内企業を扱うよりも，議決権行使や対話などに障壁が多いと考えているからである。

　このように，機関投資家の原則は，公的国際機関や私的国際機関の原則と密接な関係を持っている。以下では，公的国際機関と私的国際機関とを背景に機関投資家が策定した国際原則について検討を行う。

3 機関投資家機関のコーポレート・ガバナンス原則

3.1 機関投資家機関の国際機関との関係

　公的国際機関と私的国際機関といった国際機関の原則に影響を受ける機関投資家の原則は，主として2つのタイプの原則に分けることができる。それは，機関投資家機関の原則と機関投資家独自の原則である。そこで，まず，機関投資家機関の原則について検討を行う。

　機関投資家機関は，国内・国外の機関投資家と幅広く提携関係を有して，情報交換や対話を行うことを目的に設立されている。そして，その過程で原則が策定されている。たとえば，アメリカにおける機関投資家が集まり組織された機関として機関投資家会議（Council of Institutional Investors，以下「CII」という）をあげることができる。

　CIIは，アメリカのワシントンD.C.に本部を置き，年金資産の規模または安全性に影響する投資問題に取り組む年金基金や大企業を中心として参加が行われている機関である。CIIの目的は，大株主として，メンバーの資金積み立てを促進し，年金資産を保護する際に活発な役割を担い，かつ，メンバーが受託者の義務の一部として，投資中のリターンを増加させるのを支援することである[27]。

　そのようななか，CIIは，2001年に『CIIコーポレート・ガバナンス原則[28]』を公表した。この機関投資家機関の原則は，①コーポレート・ガバナンスに熱心な機関投資家が中心となる機関であるため，今日多くの機関投資家が独自に策定している原則に影響を与え，②企業は機関投資家のコーポレート・ガバナンスに対する取り組みの目的や方策，方針等を確認することができる，という利点を持つものであると考えられる。

3.2 CIIのコーポレート・ガバナンス原則

　CII原則は，表4-6として表されるように，5つの基本原則と4つの一般原則，4つの見解から構成される。まず，基本原則では，企業が守るべき

最低限の原則内容を定めている。つぎに，一般原則では，CII が重視するコーポレート・ガバナンスの項目について，詳細を述べている。そして，見解では，企業が遵守することが望ましい内容を定めている。ここでは，これらの内容について，検討を行う。

はじめに，CII が企業に対し，最低限守ることを求めている基本原則は，5 つの項目から構成され，「基本原則 1（取締役選任）」では，株主による取締役の選任と，その投票結果を公開するべきであること，「基本原則（2 取締役会）」の構成では，取締役会の構成員である取締役は，その 3 分の 2 以上を独立した取締役により構成されるべきであること，「基本原則 3（取締役情報の開示）」では，取締役の有用と考えられるすべての情報を開示すべきであること，「基本原則 4（取締役会内委員会）」では，監査・指名・報酬の各委員会を設置し，独立取締役で構成され，委員選任についての情報を開示するべきであること，「基本原則 5（株主の承認）」では，企業の基本的事項に関する規定の決定・修正・変更は，株主の多数によって承認されなければならないこと，を定めている。

表 4-6　CII コーポレート・ガバナンス原則

前文（略）		
基本原則		
基本原則 1	取締役選任	全ての取締役は，秘密投票によって毎年選出されるべきである。その際，投票結果は，明確に公表されるべきである。
基本原則 2	取締役会の構成	取締役会は，3 分の 2 を完全に独立した取締役によって構成されるべきである。
基本原則 3	取締役情報の開示	すべての取締役は，取締役にふさわしいと考えられる全部の情報を開示するべきである。
基本原則 4	取締役会内委員会	取締役会内には，監査・指名・報酬の各委員会を設置し，独立取締役で構成されるべきである。また，委員選任についての情報を開示するべきである。
基本原則 5	株主の承認	企業の基本的事項に関する規定の決定・修正・変更は，株主の多数によって承認されなければならない。
一般原則		
一般原則 1	株主議決権	1（1 株 1 議決権原則）　1 株 1 議決権の原則を堅持するべきであ

		る。 2（個別議決）議案は，一括処理することなく，個別処理をおこない，個々の問題に個別に議決権行使ができるようにするべきである。 3（基本的事項）企業の基本的問題に関する事項は，株主の多数の賛成によらなければならない。 4（棄権票取扱い）棄権票に類する投票は，定数をカウントすることのみに集計されるべきである。 5（株主所有権保護）企業は，a）自己株を5％以上得る場合，b）20％以上所有株主の出現，c）株主の基本的権利の制限をする場合，d）雇用終了時に過去3年を基準にして2倍以上の報酬を与える場合，e）過度の負債を抱える場合，にあてはまる場合，株主の多数の承認を必要とする。 6（報酬政策）企業は，株主の所有権を侵害しない適正な報酬政策をとるべきである。
一般原則2	株主総会	1（株主総会）株主総会の日時や場所を決定する際は，株主の費用や便宜等に配慮するべきである。 2（議決権行使）株主総会の日時等は，株主の議決権行使に合理的な期間を与えるように考慮されるべきである。 3（取締役の株主総会への出席）取締役の全員は，株主総会に出席し，株主の質問に答えることができるようにするべきである。 4（株主質問権）すべての株主には，質問する権利があり，すべての質問が終了するまでは，議決に移ってはいけない。 5（総会延期の禁止）企業は，不正な目的をもって株主総会を延期してはいけない。 6（多様な株主総会出席形態）株主総会は，株主の出席を原則とし，補助手段としてE-mailや遠隔総会を利用するべきである。 7（臨時株主総会）臨時株主総会は，株主の同意なしで排除や限定されてはいけない。なお，書面による投票は，いかなる場合も排除されない。 8（定款の変更）株主は，臨時株主総会の開催と定款の改定を行う権利を有する。
一般原則3	取締役会の株主への説明責任	1（退任取締役）企業は，退任した取締役に対して，企業を代表する権利を与えていない。 2（取締役資格の再検討）取締役会は，あらゆる取締役の業績，資格を再検討するべきである。 3（株主提案の実行）取締役会は，株主の多数から提案された処置を講ずるべきである。 4（株主との対話）取締役会は，株主のコミュニケーションに応えるべきであり，重要な企業支配や経営，業績に関わる事項

		は，株主の見解を求めるべきである。 5 （取締役出席状況の開示）企業は，取締役の取締役会や委員会出席状況を公表するべきである。
一般原則4	取締役と経営者の報酬	1 （経営者報酬）経営者へのストックオプション，多くの報酬，ボーナス等の支払いは，少なくとも1年に1回，多数の独立取締役の承認を得るべきである。 2 （取締役株主保有）取締役は当該企業の普通株式を保有しているべきである。 3 （取締役報酬）取締役の報酬は，現金または株式で支払われるべきである。 4 （経営者のストックオプション）取締役会は，経営者に対して1つの形式のストックオプションしか与えてはいけない。 5 （オプションの株主承認）株主の承認なしに，割引や再評価したオプションを与えてはいけない。 6 （報酬金額の変更）報酬金額を変えることができるのは，報酬計画と報酬協定の範囲内で，合理的な理由がなければならない。 7 （報酬の情報開示）役員がストックオプションを行使し，再度与えられた状況等を，株主に不利益となる情報等も含めて情報開示すべきである。
見解		
見解1	取締役会の株主への説明責任	1 （株主議決権保護）株主議決権は侵されるべきではなく，縮小されるべきでもない。 2 （株主への説明責任）コーポレート・ガバナンス構造と実行は，株主に対する説明責任を保護し拡張しなければならない。 3 （株主の意思決定）株主は，企業の基本的な意思決定に加わる権利を有する。 4 （取締役選任権）株主は，取締役選任に関して指名・表明する権利を有する。 5 （取締役情報開示）株主は取締役選任・評価に関する必要な情報を得る権利を有する。 6 （取締役の株式保有）取締役は，適切な株式を有しているべきである。 7 （取締役の出席状況）取締役は，2年間の間，取締役会および委員会への出席率が75%以下の場合は，再任されるべきではない。 8 （取締役の評価）取締役会は，自身および個人をあらゆる観点から評価するべきである。
見解2	取締役の規模と業務	1 （取締役会規模）取締役会は，専門・独立等を基礎として5から15人の取締役から構成されるべきである。 2 （取締役等の兼任）取締役や経営者の兼任についてのガイドラインを作成するべきである。CEOは，他の1社の取締役とな

		ることを限度とするなど，企業への貢献に支障があってはならない。
見解3	取締役会と業務執行	1（経営者の事前説明責任）取締役会は，会議が開催される前に情報が提供されるべきである。 2（取締役議事）取締役会は，取締役会議事を判定することを認められるべきである。 3（取締役の受託者責任）取締役は，CEO だけに供給される情報に頼るべきではなく，受託者責任にのっとるべきである。 4（取締役会開催）取締役会は，定期的に開催されるべきである。 5（取締役の議事要求）もし，CEO が取締役会会長であったならば，取締役が要求した議事を取り上げるべきである。 6（CEO 後継計画）取締役会は，CEO の連続した後継計画を持つべきである。
見解4	報酬	1（取締役・経営者報酬）取締役と経営者の報酬は，合理的な判断にのっとらなければならない。
基礎原則の注（略）		

（出所）　CII［2001］を参考にして，筆者が表を作成する。

3.3　CII による国際機関のコーポレート・ガバナンス原則へのアプローチ

　また，CII の企業が遵守するべきコーポレート・ガバナンスの詳細を定めた一般原則は，4 つの項目から構成されている。まず，「一般原則1（株主議決権）」は，① 1 株 1 議決権原則，② 個別議決，③ 基本的事項，④ 棄権票取扱い，⑤ 株主所有権保護，⑥ 報酬政策，について定めている。つぎに，「一般原則2（株主総会）」では，① 株主総会，② 議決権行使，③ 取締役の全員株主総会出席，④ 株主質問権，⑤ 総会延期の禁止，⑥ 多様な株主総会出席形態，⑦ 臨時株主総会，⑧ 定款の変更，について定めている。そして，「一般原則3（取締役会）」の株主への説明責任では，① 退任取締役，② 取締役資格の再検討，③ 株主提案の実行，④ 株主との対話，⑤ 取締役出席状況の開示，について定めている。また，「一般原則4（取締役と経営者の報酬）」では，① 経営者報酬，② 取締役株主保有，③ 取締役報酬，④ 経営者のストックオプション，⑤ オプションの株主承認，⑥ 報酬金額の変更，⑦ 報酬の情報開示，について定めている。

　そして，CII の企業に対して遵守することが望ましい項目を定めた見解

は，4つの項目から構成されている。まず，「見解1（取締役会の株主への説明責任）」では，① 株主議決権保護，② 株主への説明責任，③ 株主の意思決定，④ 取締役選任権，⑤ 取締役情報開示，⑥ 取締役の株式保有，⑦ 取締役の出席状況，⑧ 取締役の評価，について定めている。つぎに，「見解2（取締役の規模と業務）」では，① 取締役会規模，② 取締役等の兼任，について定めている。そして，「見解3（取締役会と業務執行）」では，① 経営者の事前説明責任，② 取締役議事，③ 取締役の受託者責任，④ 取締役会開催，⑤ 取締役の議事要求，⑥ CEO後継計画，について定めている。また，「見解4（報酬）」では，取締役・経営者報酬について定めている。

4. CalPERSの国際コーポレート・ガバナンス原則

4.1 CalPERSのコーポレート・ガバナンス原則策定の系譜

　世界のなかでも代表的な機関投資家として，まず，カリフォルニア州公務員退職年金基金（CalPERS）[29]をあげることができる。CalPERSは，1984年から1987年を，自らの企業に対するコーポレート・ガバナンスは，単独で保守的であったとし，また，1980年代後半から1990年代前半は，CalPERSがコーポレート・ガバナンスに関して多くを学んだ期間であるという。このような反省と経験から，CalPERSは，世界中の各市場が各々に適した原則を採用するべきであるとし，理想的なものとして，協力的行動およびコンセンサスによって，原則が市場関係者自身で開発されるべきと考えている[30]。その具体的なコーポレート・ガバナンスへの取り組みとして，一連のCalPERS原則の策定に至ったと考えられる。そして，これは，OECD原則の2つの前提のうち1つを受けた形となっている。

　それと平行して，1997年に，CalPERSの理事会は，グローバルな視点で最善のコーポレート・ガバナンスを連続的に討議することを決めた。そして，『CalPERSグローバル・コーポレート・ガバナンス原則（Global Corporate Governance Principles）―中間報告1―』を策定した。CalPERS

は，これをすべての市場が守ることが望ましい最低限の基準であると位置付けている[31]。つまり，これは，CalPERS の国際的な統一の原則であるということができるであろう。策定された後も，1999年後半に，他の機関・団体により策定された原則を分析しつつ見直しを行い，『CalPERS グローバル・コーポレート・ガバナンス原則―中間報告2―（Global Corporate Governance Principles, 以下「CalPERS 原則」という）[32]』を公表した。その結果，CalPERS は，これを ICGN[33]の ICGN 原則[34]に準拠する形で改訂がなされた[35]。

4.2 CalPERS の国際機関のコーポレート・ガバナンス原則へのアプローチ

OECD 原則は，「コーポレート・ガバナンスについて枠組みを作り上げ，いかに適用するかを決定するのは，政府と市場参加者の責任である[36]」としている。その意味においても，CalPERS 等の機関投資家が原則を策定することは，意義があるものである。

さて，CalPERS 国際原則は，A 戦略目的と B グローバル原則とに分けられる。この A および B では，ICGN および OECD の原則策定の経緯と意義，そしてこれを支持することを表明している。CalPERS の原則の内容を含む「B グローバル原則」は，「1 イントロダクション」，「2 OECD 原則についての声明」，「3 ICGN の OECD 原則へのアプローチ」，「4 OECD 原則の詳細解説」で構成される。特に，「4 OECD 原則の詳細解説」では，OECD 原則を基にして，CalPERS の具体的行動指針を定めている。ここでは，OECD 原則に準拠する形で，I 株主の権利，II 株主の公平な取扱い，III コーポレート・ガバナンスにおける利害関係者の役割，IV ディスクロージャーと透明性，V 取締役会の責任，として具体的行動指針を公表している。

そして，CalPERS 国際原則は，CalPERS が主導的に策定した，OECD 原則に準拠している ICGN 原則を全面的に支持している。また，それに従った形で，より具体的な原則を定めたものであるということができよう。

4.3 CalPERSの国際コーポレート・ガバナンス原則の内容

CalPERSは，国際的な投資環境を整備し，海外の企業のコーポレート・ガバナンス構築を行い，株主利益の最大化を目的に，CalPERS対国別原則を策定した。ここでは，表4-7に示されるように，1責任能力，2透明性，3公平，4議決権行使方法の改善，5最善の行動規範，6長期的に視点，の6つをCalPERSの国際原則の大原則として位置づけている。

そして，表4-8は，CalPERSが各国に対して個別に策定した原則をまとめたものである。これによると，各国に対する原則の内容は，「Ⅰ株主の権利」，「Ⅱ取締役会の責任」，「Ⅲ企業競争力の強化」，「Ⅳコーポレート・ガバナンス原則の継続的作成」，「Ⅴ具体的な遵守原則」，の5つに大別することができる。なかでも，CalPERSの原則は，Ⅳ，Ⅴによってそれぞれ国内の原則を遵守することを求めていることが注目される。

というのも，CalPERSは，各市場がその市場に適切な原則を採用するべきであるとしている[37]。そして，その原則は，協同の行動および一致によって，市場に参加している者によって開発されるべきであるとしている[38]。つまり，CalPERSの対国別原則は，各国の特に改善すべき問題点を指摘するにとどめ，各国内で個別に原則を策定することを望んでいる。また，その過程で，企業経営者や市場関係者，株主等に対してコーポレート・ガバナンスに関する重要性を認識させることを目指していると考えられる。

表4-7 CalPERSコーポレート・ガバナンス原則の大原則

CalPERSのコーポレート・ガバナンス6原則		
1 責任能力	2 透明性	3 公平
4 議決権行使方法の改善	5 最善の行動規範	6 長期的な視点

(出所) http://www.calpers-governance.org/forumhome.asp

表4-8 CalPERSの対国別コーポレート・ガバナンス原則

分類	対日本	対イギリス	対ドイツ	対フランス
I 株主の権利	（原則1）株主の権利と義務	（原則1）株主の権利と義務	（原則1）少数株主の権利 （原則4）代理人議決権行使の容易化 （原則5）1株1議決権の原則	（原則1）少数株主の権利
II 取締役会の責任	（原則2）株主利益の最優先	（原則4）取締役の業務執行からの独立と株主への責任	（原則6）取締役会の独立と責任 （原則7）取締役会と株主との関係強化	（原則4）取締役の業務執行からの独立と株主への責任
III 企業競争力の強化	（原則5）コーポレート・ガバナンスによる企業競争力の強化	（原則5）コーポレート・ガバナンスによる企業競争力の強化		（原則5）コーポレート・ガバナンスによる企業競争力の強化
IV コーポレート・ガバナンス原則の継続的作成	（原則4）行動規範の策定と検証		（原則3）国外投資家の参加による原則策定	
V 具体的な遵守原則	（原則3）JCGF原則の遵守 1 独立取締役導入 2 取締役会規模の縮小 3 独立監査役導入	（原則2）3委員会報告書の強化 （原則3）原則の継続的検証	（原則2）DSW原則の遵守	（原則2）Viénot委員会報告書の遵守 （原則3）原則の継続的検証

（出所）CalPERS［1998b］, CalPERS［1998c］, CalPERS［1997a］, CalPERS［1997b］, CalPERS［1997c］をもとに，筆者が作成する。

5 Hermesの国際コーポレート・ガバナンス原則

5.1 Hermesのコーポレート・ガバナンス原則策定の系譜

　Hermes年金管理会社（Hermes Pensions Management Limited，以下「Hermes」という）は，イギリスにおける最大のファンド・マネージャーである。Hermesもまた，コーポレート・ガバナンスに強い関心を示し，行動を行っている。Hermesは，1990年度から保有株式について，コーポ

レート・ガバナンス基準に基づき株主総会で議決権行使を行っている。また，ハンペル委員会やその後のロンドン証券取引所の上場規則にも，コーポレート・ガバナンス構築のための意見や助言などを積極的に行っている。そのほかにも，Hermesは，近年のイギリス会社法の改正作業等への関与を行うなど，コーポレート・ガバナンスを全面に打ち出し，活動を行う機関投資家である[39]。

Hermesもまた，『Hermes コーポレート・ガバナンス原則（Hermes Publishes International Voting Principles,「Hermes原則」）』や『ICGN コーポレート・ガバナンス原則のHermesの見解（Hermes International Corporate Governance Principles, 以下「Hermes国際原則」という）[40]』の国際的な原則を策定している。ここでは，Hermes国際原則を取り上げることにする。

5.2　Hermesの国際機関コーポレート・ガバナンス原則へのアプローチ

Hermes国際原則は，「Ⅰ株主」「Ⅱ企業経営機構」「Ⅲ情報開示・透明性」「Ⅳ企業の目的」の4部から構成されている。そして，各部の内容は，「Ⅰ株主」では，③議決権行使の権利，⑧株主の権利，「Ⅱ企業経営機構」では，④取締役会，⑤報酬方針，⑥戦略方針，⑦経営パフォーマンス，「Ⅲ情報開示・透明性」では，②対話と報告，「Ⅳ企業の目的」では，①企業の目的，⑨企業市民，⑩コーポレート・ガバナンスの実行，についての記述となっている。

このように，CalPERSとともに世界でも代表的な機関投資家が私的国際機関であるICGNの原則を支持することは，OECD原則を世界標準原則として認め，これらの2つの原則を基にして，機関投資家は独自の原則を策定していくという流れができあがったといえよう。

5.3　Hermesの国際コーポレート・ガバナンス原則の内容

Hermesは，昨今の国際的な投資活動とそれによる幅広いコーポレート・ガバナンス基準の必要性から，Hermes国際原則を策定した。この原則は，

1999年に公表された世界標準としてのOECD原則を核として，それに具体的行動規範を定めたICGN原則に全面的に準拠する。

Hermes国際原則は，この原則に従って国際的にコーポレート・ガバナンスの行動を行うため，①コーポレート・ガバナンス構築のための簡便な議決権行使の実現とICGN原則の準拠，②株主の長期的利益に則った議決権行使，③企業との対話の継続，の3つの事項を基本的原則としている。そして，ICGN原則に全面的準拠する形で，Hermes国際原則を策定している。特に，①，②，③，④，⑤，の5つについて重視し，コーポレート・ガバナンスの構築を求めるため企業との対話と議決権行使の実施とを行うことを明確にしている。

このように，Hermes国際原則は，ICGN原則を全面的に支持し，そのなかでもHermesが重要であると考える項目について，Hermesが見解を述べたものである。機関投資家の原則とは，OECD原則とICGN原則の下で，より具体的行動指針的原則を定めることにより，効果的に企業のコーポレート・ガバナンス構築を目指しているといえよう。

6 コーポレート・ガバナンス原則を通じた機関投資家と国際機関との協力関係

6.1 機関投資家の国際機関への参加

今日，企業経営者やあらゆる分野の国際機関が参加を行っているICGNは，そもそも，機関投資家が中心となって設立した私的国際機関であった。設立当初のICGNは，機関投資家の最大の関心事である議決権行使に関する問題を議論の中心としていた。そのため，議決権を行使することにより，企業のコーポレート・ガバナンス構築に最大の効果をあげるための方策が話し合われていた。それを裏付けるように，ICGNが最初に策定した原則は，『議決権行使原則』であり，その内容は，株主の議決権行使を基本的権利と位置づけた上で，細部にわたる規定を設けるものであった。

その後，ICGNには，機関投資家がイニシアティブを取り，コーポ

レート・ガバナンスに関わるあらゆる機関，団体，企業経営者，研究者等の参加が行われた。なかでも，ICGN への各国の証券取引所に代表される市場監督機関や，日本コーポレート・ガバナンス・フォーラムに代表される国内私的機関，IFAD (International Forum on Accountancy Development) や IFAC (International Federation of Accountants)，IOSCO (International Organization of Securities Commissions) に代表されるコーポレート・ガバナンスの隣接学問領域の国際機関等の参加は，幅広いコーポレート・ガバナンスに関する議論を行う私的国際機関へと脱皮する大きな契機となったことは間違いないといえよう。

そして，今日，コーポレート・ガバナンスに関わる多くの機関や団体等が参加する私的国際機関は，OECD 原則に対する全面的な支持を表明し，ICGN 自らも OECD 原則の行動規範的性質を有する ICGN 原則を公表するに至った。これにより，名実ともに，ICGN は，コーポレート・ガバナンスの代表的な私的国際機関としての地位を確立したといえよう。

つまり，今後，機関投資家は，ICGN に代表される私的国際機関に参加する各国市場監督機関や企業経営者等を通じて，機動的に企業のコーポレート・ガバナンス構築を要求していくことになるであろう。

6.2　機関投資家の国際機関コーポレート・ガバナンス原則への支持と合意

機関投資家は，ICGN 等の私的国際機関において原則を策定するだけではなく，代表的な機関投資家は，独自に原則を有することが多い。これは，自らが保有する株式について直接的に議決権行使を行う際に用いるほか，機関投資家が求めるコーポレート・ガバナンス像を企業に明確にアピールする役割を有している。

機関投資家の原則は，大きく分けて，国内企業についての原則と国外企業についての原則との，2つに分けることができる。近年では，国境を越えた企業経営活動が活発となるなか，国内とは違った企業法制度や企業経営機構，企業をとりまく経営環境等に対処するための原則が重視され始めてきた。

これらに対処するために，機関投資家は，国際的に通用する原則を基礎として，独自の国外企業に対する原則を策定することになる。そして，最近では，今日もっとも国際標準の原則に近いとされる OECD 原則と OECD 原則の行動規範的役割を担う ICGN 原則とを全面的に支持するとともに，2つの原則に沿った形で策定したものが，機関投資家の国際原則であった。

機関投資家の国際原則は，国外企業のコーポレート・ガバナンス構築に直接的に働きかける機能を有しているほか，国際的な合意がなされている OECD 原則や ICGN 原則に準拠していることにより，企業に対して実効性のあるコーポレート・ガバナンス構築を要求するものである。

7 おわりに

このように，機関投資家は，国際機関，機関投資家機関，機関投資家独自の原則を策定し，企業に対して積極的にコーポレート・ガバナンス構築を行う。そして，これらの3つの原則は，それぞれが単独で機能するのではなく，相互に支持しあいながら，今後も最良の原則の策定と，企業のコーポレート・ガバナンス構築に向けて努力が続けられている。

第4章では触れることがなかったが，機関投資家の自国における国内原則も，重要な役割を担いつつある。その一例として，1990年代後半に，CalPERS と Hermes は，提携関係を構築し，CalPERS の国内原則（表4-9）と Hermes の国内原則（表4-10）を活用し，相手の投資先国の議決権行使については，相手の国内原則に従って行動を行うとする枠組みを構築した[41]。これにより，議決権行使行動の統一を図ることができ，企業に対して機関投資家の影響力を高めることが可能となったのである。

これまでみてきたように，機関投資家は，企業の利害関係者のなかでも，もっとも企業のコーポレート・ガバナンス構築に積極的に活動を行っている。そのため，第II部では，機関投資家の原則と相互協力の姿を追うとともに，機関投資家の原則により，企業のコーポレート・ガバナンス構築に対する影響や実施の進捗状況をも検討していく必要があろう。

表 4-9　CalPERS のコーポレート・ガバナンス原則

		Ⅰ　イントロダクション（省略）
		Ⅱ　目的（省略）
		Ⅲ　原則　　Ⅳ　行動指針
原則 A	取締役の独立性とリーダーシップ	1 （独立取締役）実質的な取締役会の大多数は，独立した取締役から構成されるべきである。 2 （独立取締役の会議）独立取締役は，最高経営責任者（以下「CEO」という）や独立しない取締役を除いて定期的に単独で会議を開くべきである。 3 （取締役会会長と CEO の分離）取締役会会長が CEO を兼務する場合，取締役会は，リーダーシップ能力のある独立した取締役を任命するべきである。 4 （委員会）監査，指名，取締役評価・コーポレート・ガバナンス，CEO 評価・経営報酬，コンプライアンス・倫理，の各委員会は，独立した取締役のみで構成されるべきである。 5 （取締役禁止業務）取締役は，企業に対してコンサルタント等の業務を同時に行ってはいけない。 6 （取締役報酬）取締役報酬は，現金および株式によるべきである。
行動指針 A		1 （独立の定義）企業の取締役，経営者，株主は，「独立」に関する統一の定義が互いに合意に至るようにすべきである。この合意が達成されるまで，各企業は，取締役会によって採用されるかどうかを，年次報告書で公表するべきである。 2 （取締役の指名・推薦）各取締役指名・推薦で，取締役会は，取締役任期を継続する問題について熟慮し，取締役会が新しい考えが開かれ，現状を批判的に再検討する意欲を維持することを保証するのに適切な手段を取るべきである。 3 （取締役会会長と CEO の分離）新しい CEO を取締役会が選任するとき，取締役会は，取締役会会長と CEO の位置付けを再検討するべきである。
原則 B	取締役会のプロセスと評価	1 （コーポレート・ガバナンス基準）取締役会は，それぞれコーポレート・ガバナンス基準を持ち，規則的に評価するべきである。 2 （取締役の選任）各取締役の指名および推薦において，取締役会は，企業に最も適切な取締役の特性，経験，種々の展望および能力を総合して考慮するべきである。 3 （取締役の実行基準）取締役会は，独自に実行の基準を策定し，定期的にそれらの基準に対して，再調査を行うべきである。 4 （基準の策定）独立取締役は，CEO パフォーマンス基準や報酬基準を確立し，定期的に見直されるべきである。
行動指針 B		1 （CEO 選任計画）取締役会は，適所に有効な CEO 選任計画を持っているべきであり，上級役員や他のメンバーの継続中の経営の定期的な報告書を受け取るべきである。 2 （取締役と役員のコミュニケーション）すべての取締役は，上級役員と接触を持つべきである。 3 （取締役会の規模）取締役会は，定期的に自身の規模を調査し，将来の意思決定の最も有効な規模を決定するべきである。

原則C		1 (取締役選任評価) 取締役会は，取締役候補者が多数の取締役会に属している場合，重なり合う時間に取り組む基準を採用し，この基準は，毎年公開されるべきである。
行動指針C	個々の取締役の特性	1 (取締役の評価) 取締役会は，パフォーマンス基準を確立するだけでなく，独力でその取締役のための独立的な手腕を期待すべきである。最小限，取締役の取締役会への出席，準備，参加等を考慮されるべきである。 2 (取締役の再指名) 再指名されるために，取締役は，十分に確立している基準に基づいて，実行しなければならない。再指名は，期待さるべきでも，保証されるべきでもない。 3 (CEOの解任) 一般的に，CEOを辞任させるのは，取締役会の役割でなければならない。 4 (取締役の能力) 取締役会は，取締役候補に求める能力を株主に利用可能に確立するべきである。最小限，金融，国際市場，経営あるいは管理経験，産業知識，顧客基礎経験あるいは展望，危機対策あるいはリーダーシップ，戦略的計画，会計の能力を持ち合わせているべきである。
行動指針D	株主権利	1 (定款変更) 大多数の株主により，株主の提案によって企業の定款を修正することができるべきである。 2 (臨時株主総会の開催) 大多数の株主により臨時株主総会を召集する事ができるべきである。 3 (書面による意思表示) 大多数の株主は，書面による承諾によって行動することができるべきである。 4 (グリーンメールの禁止) すべての企業は，グリーンメールを禁止すべきである。 5 (ポイズンピルの禁止) 取締役会は，ポイズンピルを株主の承認を得たとき以外は，制定してはならない。 6 (取締役の毎年の選任) すべての取締役は，毎年選任されるべきである。 7 (秘密投票1) 株主代理人投票の明白な要求の場合以外，企業は機密にするべきである。 8 (秘密投票2) 代理人投票は，定数目的だけのために数えられるべきである。 9 (株主提案) 株主提案は，取り上げられるべきである。そうでなければ，理由を明らかにするべきである。 10 (株主の取締役選任関与) 株主は，取締役指名過程に有効にアクセスすることができるようにすべきである。
V 結論 (省略)		
付録A (省略)		
付録B―1 (省略)		
付録B―2 (省略)		
付録C (省略)		

(出所) CalPERS [1998c] をもとに，筆者が表を作成する。

表4-10　Hermesのコーポレート・ガバナンス原則

		前文（略）
原則1	一般原則	1 （取締役と株主の責任）取締役は，株主の長期的利益のために経営を行うべきである。そのために，株主は，所有者としての責任がある。コーポレート・ガバナンスは，両者が責任を果たすことのできる枠組みを提供するものである。 2 （企業の社会的責任）企業は，環境や企業の社会的責任に対して倫理的に対応し，従業員，顧客，消費者等の関係を効果的に管理し，株主の長期的利益にかなうようにしなければならない。 3 （非執行取締役の役割）非執行取締役（以下「NEDs」という）は，客観性，独立性の観点から，他の取締役と共同して意思決定を行うべきである。 4 （報酬）NEDsにより設置された報酬委員会は，合理的な報酬を決定するべきであり，報酬政策を明示するべきである。 5 （コーポレート・ガバナンス原則の標準化）このコーポレート・ガバナンス原則は，標準となるコーポレート・ガバナンス原則へのアプローチをサポートする。そのために，コーポレート・ガバナンス原則が結合していくことを推奨する。
原則2	取締役会	1 （取締役の選任）業務執行取締役とNEDsは，株主の承認によって選任されるべきである。NEDsは，すべて独立している必要はないが，取締役会は，中心的役割をもつ独立したNEDsを有しているべきである。 2 （NEDsの役割）NEDsは，(1) 最高経営責任者（以下「CEO」という）や取締役会が株主の長期的な利益最大化しているかを検討すること，(2) 戦略的意思決定へ独立した判断を下すこと，(3) 専門的知識によりその技術や経験を発揮すること，(4) 新しい取締役選任に参加すること，が中心的な役割である。 3 （独立取締役の人数）取締役会は，少なくとも3人の独立した取締役を含んでいるべきである。独立の定義については，キャドバリー委員会の定義を支持する。取締役を選任する株主に，十分な事前情報を開示するべきである。 4 （取締役会会長とCEO）取締役会会長とCEOは，完全に分離しているべきである。 5 （上級NEDの任命）上級NEDを任命し，取締役会長を代理することを推奨する。 6 （NEDの任期）新しい独立したNEDは，3年ごとに取締役会に加わるべきであり，NEDsは，多くても10年以上つとめるべきではない。 7 （指名委員会）指名委員会については，見解3によって詳細を述べている。 8 （パフォーマンス調査）NEDsを会長のパフォーマンス，取締役会の有効性の考慮，を1年に1回行うことを推奨する。
原則3	議決権	1 （情報開示）年次報告書や監査証明書の承認された個々の決議は，すべてのAGMsで公表されるべきである。 2 （電子投票）電子代理投票の導入を歓迎し，実行可能であるならば，採用することを企業に奨励する。
原則4	株主構造	1 （公平性）議決権のない株式など，公平ではない資本構造を持つべきではない。

原則5	売買	1（株主保護）全発行株式の5％を越える株を発行するとき，現存する株主は，第1優先買取の権利を提供されるべきである。
原則6	寄付	1（政治献金禁止）チャリティーへの寄付は道義上認められるが，政治献金は，不適当である。
原則7	非友好的企業買収	1（企業買収への対応）企業買収が常に株主利益にかなうわけではないが，過剰な企業防衛はすべきではない。
原則8	投資信託	1（取締役と議長の独立）大多数（少なくとも3人）の投資信託会社の取締役は，確実に独立するべきである。また，議長は常に，完全に独立するべきである。 2（1年のマネジメント契約）マネジメント契約は，1年とするべきである。
付録1-報酬（省略）		
付録2-上席非執行取締役の役割（省略）		
付録3-指名委員会（省略）		
付録4-社会問題，環境上問題および倫理問題について報告するためのガイドライン（省略）		
Hermesの行動規範		
行動規範1		（株主の企業所有者責任）株主は，企業に対して所有者としての責任を有している。
行動規範2		（株主長期利益とする企業目的）株主の長期利益を得るために運営された企業経営は，Hermesの持続的な支援を確信することができる。
行動規範3		（企業買収の対応）Hermesは，通常非友好的企業買収の状況において企業側を支援する。しかし，支援は条件付き（パラグラフ7.1の中で上に説明されたように）である。Hermesは，一般に非友好的企業買収ではなく内部から変更を求める。
行動規範4		（コーポレート・ガバナンス原則による議決権行使）Hermesは，この原則の中で概説されたものに従って，AGMおよびEGMで代理投票を行う。
行動規範5		（議決権行使の理由の企業への説明）Hermesは，議決権行使をする理由について，企業等と連絡をとる。
行動規範6		（企業の統合規範の遵守1）Hermesは，コーポレート・ガバナンスの統合規範の策定を歓迎し，その推薦を企業に行う。
行動規範7		（企業の統合規範の遵守2）統合規範の最善の行動規範および補足ガイドラインは，企業と株主との対話を構築する基礎を提供する。
行動規範8		（企業との対話）Hermesは，常に取締役会および経営者と企業経営について議論する準備がある。

(出所) Hermes [2001a] をもとに，筆者が表を作成する。

第4章　機関投資家と国際機関のコーポレート・ガバナンス原則　101

表4-11　TIAA-CREFのコーポレート・ガバナンス原則

		前文（略）
原則1	取締役会	1（独立取締役と委員会）取締役会は，多数の独立した取締役から構成されるべきである。その独立した取締役により監査・指名・報酬・コーポレート・ガバナンスの各委員会が設置されるべきである。 2（取締役定年制度）取締役会は，取締役の定年制度を確立するべきである。 3（取締役の資質）取締役は，経験や能力等により選任されるべきである。 4（取締役会の責任）取締役会は，経営判断，経営責任等のあらゆる責任を有している。 5（取締役の選任）取締役は，いかなることがあろうとも，すべて株主の選挙により選任されるべきである。 6（評価）取締役会は，取締役を評価し改善するメカニズムを有するべきである。 7（定期的な会議）取締役会は，CEOを含めた定期的な企業経営に関する会議を持つべきである。 8（取締役選任の議決権行動）TIAA-CREFは，取締役選任に関して，通常取締役会の提案に投票を行うが，これが株主利益にかなわないと判断したとき，代替取締役候補への投票，投票差し控え，反対投票等の行動をとる。
原則2	株主の権利と代理人議決権行使	1（秘密投票の実施）取締役会は，議決権行使を秘密投票とするべきである。 2（1株1議決権原則）取締役会は，議決権を1株1議決権とするべきである。 3（株式発行）取締役会は，株主の承認なしに新たな発行を行うべきではない。 4（株主の公正な取扱い）取締役会は，すべての株主に平等な株式買い取り等の金融処理をしなければならない。 5（企業買収の対応1）取締役会は，企業買収等により防御策を取る場合，株主に公表し，承認を得なければならない。 6（企業買収の対応2）取締役会は，企業買収等にあった場合，防衛策を採る前に，多くの州で制定されている乗っ取り防止関連法を利用するべきである。 7（議案処理）議案は，多くの議案を一括処理ではなく，個別処理するべきである。 8（株式発行）TIAA-CREFは，株主利益が害されない限り，様々な種類の株式発行には反対しない。
原則3	役員報酬	1（報酬哲学）経営者のリーダーシップ，能力，努力に動機付ける報酬基準を策定するべきである。また，従業員に対しても同様である。 2（現金報酬の役割）報酬は，公平で標準的なものでなければならない。 3（ストックオプション）ストックオプションによる報酬は，株主利益の減少によるものであることを考慮し，計画，分配性，規模等を検討し行

		われなければならない。 4（公平性）報酬計画プログラム年金制度，SERPs，役得等の要素は，全ての従業員に産業実践や公平性，妥当性において公正であるべきである。 5（報酬委員会）すべての報酬問題は，報酬委員会の指導を遵守するべきである。
原則4	CEO業務報告と後継者計画	1（報告）企業は，パフォーマンスアカウンタビリティおよび倫理行動を高水準に設定するべきである。 2（業績目標）取締役会は，毎年CEOに業績目的を設定するべきである。 3（業績検証）取締役会は，毎年CEOの業績を検証するべきである。
原則5	戦略立案	1（評価）各メジャーなビジネスセグメントのための顧客，市場，製品，の評価を行う。 2（再検討1）競争力，市場における位置等の見直しを行う。 3（再検討2）科学技術上のリーダーシップ，製品特質，競争による利点を維持するために必要な他の要素を含んでいるか等の成功のための見直しを行う。 4（人的管理）人的資源管理問題の調査を行う。 5（総合戦略）財政上の柔軟性，資本形成を含む企業，その戦略的目的を達成するための財政問題等の検討を行う。
原則6	受託者責任	1（コンプライアンス経営）内部統制，財政上の説明責任，高い倫理規範，全ての適用される法律や規則への準拠する企業の環境を確立するべきである。 2（不正の発見）取締役会は，不正が発見された場合は，すみやかに報告されるような手続きを構築するべきである。 3（監査委員会）少なくとも3人の独立取締役からなる監査委員会を設置し，年4回以上開催し，年次監査ステートメントを再検討し，内部統制，内部のリスクマネージメントプロセスの適当を評価するべきである。 4（企業経営の再検討）経営全般に関する再検討するために，そのメカニズムを導入するべきである。
原則7	コーポレート・ガバナンス原則の世界標準	1（説明責任）株主に対するに企業の適切な説明責任をおこなえる構造の構築を行うべきである。 2（外部の視点）独立した外部の経営者や監査人（高品質の会計原則に基づく財務諸表の独立した監査を含む）を活用するべきである。 3（株主の公平な取扱い）全ての株主の公正で，公平な処置を行うべきである。 4（公正な議決権）公正な議決権プロセスによって，株主はそれらの経済的関心に関してそれらの権利を行使することが可能になる。 5（不正取引）インサイダー取引や悪用された自己取引を禁止する。 6（公平な市場）企業は開かれた効率的な透明性のある市場を確立するべきである。 7（情報開示）企業の情報開示は，興味のある事項や，ある株主がそれらの株主所有権に不釣り合いな支配を獲得することを可能にするあらゆる資本構造，または，変更を含むべきである。 8（コンプライアンス経営）法律・規則等を遵守するべきである。
原則8	社会的責任	1（環境）企業経営は，環境や製品のインパクトを考慮されるべきである。 2（雇用）企業は，雇用機会均等を考慮するべきである。 3（従業員教育）企業は，従業員教育，能力開発を行うべきである。 4（地域社会）企業は，地域社会や公益に否定的に影響を及ぼすことある法人活動を考慮するべきである。

原則9	TIAA-CREF と企業との対話	1（逐次情報提供）我々が投資する企業に，ガイドラインや最新情報を供給するべきである。 2（ガイドライン向上）企業は，ガイドラインを向上させるために有識者からの提案を定期的に求めるべきである。 3（非公式会合）企業の経営者，責任者，TIAA-CREFのマネージャーがガイドラインを再検討するために，時折の非公式のフォーラムを手配するべきである。 4（ガイドラインの公表）ガイドラインを他の主要な機関投資家に送り，リクエストに関してそれらを利用可能にし，それらを適切な情報を適切な機関に伝え，そして，TIAA-CREFの参加者，参加している制度が変更のために提案を再検討して提供するために，それらを公表するべきである。 5（改善）指摘された欠点に関して企業のコーポレート・ガバナンス構造，または，方針における私的な討論を始めるべきである。
付録（略）		

（出所）筆者作成。

注

1　萌芽期の代表的な原則は，Cadbury Report［1992］, Greenbury Report［1995］である。
2　活発期の代表的な原則は，CalPERS［1998b］, ICGN［1998］, コーポレート・ガヴァナンス原則策定委員会［1998］である。
3　発展期の代表的な原則は，OECD［1999］である。
4　一般に，原則といった場合，広範な事項を体系立てて策定された狭義の原則（Corporate Governance Principles）を指すが，この狭義の原則が策定されるまでには様々な議論の蓄積がなされているため，より広義にとらえて，狭義の原則のほかにコーポレート・ガバナンスに関する報告書や規則等を含むと解するのが妥当であろう。なぜならば，報告書や規則であっても，コーポレート・ガバナンスに関して部分的または，専門的な記述も多く，最善の行動規範としての役割を果たしていくからである。詳しくは，小島大徳［2002a］を参照のこと。
5　OECD［1999］。
6　OECD原則は，5つの原則とこれを支える23の勧告から構成されている。
7　http://www.oecdtokyo.org/inpaku/04corpor/04-01t.html
8　平田光弘［2001a］278頁。
9　OECD Business Sector Advisory Group on Corporate Governance［1998］。
10　経営諮問グループによる報告書の詳細については，平田光弘［2001a］278-287頁を参照のこと。
11　OECDでは，その後，「OECD多国籍企業行動指針」の中でも，企業に対して「良きコーポレート・ガバナンス原則を支持し，また維持し，良きコーポレート・ガバナンスの慣行を発展させ，適用する」べきであるとし，「OECD原則」を遵守することを明記している（http://www.mofa.go.jp/mofaj/gaiko/oecd/hoshin.html）。
12　平田光弘［2001a］291頁。
13　http://www.oecdtokyo.org/inpaku/04corpor/04-03.html
14　ICGN［1998］。
15　ICGN［1999］。
16　ICGN原則は，OECD原則を支持し，独自の11の原則と，それを支える「OECD原則」をさ

らに拡大した16の具体的行動指針からなる。
17　ICGN［2000a］．
18　ICGN［2000b］．
19　CalPERS［1997a］，CalPERS［1997b］．
20　CalPERS［1998b］，CalPERS［1998c］，CalPERS［1998d］．
21　CalPERS［1999］．
22　CalPERS［2001］．
23　Hermes［1998］．
24　Hermes［2001a］．
25　Hermes［2001b］．
26　Hermes［2001c］．
27　CIIは，年金基金受益者の利益を脅かした買収活動に対応するため，1985年に設立された。当初の設立にあたっては，20の参加団体から始まった。今日では資産が，1兆ドルを超え，110以上の年金基金メンバー，および100人を越える国際的な参加者を擁するに至っている。
28　CII［2001］．
29　CalPERSは，1932年に設立され，現在では，110万人を超えるメンバーを擁し，1,750億USドル超の資産を保有し，1,600以上の米国企業の株主である年金基金である。また，CalPERSは海外株式の積極的運用でも知られ，最終的には資産総額のうち20％を海外株式での運用を目指している（http://www.calpers-governance.org/viewpoint/）。
30　http://www.calpers.ca.gov/about/calpers.htm；
　　http://www.calpers-governance.org/principles/
31　http://www.calpers-governance.org/principles/international/
32　CalPERS［1999］．
33　このICGNは，1995年に主要な機関投資家とコーポレート・ガバナンスに関する専門家とによって設立された国際機関である。現在まで，数種の原則が策定されている。なお，CalPERSも設立時よりICGNに参加している。ICGNの各種の原則にもCalPERSは積極的に関与したといわれている。
34　ICGN［1999］．
35　http://www.calpers-governance.org/principles/international/
36　OECD閣僚理事会・OECD民間諮問委員会編［2001］14頁．
37　http://www.calpers-governance.org/principles/default.asp
38　http://www.calpers-governance.org/principles/default.asp
39　Hermes［2001b］．
40　Hermes［2001c］．
41　近年，CIIを通じても原則の共有関係の構築が進んでいる。そのため，アメリカのCalPERSについで代表的な機関投資家であるTIAA-CREFの原則も今後注目されることになるであろう。そのため，表4-11としてあらわしておく。

参考文献

邦語文献
菊池敏夫・平田光弘編著［2000］『企業統治の国際比較』文眞堂．
菊池敏夫［1999a］「コーポレート・ガバナンスにおける日本的条件の探求」経営行動研究学会編『経営行動研究年報』第8号，経営行動研究学会，7-10頁．
小島大徳［2002a］「日本のコーポレート・ガバナンス原則―原則策定の背景と課題―」日本経営

教育学会編『新企業体制と経営者育成―経営教育研究5―』学文社, 33-52頁.
小島大徳 [2002b]「企業経営機構とコーポレート・ガバナンス―米国と日本の国際比較による現状と今後の展望―」『東洋大学大学院紀要第38集』東洋大学大学院, 225-244頁.
小島大徳 [2002c]「コーポレート・ガバナンスと議決権行使のIT化」『経営情報学会誌』第11巻第4号, 経営情報学会, 33-46頁.
コーポレート・ガヴァナンス原則策定委員会 [1998]『コーポレート・ガヴァナンス原則―新しい日本型企業統治を考える―(最終報告)』日本コーポレート・ガバナンス・フォーラム.
日本コーポレート・ガバナンス委員会 [2001]『改訂コーポレート・ガバナンス原則』日本コーポレート・ガバナンス・フォーラム.
日本コーポレート・ガバナンス・フォーラム [2001]『コーポレート・ガバナンス―英国の企業改革―』商事法務研究会.
平田光弘 [2001a]「OECDのコーポレート・ガバナンス原則」『経営研究所論集』第24号, 東洋大学経営研究所, 277-292頁.
平田光弘 [2001b]「21世紀の企業経営におけるコーポレート・ガバナンス研究の課題―コーポレート・ガバナンス論の体系化に向けて―」『経営論集』53号, 東洋大学経営学部, 23-40頁.
平田光弘 [2000]「1990年代の日本における企業統治改革の基盤作りと提言」『経営論集』51号, 東洋大学経営学部, 81-106頁.
平田光弘 [1999a]「英国におけるコーポレート・ガバナンス改革の実践」『経営論集』49号, 東洋大学経営学部, 225-240頁.
平田光弘 [1999b]「EUおよび英国におけるコーポレート・ガバナンスの実践」『経営哲学の実践』森山書店, 107-136頁.
平田光弘 [1995]「日本の取締役会:その法的・経営的分析」『一橋論叢』第114巻第5号, 一橋大学, 22-43頁.
吉森賢 [2001]『日米欧の企業経営―企業統治と経営者―』放送大学教育振興会.
吉森賢 [1997]「企業統治:欧米の教訓」『マネジメント・トレンド』第2巻第1号, 経営研究所, 64-70頁.

外国語文献

ALI [1994], *Principles of Corporate Governance: Analysis and Recommendation*, the American Law Institute.
Cadbury Report [1992], *Report of the Committee on the Financial Aspects of Corporate Governance*, Gee and Co. Ltd.
CalPERS [2001], *Global Proxy Voting Guidelines*, California Public Employees' Retirement System.
CalPERS [1999], *Global Corporate Governance Principles*, California Public Employees' Retirement System.
CalPERS [1998a], *CalPERS And Hermes Team To Form Corporate Governance Alliance*, Corporate Governance News 1998, California Public Employees' Retirement System.
CalPERS [1998b], *Japan Market Principles*, California Public Employees' Retirement System.
CalPERS [1998c], *Corporate Governance Core Principles & Guidelines: The United States*, California Public Employees' Retirement System.
CalPERS [1998d], *Germany Market Principles*, California Public Employees' Retirement System.

CalPERS [1998e], *CalPERS/Hermes Alliance Agreement*, California Public Employees' Retirement System.
CalPERS [1997a], *United Kingdom Market Principles*, California Public Employees' Retirement System.
CalPERS [1997b], *France Market Principles*, California Public Employees' Retirement System, 1997.
CII [2001], *Corporate Governance Policies*, Council of Institutional Investors.
GM [1995], *Corporate Governance Guidelines*, General Motors.
Greenbury Report [1995], *Report of a Study Group chaired by Sir Richard Greenbury*, Gee and Co. Ltd.
Hampel Report [1997], *Committee on Corporate Governance*, Gee and Co. Ltd.
Hermes [2001a], *Statement on UK Corporate Governance & Voting Policy*, Hermes Pensions Management Limited.
Hermes [2001b], *Hermes Corporate Governance Activities*, Hermes Pensions Management Limited.
Hermes [1998], *Hermes and CalPERS Create Global Corporate Governance Alliance*, Hermes Pensions Management Limited.
Hirata, Mitsuhiro [2001], *How can we formulate a theory of corporate governance?*, keieironshu, Toyo University, No.54, pp.37-44.
ICGN [2000a], *Statement on Global Implementation of ICGN Share Voting Principles*, International Corporate Governance Network.
ICGN [2000b], *Resolution on the Mandate of the Standing Committee on Share Voting*, International Corporate Governance Network.
ICGN [1999], *ICGN Statement on Global Corporate Governance Principles*, International Corporate Governance Network.
ICGN [1998], *ICGN Global Share Voting Principles*, International Corporate Governance Network.
ICGN [1996], *ICGN Founding Principles*, International Corporate Governance Network.
OECD 閣僚理事会・OECD 民間諮問委員会編 [2001]『OECD のコーポレート・ガバナンス原則』金融財政事情研究会。
OECD [1999], *OECD Principles of Corporate Governance*, Organisation for Economic Co-operation and Development.
OECD Business Sector Advisory Group on Corporate Governance [1998], *Corporate Governance: Improving Competitiveness and Access to Capital in Global Markets*, Organisation for Economic Co-operation and Development.
TIAA-CREF [2001], *TIAA-CREF Annual Report 2000: Built on A Strong Foundation*, Teachers Insurance and Annuity Association College Retirement Equities Fund.
TIAA-CREF [2000], *TIAA-CREF Policy Statement on Corporate Governance*, Teachers Insurance and Annuity Association College Retirement Equities Fund.

第 II 部

コーポレート・ガバナンス原則と企業の実践

第 5 章

コーポレート・ガバナンス原則と企業の実践
―企業独自原則の策定を目指して―

1 はじめに

　近年，盛んに策定されているコーポレート・ガバナンス原則（以下「原則」という）に直接的に大きな影響を与えた原則は，1990年代初頭のイギリスにおいて大型不祥事の多発を受けて設置されたキャドバリー委員会の報告書まで遡る[1]。そして，1990年代中頃からは，機関投資家や私的国際機関によって策定されるようになり，1990年代後半には，公的国際機関にもその動きが波及する。そして，現在では，先進諸国だけではなく，市場経済移行国や発展途上国でも原則の策定が活発化し，その原則が扱う領域は，拡大し多様化しているのである。

　くりかえしになるが，すべての原則の目的は，最終的に企業においてコーポレート・ガバナンス構築を目指すことにある[2]。つまり，原則は，経営者に対して企業経営の健全化と効率化を求めているといえよう。このことのゆえに，筆者は，原則が企業経営にいかなる影響を与え，その原則を企業はいかに活用すべきか，といった次なるステージに研究の重点を移さなければならない，と考えている。

　そこで，第5章では，企業が独自の原則を策定し経営を行っていく有用性を強調するとともに，その原則の企業への浸透過程と企業の実践方法とを明らかにすることを目的とする。具体的には，第2節で企業外部者策定型原則

を第3節で経営者策定型原則を取り上げて，それぞれの原則が企業経営に浸透している姿を解明するとともに，それぞれの原則が企業経営にいかなる役割を有しているのかを解明する。そして，第4節では，企業独自の原則を用いてコーポレート・ガバナンス構築を行っている企業を取り上げ，原則をもちいた企業経営の実践について論じることにしたい。

2 企業外部者策定型コーポレート・ガバナンス原則と企業への浸透

2.1 企業外部者策定型コーポレート・ガバナンス原則の種類と目的

　世界中でたくさんの原則が策定されているが，その多くは，企業を外部から規制することを目的に企業経営機構のあり方や企業経営の方法を定めているものである。これらの原則は，基本的には，企業の経営活動を縛ることを目的としているのではなく，円滑に経営を行うための最低限の規定という性質を持つものである。しかし，策定された原則が，その後に各国の企業法制度や上場規則などへと採用されるケースが多々ある。そして，それらを分類すると図5-1に示されるように，原則は3つの側面から企業へと浸透することが明らかとなる。

　1つ目は，政府機関や証券取引所等の公的機関が策定した原則（これを「公的機関原則」という）である。これは，策定された後に各国の上場規則などに採用され，企業に対して強制力をもつものである。たとえば，イギリスのキャドバリー，グリーンブリー，ハンペルの3委員会が策定した報告書[3]は，その後，ロンドン証券取引所の上場規則として採用された。逆に，香港や中国などでは，上場規則として採用されることを前提に原則の策定作業が進行している。

　2つ目は，機関投資家等の私的機関が策定し行動指針的役割を有する原則（これを「私的機関原則」という）である。これは，企業の利害関係者が策定した原則であるため，強制力はもたないが，議決権行使などによる企業経営への直接的な関与などを考慮すると，参考にするのが望ましい原則であ

る。たとえば，カリフォルニア州公務員退職年金基金（CalPERS）[4]や Hermes[5]，大学教職員退職年金基金（TIAA‐CREF）[6]の原則がその具体例である。特に，CalPERS は，主要投資国に対して個別の原則[7]を策定しており，経営者は，機関投資家の意思を判断する際に参照するなどの活用方法があるし，機関投資家側もそれを期待している。

　3つ目は，企業法制度を改正することを目的に策定された原則（これを「企業法制度改正原則」という）である。これは，現在，日本やイギリス，ドイツ，EU 等の先進諸国を中心に進められている企業法制度改革を行うためのたたき台的性格を有するものである。たとえば，日本では，法務省から 2001 年に出された『商法改正中間試案[8]』や，自由民主党が 1997 年から継続的に出している『商法改正骨子・要綱[9]』等がある。

図5-1　企業外部者策定型原則の企業への浸透

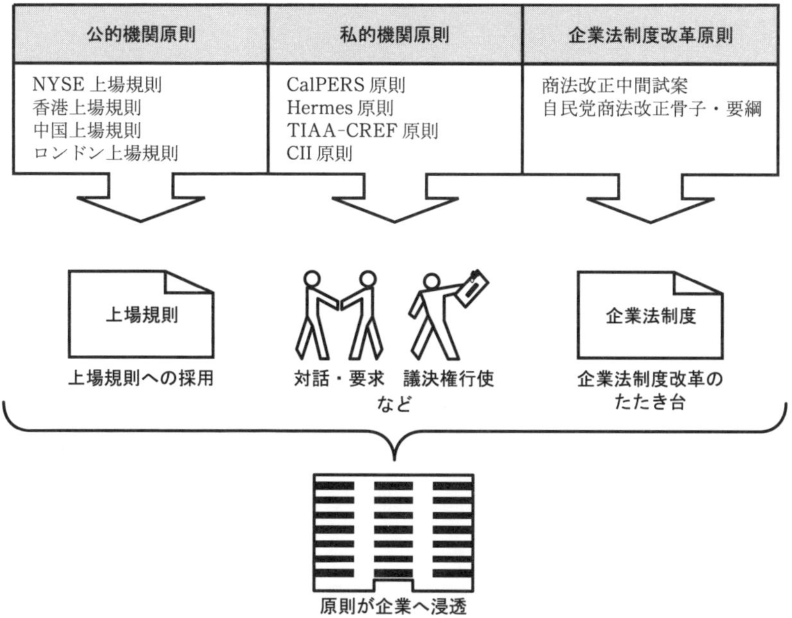

公的機関原則	私的機関原則	企業法制度改革原則
NYSE 上場規則 香港上場規則 中国上場規則 ロンドン上場規則	CalPERS 原則 Hermes 原則 TIAA-CREF 原則 CII 原則	商法改正中間試案 自民党商法改正骨子・要綱

上場規則		企業法制度
上場規則への採用	対話・要求　議決権行使 など	企業法制度改革の たたき台

原則が企業へ浸透

（出所）　筆者作成。

2.2 企業外部者策定型コーポレート・ガバナンス原則の役割

　これらの企業外部者策定型原則は，主として企業不祥事を事前に防止する役割を有している[10]。つまり，企業経営に対して一定のルールを課す，または要求することで，健全な企業経営を達成しようとするものである。これらの原則は，企業経営環境や市場からの要請に従い，絶えず改訂や改正を繰り返していることが特徴的である。

　しかし，ここで日本について言及するならば，日本には，上場する企業に対する企業の財務状況等の規則はあるが，企業経営機構に直接関わるような上場規則は存在しない。つまり，近年，少しずつ議題にのぼりつつある上場会社法の制定問題[11]には，これが欠如しているため問題とされるといえよう。この問題との関連において，東京証券取引所も1999年に『東証の将来像について―新たなステージへの道標として―[12]』を公表し，そのなかで，「諸外国の例に倣い，……（中略）……上場基準等において明定することが望まれる[13]」としているが，いまだその動きは鈍い。経営者が盛んに原則作りに参加し，企業経営に生かそうとしていることは後述するとしても，企業法制度，上場規則，私的機関原則の三者が一体となったルールの策定とイギリスのような原則を中心としたシステムの循環は，これが相互作用することで企業に効果的なコーポレート・ガバナンス構築を果たしている実例からも，東京証券取引所のコーポレート・ガバナンスに対する取り組みには疑問が残るのである。

　それでは，日本においてコーポレート・ガバナンス関連の上場規則が存在しないのはなぜであろうか[14]。確かに，日本の法体系は大陸法を基調としているし，会社法，証券取引法，省令，各種検査マニュアル（たとえば金融検査マニュアル）など，多くの規則がそれぞれ企業に対して強制力をもちアプローチする。そのため，あらためて上場規則を策定することが果たして可能なのか，または有益なのか，といった問題も内包している。

　上場規則が，昨今のアメリカにおけるエンロンやワールドコムなどの企業不祥事への対処をSEC規則やNYSE上場規則などにより，機動的な対応が可能である点が長所であることは，すでに証明されている。そして，世界に

おいて企業のコーポレート・ガバナンス構築に上場規則が大きな役割を担っていることからも，早急に日本においても策定されることが望まれる。そのためにも，日本における昨今行われている企業法制度改革において上場規則の制定をも視野に入れた法の体系的な見直しも，今後検討されていくことが必要であろう[15]。

2.3　企業外部者策定型コーポレート・ガバナンス原則の企業による活用

　企業外部者策定型原則は，おもに企業に対して最低限のルールを定めたものであった。つまり，コーポレート・ガバナンスの目的の1つである企業不祥事への対処の観点から策定されているといえよう。しかし，これらの原則も企業経営者の意識によって，積極的な企業経営を行うことが可能となる。
　たとえば，多くの原則では，社外取締役の設置や監査役の増員等を規定しているが，この規定を企業競争力の強化に役立たせることもできるのである。つまり，単に法令の要請や規定により，取締役会の適正な運営のチェックといった役割だけを期待した社外取締役の設置を行うのではなく，外部の視点や他分野の知識といったことを求めた人材の登用を常に行う必要がある。
　このように，企業の外部から企業経営に与える原則は，企業が必ず守るべきルールであるとともに，その原則が要請している理由を理解し，企業経営環境に適合した運用を図ることにより，積極的に原則を活用していくことが可能なのである。一方，近年では，企業の内部者，つまり経営者が原則策定に積極的に関わるケースが目立っている。

3　経営者策定型コーポレート・ガバナンス原則と企業への浸透

3.1　日本における経営者策定型コーポレート・ガバナンス原則

　ここでは，経営者が原則の策定に積極的に関与している企業内部の側面を検討する。日本でも，多くの原則が様々な機関により策定されているが，経営者が主体的な役割を果たし策定された原則を取り上げるならば，日本コー

ポレート・ガバナンス・フォーラム（JCGF）を検討するのが適当であろう。

　1994年に経済同友会のメンバーである一部の企業の経営者がコーポレート・ガバナンスに関する討議と意見交換を行うようになった。それと時を同じくして、研究者の間からもコーポレート・ガバナンスに関する機関または学会の必要性が高まり、1996年に経営者、機関投資家、研究者、マスメディアなどの各界の参加による「学際性」「産学協同」「国際性」の3つを基本理念とするJCGFが設立された。

　今日まで、JCGFは、1998年に『コーポレート・ガヴァナンス原則（以下「JCGF原則」という）[16]』を公表し、2001年には、JCGF原則の大幅な見直しを行い、『改訂コーポレート・ガバナンス原則（以下「改訂JCGF原則」という）[17]』を策定した。まず、JCGF原則は、可及的速やかに実施すべき原則Aと、21世紀の早い段階での実現をめざしつつ、世界の市場環境に照らしながら修正を加える必要があるもの、ないし大きな法律改正を要する原則Bとの2段階方式を採用したことが特徴である。原則Aでは、当時の企業法制度のなかで経営者が実施すべき点を、①アカウンタビリティーとディスクロージャーの拡充、②取締役（会）、監査役（会）および株主総会改革、とした。また、原則Bでは、①執行役員や社外取締役、取締役会内委員会、の各制度の導入、②株主総会決議事項の縮小、について法律を改正すべきであるとした。

　このような動きのなか、多くの企業はコーポレート・ガバナンス構築に乗り出し、特に、ソニーが1997年にはじめて導入した執行役員制度は、その後、加速度的に多くの企業で採用されることになる。そして、2001年4月に公表された法務省の『商法改正中間試案』は、商法大改正に向けて本格的に始動する布石となり、①執行役の創設、②社外取締役制度の導入、③取締役会内委員会の設置、を柱として議論が進められた。そのうえで、2002年5月に、商法の改正が実現したのである。

　このようななか、2001年10月には、改訂JCGF原則が策定された[18]。これは、2002年に商法が改正されることを前提として、JCGF原則が公表さ

れてからの内外の環境変化に対応し，本格的なコーポレート・ガバナンスをモデル化したものである。今回もこの原則を策定した日本コーポレート・ガバナンス委員会には，経営者7人，機関投資家3人が含まれており，経営者の積極的な関与が特徴である。

3.2 世界における経営者策定型コーポレート・ガバナンス原則

一方，国際的には，1996年に設立されたインターナショナル・コーポレート・ガバナンス・ネットワーク（ICGN）が，機関投資家や経営者，各国市場監督機関など，多彩な立場の者が参加し数種類の原則を公表している。そもそも，ICGNは，1996年に『ICGN設立原則[19]』を公表し，当初，機関投資家が中心となって設立された機関であった。設立原則によると，「ICGNは，コーポレート・ガバナンスに関する情報交換とガイドライン（＝原則―筆者）の策定を目的とする[20]」とした。そして，会員の資格を，機関投資家のほか，個人にも門戸を開き，設立した当初から経営者などの企業側の者と一緒になって活動を行っていこうとする意欲が読みとれる。そして，2001年に東京で行われた第7回ICGN年次総会[21]では，多くの経営者の参加が見られ，経営者，機関投資家，市場監督機関の3者体制ができあがった。それとともに，機関投資家や市場監督機関は，近年，原則を企業内部に深く浸透させるために，経営者の原則策定への取り込みと，経営者が主体となった原則の実践を求めている。このことからもICGN原則は，経営者策定型原則として位置付けることが妥当と考えられる。

これまで，ICGNは，三者による情報交換に加えて，1998年に議決権行使に関する基本的な環境整備を定めた『議決権行使原則[22]』，1999年に経営者のストックオプション等の経営者のインセンティブに関して定めた『ストック・インセンティブ原則[23]』と包括的なコーポレート・ガバナンスのあり方について定めた『グローバル・コーポレート・ガバナンス原則（ICGN原則）[24]』，2000年に議決権行使原則の遵守状況と声明および議決権行使問題に対処する委員会の設置を定めた『議決権行使実行原則』，を策定・公表している。これらのICGNが定めた原則は，経済協力開発機構（OECD）の

『OECD コーポレート・ガバナンス原則[25]』やイギリスの3委員会報告書,機関投資家の原則などを分析し,経営者の視点をも考慮し策定されたものである。

それでは,なぜ,このような経営者が積極的に参加し策定された原則の内容や策定が必要とされたのであろうか。次節では,経営者参加型の原則策定の重要性と,その原則の役割を検討する。

3.3 経営者策定型コーポレート・ガバナンス原則の役割

経営者策定型原則について論じる前に,コーポレート・ガバナンス問題についてまとめると,コーポレート・ガバナンスが世界中でクローズアップされ,研究や実践が進むにつれて,今日,ある1つの重要な問題が明らかにされつつある。それは,平田光弘 [2001b] の「コーポレート・ガバナンス問題はつまるところ経営者問題に他ならない[26]」との指摘をはじめ,吉森賢 [2001] の,企業統治とは,①経営者はだれの利益のために経営すべきか?(企業概念),②経営者をだれが,いかに監視すべきか?(経営監視),③経営者の動機づけをいかにすべきか?(企業家精神),に対する答を定義とする[27],としていることからも,コーポレート・ガバナンス問題は経営者問題が中心となり,この問題を抜きにしては論じることも実践することもできないといえよう。

このことは,企業の主要な利害関係者である機関投資家も重く受け止めている。当初,機関投資家の原則は,議決権行使に関する機関投資家内部の行動基準であった。それが,1990年代中頃になると,包括的な企業組織に関与する内容に変化した。また,1990年代後半には,情報開示・透明性を求めるとともに,経営者と友好関係を築くことに力を注ぐ内容となる。さらに,今日では,すでに述べたように,ICGN 等を通じて経営者と機関投資家とが一体となって原則を策定し,企業のコーポレート・ガバナンス構築に経営者や市場監督機関と協力して取り組んでいく姿勢となっている[28]。

以上のように,企業外部からの原則を遵守および参照しつつ,経営者自ら企業戦略や環境に合わせた独自の原則を策定する必要性が明らかにされつつ

ある。それとともに，ICGN への経営者の積極的参加からも，経営者が企業独自の原則を策定する機運と能力が整ったともいえよう。

4 企業独自のコーポレート・ガバナンス原則策定と企業経営の実践

4.1 企業独自のコーポレート・ガバナンス原則の位置づけ

　コーポレート・ガバナンス原則は，「狭義にとらえると，広範な事項を体系立てて策定された原則（Corporate Governance Principles）を指す。また，広義にとらえると，狭義の原則に加えて，コーポレート・ガバナンスに関する報告書，意見書，提言等が含まれる[29]」といえる。また，原則は最終的に企業においてコーポレート・ガバナンス構築を目指すものでなければならない[30]。さらに，OECD 原則などの世界の主要な原則は，企業の最低限の規則を定めており，規範的役割を有するとしている。要するに，多くの原則が，企業の規模や業種等を鑑みて，これらの原則を参照し，企業独自の原則を有することを求めている証左であると考えられる。

　企業独自の原則は，各国国内の公的・私的機関で策定されている原則や機関投資家の原則，国際機関の原則などといくつかの異なる点を有している。それは，一般的な原則に加えて，各企業が個別に企業経営目標と企業戦略などとを加味し，それぞれの企業経営環境に適合した実践的な企業独自原則を策定する必要があることである。

　ここでは，企業独自原則を用いたコーポレート・ガバナンス構築の必要性とその策定過程を検討する。そのために，ソニーの『企業経営機構改革の理念と実践』，日産自動車の『日産リバイバルプラン（NRP）』，トヨタ自動車の『2010 グローバルビジョン』，を検討し，これらの策定された系譜と実践や実施状況を分析する。そして，原則を用いた企業のコーポレート・ガバナンス構築の有用性を明らかにするとともに，いかにしたら企業独自原則が策定され，それを活用できるか，といった問題の解決にあたる。加えて，これらの企業で，改革を実践するに至る背景には，多くの経験と議論が必要で

あったことも論じていく[31]。

4.2 ソニーの『企業経営機構改革の理念と実践』

　ソニーは，1997年6月，産業構造の変革に対応するため，日本企業のなかでも稀にみる企業組織の大改革にいち早く取り組んだ。その中核をなしたのが，① 企業として取締役会の役割の明確化，② 取締役の大幅削減，③ 社外取締役の重視，④ 執行役員制度の導入であった。その結果，まず，取締役会をグループ経営のコーポレート・ガバナンスを重視した企業戦略策定と業務執行の監督を行う機関として位置づけた。また，取締役の人員を，38人から10人とし，社外取締役を1970年から2人体制であったのを，外国人を含む3人体制とした。そして，新たに執行役員を27人任命し，業務執行を担当する執行役員会という機関を設置した[32]。

　このように，大胆な組織改革を行ったソニーであるが，そこには，① グループ全体の企業価値を高める，② グループ全体のリソースを成長領域に集中する，③ コーポレート・ガバナンス・メカニズムが十分に機能するような仕組みを構築する，の3つの企業目標があってのことであった。

　ソニーは，それ以前から継続的に組織改革を行っていたのである。まず，1994年には，前年度の業績悪化を受けて，各事業組織への大幅な権限委譲を特徴とした分権型の組織形態であるカンパニー制（疑似独立会社）を導入した。これにより，1983年に採用した8つの営業本部と19の事業本部まで拡大した事業本部制を8つのカンパニーに再編したのである。

　また，1996年には，業績の回復を契機に主力分野にさらに力を注ぐべく既存の8つのカンパニーを10に再編した。同時に，カンパニー制下で効率のよいグループ経営を行うために，① コーポレート・ガバナンス，② スタッフ，③ サポート（業務支援），に力を入れた本社機能の強化を行った。注目すべきことは，すでにあった経営会議の上に，エグゼクティブボード（Executive Board）を設置したことである。ここには社長を議長として副社長，専務ら9人の上級取締役で構成され，毎週開催された[33]。この頃から，本社機能の強化を全面に打ち出し，組織全体の改革のなかでも，経営機

構トップに照準が定められていたのである[34]。

　以上のように，ソニーは，企業経営機構改革を全面に打ち出し，経営目標に対応させていくことを絶えず行っていることが特徴である。そして，これは，明確な経営目標に沿ったコーポレート・ガバナンス構築を目指したものであるともいえよう。

4.3　日産自動車の『日産リバイバルプラン』

　日産自動車は，1999 年 3 月，ルノーと資本提携を行い，その後，最高経営責任者としてカルロス・ゴーン氏を招き入れ，同年 10 月，日産の再建計画プランである『日産リバイバルプラン（NRP）』を発表した。NRP の策定と公表は，バブル経済崩壊後，企業競争力の低下を起こした企業の再起に向けて企業組織の大改造を決意した証であった。NRP は，1999 年 10 月から 2003 年 3 月までに，① 2000 年までに黒字化，② 売上高営業利益率 4.5% 以上，③ 自動車事業実質有利子負債 7,000 億円以下，を 3 大目標としたものである。

　このような，企業体質の改善には，日産の企業経営機構の大改革が必要であった。まず，NRP を策定するにあたり，強力な指導力と迅速な経営判断を行うために，① 取締役の大幅削減，② CEO (Chief Executive Officer)，COO (Chief Operating Officer)，EVP (Executive Vice President)，SVP (Senior Vice President) の選任，③ 執行役員制度の導入，を行った。これを，日産とルノーが提携する前と比較すると，まず，取締役の人員は，37 人（うち代表取締役 8 人）から 10 人（うち代表取締役は 3 人）へ大幅削減を行った。また，社長を頂点として，副社長 8 人，上席常務 8 人，常務 12 人と組織改革を行い，それぞれの階級から取締役を選任した。さらに，会長，社長に加えて副社長，上席常務，常務のすべてを執行役員に任命し，30 人体制でそれぞれの部門において業務執行にあたる体制を整えた。

　その後，日産自動車は，2001 年度上半期に，この 10 年間で最高となる決算報告をするに至り，NRP は予定より 1 年早く 2002 年 3 月をもって完了した。そして，新たな 3 カ年計画である『日産 180』を 2001 年 4 月より実施

している。『日産180』は，①売上高の増加，②コストの削減，③品質とスピードの工場，④ルノーとのアライアンスの最大化，の4つを目指した3年間の包括的な計画である。それとともに，随時，企業経営機構を見直し，2001年度には社長に最高経営責任者としての役職を付与するなど効率的な企業経営を行える体制を築いているのである[35]。

このように，日産自動車は，明確な企業目標を掲げ，それを達成するために最適な企業経営機構を構築する必要に迫られてきた。そして，その都度，経営環境に順応した組織改革と経営目標の改訂を行い，経営目標を達成するために，コーポレート・ガバナンス構築を継続して行っている姿が明らかとなる。

4.4　トヨタ自動車の『2010年グローバルビジョン』

ここで，今一度，原則のもとめているものと，実際の企業経営とについて，振り返ることにする。図5-2は，原則がもとめているものを図示したものである。これによると，原則は，経営者が主体となり，経営監視体制構築と競争力の強化とを目的として，原則を実践することで，企業のコーポレート・ガバナンス構築を行うことが望ましい，としていることがわかる。

また，これまで述べたソニーの『企業経営機構改革の理念と実践』，および，日産の『リバイバルプラン』は，厳密に言うと企業独自原則ではない。つまり，企業独自原則の策定方法や内容などは後に述べるとしても，これらの例からは，図5-3に示されるように，経営目標を定めるとともに，企業経営機構改革を最も重視するべき事項として取り上げ，経営目標と企業経営機構改革とが一体となった企業経営を求めているということがわかる[36]。そして，企業経営機構改革を中心としたコーポレート・ガバナンスの構築が，手段としても理念としても必要であると考える。

さらに，これを実証するために，ソニーや日産自動車などのコーポレート・ガバナンス改革の先進的な企業と対比されるトヨタ自動車の例をとりあげる。トヨタ自動車は，一般的に，コーポレート・ガバナンス改革に対して必ずしも積極的ではないが，高い業績を維持し，不祥事も起こっていない企

図 5-2 コーポレート・ガバナンス原則が求めているもの

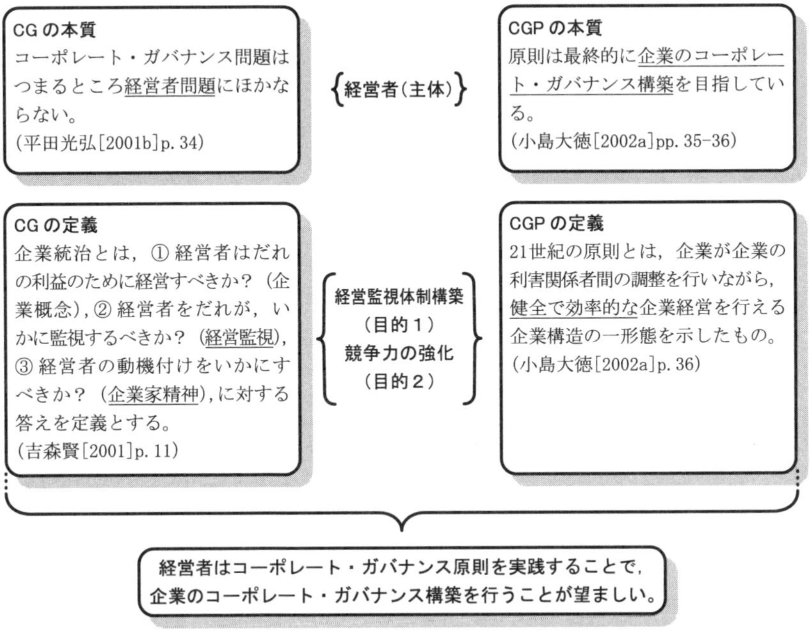

CG の本質
コーポレート・ガバナンス問題はつまるところ経営者問題にほかならない。
（平田光弘[2001b]p.34）

CGP の本質
原則は最終的に企業のコーポレート・ガバナンス構築を目指している。
（小島大徳[2002a]pp.35-36）

｛経営者（主体）｝

CG の定義
企業統治とは，①経営者はだれの利益のために経営すべきか？（企業概念），②経営者をだれが，いかに監視するべきか？（経営監視），③経営者の動機付けをいかにすべきか？（企業家精神）に対する答えを定義とする。
（吉森賢[2001]p.11）

経営監視体制構築
（目的1）
競争力の強化
（目的2）

CGP の定義
21世紀の原則とは，企業が企業の利害関係者間の調整を行いながら，健全で効率的な企業経営を行える企業構造の一形態を示したもの。
（小島大徳[2002a]p.36）

経営者はコーポレート・ガバナンス原則を実践することで，企業のコーポレート・ガバナンス構築を行うことが望ましい。

（出所）筆者作成。

業の代表である。確かに，トヨタ自動車は，たとえば，2001年7月現在，取締役が58人任命されていることなどをはじめ，多くの原則によって定められている内容に反していたことが多い。しかし，このようなトヨタ自動車でも，1996年の『2005年ビジョン』に引き続き，2002年4月1日に『2010グローバルビジョン』を公表した。その内容は，Ⅰ将来に向けた4つのInnovation（21世紀前半に我々が期待する社会の姿と目指すべき企業像）として，目指すべき企業像を明確にした。そして，これを達成するために，Ⅱパラダイムチェンジとして，3つの主要な取り組むべき課題を挙げているのであるが，そのなかの1つに，2.マネジメントとして，①グローバル経営体制の刷新，②グループ体制の刷新，③多様な人材のチームワーク，の項目で，グローバルヘッドクォータ等の設置やグループ体制の刷新などの具

図5-3 経営目標と企業経営機構改革

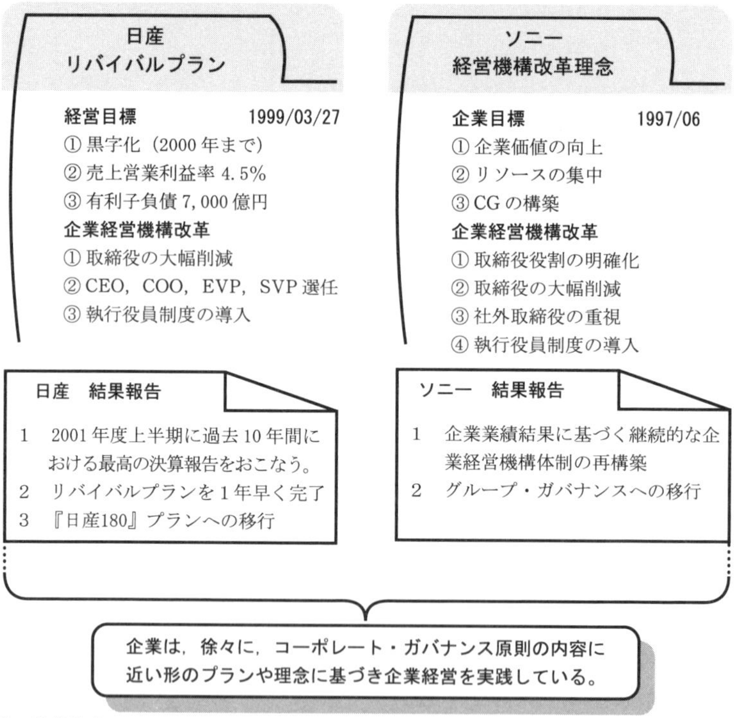

日産 リバイバルプラン

経営目標　　　　　　　1999/03/27
① 黒字化（2000年まで）
② 売上営業利益率 4.5%
③ 有利子負債 7,000億円

企業経営機構改革
① 取締役の大幅削減
② CEO, COO, EVP, SVP 選任
③ 執行役員制度の導入

日産　結果報告
1. 2001年度上半期に過去10年間における最高の決算報告をおこなう。
2. リバイバルプランを1年早く完了
3. 『日産180』プランへの移行

ソニー 経営機構改革理念

企業目標　　　　　　　1997/06
① 企業価値の向上
② リソースの集中
③ CGの構築

企業経営機構改革
① 取締役役割の明確化
② 取締役の大幅削減
③ 社外取締役の重視
④ 執行役員制度の導入

ソニー　結果報告
1. 企業業績結果に基づく継続的な企業経営機構体制の再構築
2. グループ・ガバナンスへの移行

> 企業は，徐々に，コーポレート・ガバナンス原則の内容に近い形のプランや理念に基づき企業経営を実践している。

(出所)　筆者作成。

体的な企業経営機構改革を中心としたコーポレート・ガバナンスに関する計画を盛り込んでいる。すなわち，トヨタ自動車も，経営目標を達成するためには，企業経営機構改革が必要であり，この両者が一体となることが必要であることを示しているといえよう。

このように，トヨタ自動車の『2010年グローバルビジョン』は，コーポレート・ガバナンスに消極的であっても業績が高く不祥事もないとされる企業であっても，コーポレート・ガバナンス構築に対する計画や積極的な取り組みがあるからこそ，業績が高く不祥事もないとされるべきであろう。つまり，このコーポレート・ガバナンス構築に対する計画や積極的な取り組みこそ原則の求めているものであり，いいかえるならば，形だけの企業経営機構

改革だけではなく，そこには，企業目標や経営者の積極的な関与と取り組みがあってこそ，であるといえるのではないだろうか。

5 企業独自のコーポレート・ガバナンス原則策定に関する提言

5.1 企業独自のコーポレート・ガバナンス原則策定の有用性

　これまでの日本企業は，多くの企業で執行役員制度の導入や取締役会の規模の縮小などを通して，企業の意思決定の迅速化と業務執行の効率化を狙った企業経営機構改革を行ってきた。しかし，平田光弘 [2001c] が「企業統治の抑制機能（企業不祥事への対処―筆者）と促進機能（企業競争力の強化―筆者）とに<u>過大な期待を寄せることは，厳に慎まなければならない（下線は筆者による）</u>[37]」と指摘するように，模範となるモデルを模倣しコーポレート・ガバナンス構築を行っているだけでは，効果は期待できない。つまり，ソニーや日産自動車，トヨタ自動車を検討して明らかにされたように，明確な企業目標（多くの場合は企業競争力の強化であるが）を掲げ，それを達成するためにコーポレート・ガバナンスが利用されるべきである。

　原則は，企業経営のモデルとしての規範的な役割を終え，いまや実践の段階を迎えたといえよう。つまり，原則をいかにして企業のコーポレート・ガバナンス構築に役立たせるのか，といった問題に移行しつつあるのである。昨今の経営者は，原則の策定に積極的に関わっており，原則を用いた企業経営を行う土台はできあがったと考えられよう。

　また，ソニーや日産自動車，トヨタ自動車の例が明らかにしたことの1つは，企業経営目標と企業経営改革は両輪の関係にあることである。つまり，企業経営目標を達成するためには，企業ごとに適した企業経営機構改革を行うことが必要であり，企業経営機構改革を行うためには，明確な企業経営目標を有していないと，何のための改革か，ということになる。これは，既述の過大な期待をコーポレート・ガバナンスに寄せるのではなく，第5章で取り上げているように，企業目標と企業経営機構改革を，両者一体として，絶えず見直していくことが必要であろう。

124　第Ⅱ部　コーポレート・ガバナンス原則と企業の実践

図5-4　企業独自のコーポレート・ガバナンス原則とはなにか

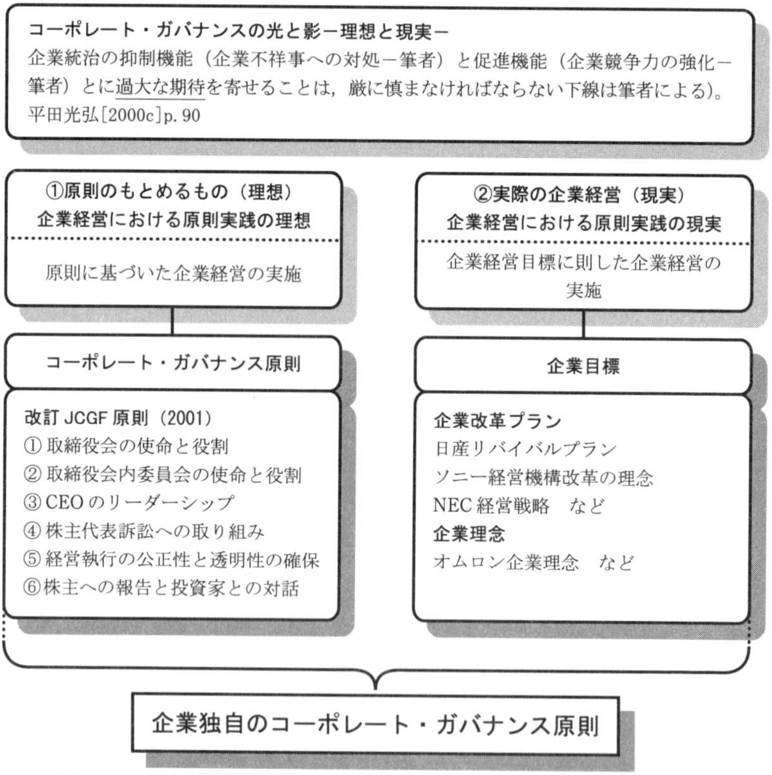

```
┌─────────────────────────────────────────────────────────────┐
│ コーポレート・ガバナンスの光と影―理想と現実―                │
│ 企業統治の抑制機能（企業不祥事への対処―筆者）と促進機能（企業競争力の強化― │
│ 筆者）とに過大な期待を寄せることは，厳に慎まなければならない下線は筆者による）。 │
│ 平田光弘[2000c]p.90                                          │
└─────────────────────────────────────────────────────────────┘
```

①原則のもとめるもの（理想） 企業経営における原則実践の理想	②実際の企業経営（現実） 企業経営における原則実践の現実
原則に基づいた企業経営の実施	企業経営目標に則した企業経営の実施
コーポレート・ガバナンス原則	**企業目標**
改訂JCGF原則（2001） ① 取締役会の使命と役割 ② 取締役会内委員会の使命と役割 ③ CEOのリーダーシップ ④ 株主代表訴訟への取り組み ⑤ 経営執行の公正性と透明性の確保 ⑥ 株主への報告と投資家との対話	企業改革プラン 日産リバイバルプラン ソニー経営機構改革の理念 NEC経営戦略　など 企業理念 オムロン企業理念　など

企業独自のコーポレート・ガバナンス原則

（出所）　筆者作成。

　ここでまとめるならば，図5-4で表されるように，21世紀の企業は，原則がもとめているものに基づいた企業経営の実践と，これまでソニーや日産の事例でみてきた実際の企業経営との，両者を接近させて，企業ごとに実践的な企業独自の原則を策定することが望ましいといえよう。

5.2　企業独自のコーポレート・ガバナンス原則策定の方法

　それでは，企業独自の原則は，いかにして策定されるべきであろうか。たとえば，ソニーは，本社機能の強化等の問題に対処するために，経営会議

(Executive Committee) を新設し，CHRO (Chief Human Resource Officer) や CTO (Chief Technology Officer)，CFO (Chief Financial Officer) などを任命した。また，グループの経営基本方針や重要事項を審議する経営会議の下でマネジメントコミッティ (Management Committee)（前身はエグゼクティブボード）が，戦略・計画の立案および業務執行の意思決定を行うこととした。一方，日産自動車では，NRPを策定するにあたり，日・米・欧の200人が直接関与して寄せられた2,000件のアイデアを検証し，そのなかから400件をエグゼクティブコミッティに提案して，最終的に取締役会で承認されている。

これらを参考にして，企業独自原則の策定方法は，図5-5のように示すことができる。これによると，まず，取締役会の指示により，企業独自の原則策定を行うための会議体や諮問委員会を発足させることが必要である。また，そこには，各部門のトップが参加し，意思決定機関と執行機関の双方の

図5-5 企業独自コーポレート・ガバナンス原則の策定方法

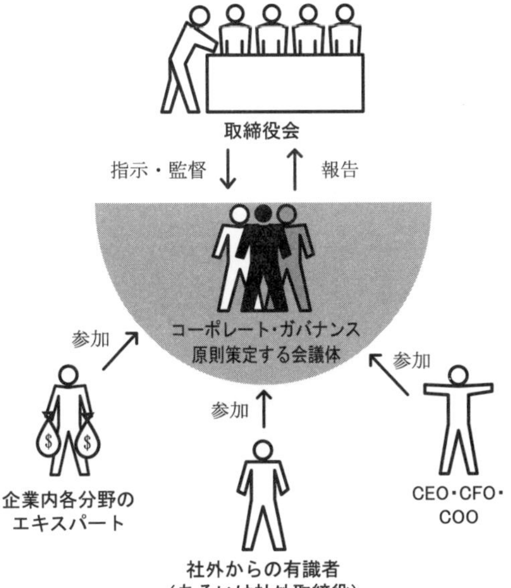

（出所）筆者作成。

意見が結集できる場にするため，① 企業内における各分野のエキスパート，② 社外からの有識者あるいは社外取締役，③ CEO，CFO，COO などの経営執行者，を中心に構成されることが望ましい。そして，なによりも，この会議体は，取締役会に説明結果責任[38]を有し，取締役会の指示や監督を受けることにより，緊密な関係を有す必要がある。なぜならば，企業独自の原則策定は，企業独自の原則を策定するための議論のなかで，経営者のコーポレート・ガバナンス構築に対する意識などをも向上させていくという役割をも有しているからである。そして，経営者は，最終的に企業独自の原則を承認し，実行に移していくべきであろう。

これに似た取り組みとして，米国では，コーポレート・ガバナンス委員会の設置が盛んである。同委員会では，企業経営全般にわたる広範な事項を扱うため，指名委員会や監査委員会などとの連携も強化している。日本では，最近の調査によると，コーポレート・ガバナンス委員会を設置した企業は，わずか1％程（上場企業239社中3社）である[39]。今後は，取締役会の直属である会議体や諮問委員会で，企業目標と企業経営機構改革とを包括した企業独自の原則を策定し，実行していくことが望まれる。

5.3 企業独自のコーポレート・ガバナンス原則の内容

それでは，企業独自の原則は，どのような内容とすべきなのか。これは，企業の業種や規模などで変化するものである。しかし，国際的に経営を行っている企業であるならば，以下のことが最低限含まれるべきであろう。

まず，上場規則や企業法制度は，法令遵守経営を行う上でも，当然に守らなければならない。そして，参照すべき原則として私的機関原則を活用すべきである[40]。日本国内においては，JCGF から改訂 JCGF 原則が公表されている。改訂 JCGF 原則は，経営者が多数参加して策定した原則であるため，企業経営に取り入れることのできる実践的な内容となっている。また，これは，CalPERS に代表される機関投資家の原則や OECD や ICGN に代表される国際機関の原則などの比較検討を行い，かつ，日本企業の実情を考慮した上で策定された原則である。

なかでも，改訂JCGF原則は，① 取締役会の使命と役割，② 取締役会内委員会の使命と役割，③ CEOのリーダーシップ，④ 株主代表訴訟への取り組み，⑤ 経営執行の公正性と透明性の確保，⑥ 株主への報告と投資家との対話，のおおむね6項目を主眼において構成されている。これらの詳細に関する検討は，別の機会に行うとしても，企業経営が高度にグローバル化している今日にあって，世界標準としての原則策定の動きを注視し，経営者も深く関与している機関から出され，機関投資家にも支持されている原則を参考にすることはとても有用であると考えられる。

6　おわりに

今日では，既存の原則策定機関の提携や新たな国際機関の設立，世界でも最も影響力の高いと評価されるOECD原則の改訂作業などが始まっている。また，この動きを後押しするように，先進7カ国首脳会議や財務相・中央銀行総裁会議，アジア太平洋経済協力会議など，政府レベルにおいて支持や合意，そして普及活動が進められている[41]。さらに，着々と進行しているICGNなどによる世界標準としての原則策定に向けての動きがある。このような世界標準原則策定を中心とした動きは，直接的に企業経営に関わりを持つことが少ないと考えられがちである。しかし，第5章で明らかにしたように，現在でも原則は，上場規則や企業法制度を通じて，あるいは，経営者が原則策定に参加しコーポレート・ガバナンス構築の意識の向上などを通じて，企業に一定の影響力を与えている。このことを考えると，これらの動向は，世界標準原則策定およびその過程において，原則が企業に対して，徐々に存在感をあらわしていくものと考えられよう。

このように，原則の策定は，日々刻々と進展しており，今後も目を離すことができない。そして，策定された原則は，いかなるコーポレート・ガバナンス像を描いているのか，また，企業はいかに活用しようとしているのか，について特に注視する必要がある。原則についての研究は，まだ始まったばかりであるが，常に念頭に置くべきことは企業経営にいかにして役立たせる

のか，ということであろう。今後とも，世界中の原則策定の動きを注視するとともに，企業外部者策定型原則と経営者策定型原則との双方の特徴を生かした原則である包括型原則による企業経営の実践に関して継続して研究を行っていく必要がある。

最後に，近年の原則は，研究者，経営者，専門家（会計や法律分野など），市場監督機関などが協力して策定に当たるという潮流にある。また，原則の内容は，さまざまな角度からコーポレート・ガバナンスをとらえ，それが帰納要約された性格が強い。つまり，今日のコーポレート・ガバナンスを研究していく上で，学際的交流が少ないとされる問題や，今なお定まることのないコーポレート・ガバナンスの本質（定義や体系など）に，原則を紐解いていくことで，一定の成果が見いだせるのではないか，と指摘することができよう。

注
1 1970年代から，アメリカでは，アメリカ法律協会（ALI）やSECにより，いち早く原則の策定が行われている。そのため，原則策定の実質的な起源は，厳密にはここにあると言えよう。しかし，1990年代初頭から世界的にコーポレート・ガバナンス問題が取りあげられ，それとともに原則が策定され始めたという側面や，幅広い分野の研究者や実務家により策定されるという観点から，1990年代初頭のイギリスにおけるキャドバリー委員会報告書を，近年の原則策定に多大な影響を与えた原則と位置づけられよう。
2 小島大徳［2002a］36頁。
3 Cadbury Report［1992］, Greenbury Report［1995］, Hampel Report［1997］.
4 CalPERS［1999］.
5 Hermes［2001］.
6 TIAA–CREF［2000］.
7 CalPERS［1998b］.
8 法務省［2001］。
9 自民党法務部会商法に関する小委員会［1997］［1998］［1999］。
10 公的機関原則や企業法制度改革原則は，企業経営機構に関する最低限のルールを中心的な内容としている。また，私的機関原則は，機関投資家の原則などによると情報開示・透明性にも力を入れた内容としている。そのため，企業外部者策定型原則は，おおむね企業不祥事への対処を主眼に置いていると考えられよう。
11 上村達男［2000a］［2000b］［2000c］。
12 東京証券取引所証券政策委員会［1999］。
13 東京証券取引所証券政策委員会［1999］24頁。
14 非公開会社が公開会社（上場会社）になる場合，証券業協会や東京証券取引所などで，事前審査が行われるための実質審査基準というものが存在する。しかし，それは明文化されておらず，いわゆる慣行である。
15 東京証券取引所は，2003年3月期の決算短信から，コーポレート・ガバナンスについての取

り組み状況の記載を全上場企業に義務付けることにしたという。また，望ましいコーポレート・ガバナンスのあり方を「ベスト・プラクティス」として上場企業に提示するとともに，それと異なる場合には，企業にその理由を開示させる方針であるという(『日本経済新聞』11 月 19 日付)。これは，まさに企業外部者がコーポレート・ガバナンス原則を利用し，コーポレート・ガバナンス構築を行おうとする機運が高まっている証左であり，今後の東京証券取引所の動向と企業の対応とに注目していかなければならない。

16 コーポレート・ガヴァナンス原則策定委員会[1998] なお，当該委員会は，経営者 6 人，監査役 1 人，研究者 7 人，弁護士 1 人，報道関係者 2 人，の合計 17 人から構成されていた。
17 日本コーポレート・ガヴァナンス委員会[2001]。
18 JCGF 原則 (コーポレート・ガヴァナンス原則策定委員会[1998]) は，2002 年に行われた商法改正のきっかけとなり，そのたたき台が出された 2001 年には，改訂 JCGF 原則 (日本コーポレート・ガバナンス委員会[2001]) を公表している。また，株主代表訴訟や金庫株解禁などの度重なる商法改正は，経団連などの経営者の提言や要求により達成された側面が否定できない。このことからも，経営者策定型原則は，商法に経営者の意図を取り入れたいとの意識があったものと考えられる。
19 ICGN[1996]。
20 ICGN[1996]。
21 年次総会の詳細は，ICGN[2001]を参照のこと。
22 ICGN[1998]。
23 ICGN[2000a]。
24 ICGN[2000b]。
25 OECD[1999]。
26 平田光弘[2001b] 34 頁。
27 吉森賢[2001] 11 頁。
28 そのほかにも，経営者が原則策定に乗り出した背景として，90 年代の機関投資家，国際機関などの活発な原則策定に経営者の視点が置き去りにされるのではないか，という危機感があったと考えられる。これにより，経営者策定型原則は，結果的に経営者のコーポレート・ガバナンスに対する意識の向上などを生み出した利点があるが，反面，企業不祥事への対処が十分ではないという面があることも否定できない。
29 小島大徳[2002a] 35-36 頁。
30 小島大徳[2002a] 35-36 頁。
31 ここで取り上げたソニーや日産自動車以外にも，NEC，花王，オムロン，三菱自動車など，明確な企業目標をもち，企業経営機構改革などを実行している企業がある。
32 2001 年度末時点で，取締役は 12 人 (内代表取締役 3 人) で執行役員は 47 人である。
33 坂井種次[1998] 165 頁。
34 ソニーの取締役会改革は，その後も継続して行っており，近年，① 取締役会の前置機関として統合経営会議 (2001 年に 27 回開催) の設置と開催，② 指名委員会 (同 6 回開催)，報酬委員会 (同 6 回開催) の活動，③ 取締役会 (同 17 回開催) の海外での開催，を中心に斬新な改革を継続して行っている。また，株主構成比は，下の表のように，2002 年のデータからも，依然として外国人株主 (主に機関投資家) が多く，全発行株式の 38.7%を占めている。以下，金融機関 28.2%，個人・一般企業・その他 33.1%，と続く。

表 ソニーの株式所有者別状況

	2000年3月31日現在	2001年3月31日現在	2002年3月31日現在
外国人	202,139,192 株（ 1,617 名）	364,695,373 株（ 1,753 名）	356,678,842 株（ 1,667 名）
金融機関	131,467,620 株（ 425 名）	270,007,301 株（ 551 名）	260,533,688（ 485 名）
個人・その他	120,032,451 株（350,294 名）	97,914,460 株（615,584 名）	305,608,825 株（722,972 名）
合計	453,639,163 株（352,336 名）	919,617,134 株（617,888 名）	922,816,355 株（725,124 名）

(出所) ソニーアニュアルリポート 2002 より抜粋。

35 既述の通り，日産自動車は，『日産リバイバルプラン』から『日産180』へと移行し，企業改革を継続している。また，株主構成比の特筆すべき点は，44.4%をルノーが有するなど，ソニーと同様，外国人株主が際だって高いことである。これにより，（機関投資家などを中心とした）外国人株主からの業績向上や改革に関する要求よりも，むしろ，経営者がグローバルな視座に基づいた経営目標および経営改革を行える体制にあることが注目される。

36 たとえば，橋本綱夫［1997］は，「グループとしての経営方針を決定し業務執行を監督する機能を強化するとともに，意思決定・監督と業務執行の分担を明確化し業務執行体制を強化する目的で取締役会の大幅な改革を実行し，あわせて執行役員制を新たに導入した」としている。つまり，ここからも経営目標と企業経営機構改革とが，一体となった継続した企業経営を行うことが必要であることが読みとれる。

37 平田光弘［2001c］90 頁。

38 吉森賢［2005］110 頁。

39 コーポレート・ガバナンス国際比較研究会［2000］26 頁。

40 企業が独自に策定した原則として，GM の『取締役会ガイドライン』が有名であるが，筆者は，企業独自の原則のあるべき姿を，各企業の経営環境を十分考慮し，経営目標と企業経営機構改革とを核に置いたものであると考えている。そのため，企業経営機構についての規定が重視されている GM の『取締役ガイドライン』は，今回比較対象としなかったが，世界で初めて策定された企業が独自に策定した原則として，今後の研究対象としていきたい。

41 世界標準原則策定に関する政府レベルでの合意や支持，普及活動については，小島大徳［2002a］48 頁を参照のこと。

参考文献

邦語文献

上村達男［2000a］［2000b］［2000c］「公開株式会社法の構想について（上）（中）（下）」『商事法務』商事法務研究会，No.1559, 6-12 頁，No.1560, 15-22 頁，No.1563, 14-26 頁。

菊池敏夫・平田光弘編著［2000］『企業統治の国際比較』文眞堂。

菊池敏夫編著［1999］『現代の経営行動―課題と方向―』同友館。

小島大徳［2003a］「コーポレート・ガバナンス原則と企業の実践―企業独自原則の策定を目指して―」『日本経営学会誌』第 9 号，千倉書房，26-40 頁。

小島大徳［2003b］「コーポレート・ガバナンスと議決権行使の IT 化―企業による実践と課題―」『経営情報学会誌』第 11 巻第 4 号，経営情報学会，33-46 頁。

小島大徳［2003c］「世界のコーポレート・ガバナンス原則―原則の策定系譜，類型と役割―」『経営実践と経営教育理論―経営教育研究 6 ―』学文社，129-163 頁。

小島大徳［2003d］「国際機関と機関投資家のコーポレート・ガバナンス原則」『横浜経営研究』第

23 巻第 4 号，横浜国立大学経営学会，89-108 頁。
小島大徳［2003e］「コーポレート・ガバナンス原則の体系化―原則に関する研究領域と研究課題―」『東洋大学大学院紀要第 39 集』東洋大学大学院，87-108 頁。
小島大徳［2002a］「日本のコーポレート・ガバナンス原則―原則策定の背景と課題―」日本経営教育学会編『新企業体制と経営者育成―経営教育研究 5 ―』学文社，33-52 頁。
小島大徳［2002b］「企業経営機構とコーポレート・ガバナンス―米国と日本の国際比較による現状と今後の展望―」『東洋大学大学院紀要第 38 集』東洋大学大学院，225-244 頁。
コーポレート・ガバナンス国際比較研究会［2000］『経営環境の変化と日本型コーポレート・ガバナンスの未来像に関するアンケート調査結果報告書』コーポレート・ガバナンス国際比較研究会。
コーポレート・ガヴァナンス原則策定委員会［1998］『コーポレート・ガヴァナンス原則―新しい日本型企業統治を考える―（最終報告）』日本コーポレート・ガバナンス・フォーラム。
坂井種次［1997］「ソニーの組織改革に見るコーポレート・ガバナンスの進化―カンパニー制の導入から取締役会の改革まで―」『商経論集』札幌学院大学商学会・経済学会，151-176 頁。
自民党法務部会商法に関する小委員会［1999］［1998］『企業統治に関する商法等の改正案要綱・骨子』自由民主党。
自民党法務部会商法に関する小委員会［1997］『コーポレート・ガバナンスに関する商法等改正試案骨子』自由民主党。
出見世信之［1997］『企業統治問題の経営学的研究』文眞堂。
東京証券取引所証券政策委員会［1999］『東証の将来像について―新たなステージへの道標として―』東京証券取引所。
西村茂［1998］「ソニーグループの経営機構改革」『取締役の法務』No.55, 商事法務研究会，18-27 頁。
橋本綱夫［1997］「グループ経営のためのソニーの機構改革」『取締役の法務』No.42, 商事法務研究会，8-11 頁。
平田光弘［2001a］「OECD のコーポレート・ガバナンス原則」『経営研究所論集』第 24 号，東洋大学経営研究所，277-292 頁。
平田光弘［2001b］「21 世紀の企業経営におけるコーポレート・ガバナンス研究の課題―コーポレート・ガバナンス論の体系化に向けて―」『経営論集』53 号，東洋大学経営学部，23-40 頁。
平田光弘［2001c］「新世紀の日本における企業統治の光と影」『新世紀における経営行動の分析と展望―その光と影と―』経営行動研究学会第 11 回全国大会要旨集，87-90 頁。
平田光弘［2000a］「1990 年代の日本における企業統治改革の基盤作りと提言」『経営論集』51 号，東洋大学経営学部，81-106 頁。
平田光弘［1999］「英国におけるコーポレート・ガバナンス改革の実践」『経営論集』49 号，東洋大学経営学部，225-240 頁。
法務省［2001］「商法等の一部を改正する法律案要綱中間試案」『商事法務』No.1593, 商事法務研究会，28-51 頁。
日本コーポレート・ガバナンス委員会［2001］『改訂コーポレート・ガバナンス原則』日本コーポレート・ガバナンス・フォーラム。
吉森賢［2005］『経営システム II ―経営者機能―』放送大学教育振興会。
吉森賢［2001］『日米欧の企業経営―企業統治と経営者―』放送大学教育振興会。

外国語文献

Cadbury Report [1992], *Report of the Committee on the Financial Aspects of Corporate Governance*, Gee and Co. Ltd.

CalPERS [1999], *Global Corporate Governance Principles*, California Public Employees' Retirement System.
CalPERS [1998a], *CalPERS And Hermes Team To Form Corporate Governance Alliance*, Corporate Governance News 1998, California Public Employees' Retirement System.
CalPERS [1998b], *Japan Market Principles*, California Public Employees' Retirement System.
GM [1995], *Corporate Governance Guidelines*, General Motors.
Greenbury Report [1995], *Report of a Study Group chaired by Sir Richard Greenbury*, Gee and Co. Ltd.
Hampel Report [1997], *Committee on Corporate Governance*, Gee and Co. Ltd.
Hermes [2001], *Hermes Corporate Governance Activities*, Hermes Pensions Management Limited.
Hermes [1998], *Hermes and CalPERS Create Global Corporate Governance Alliance*, Hermes Pensions Management Limited.
ICGN [2001], *International Corporate Governance Network 7th Annual Conference in Tokyo ―Global Corporate Governance Myth and Reality―*, International Corporate Governance Network.
ICGN [2000a], *Statement on Global Implementation of ICGN Share Voting Principles*, International Corporate Governance Network.
ICGN [2000b], *Resolution on the Mandate of the Standing Committee on Share Voting*, International Corporate Governance Network.
ICGN [1999], *ICGN Statement on Global Corporate Governance Principles*, International Corporate Governance Network.
ICGN [1998], *ICGN Global Share Voting Principles*, International Corporate Governance Network.
ICGN [1996], *ICGN Founding Principles*, International Corporate Governance Network.
OECD [1999], *OECD Principles of Corporate Governance*, Organisation for Economic Co-operation and Development.

第6章

コーポレート・ガバナンス原則と議決権行使のIT化
―企業による実践と課題―

1 はじめに

　企業経営が高度にグローバル化するなか，株主の基本的かつ重要な権利である議決権行使に大きな障壁が立ちはだかる事例が報告されるようになった。日本を例に取ると，海外の株主（その多くは機関投資家である）については，極めて短期間に，企業から株主招集通知が郵送され，株主が議案の検討と議決権の行使をしなければならず，これは事実上不可能であった。しかし，機関投資家は，近年，企業に対するコーポレート・ガバナンス活動を強めており，議決権行使を最も重視する権利の1つとして位置づけている。そして，機関投資家は，議決権行使の障壁排除についてコーポレート・ガバナンス原則（以下「原則」という）などを通じて，各企業に要望している。

　一方，インフォメーション・テクノロジー（以下「IT」という）が進化し，B2CやB2Bという形態が企業経営に深く根ざすようになった。そこで，企業と株主とを繋ぐ役割をITに担わせるという試みがなされている。その1つとして，2001年の企業法制度改革により，2002年の株主総会から議決権行使のIT化が行える体制ができあがり，徐々にその実践が行われ始めている。

　そこで第6章では，1）コーポレート・ガバナンスと議決権行使のIT化と

の関係と，2) 議決権行使のIT化の必要性とその実践方法，との2つを明らかにすることを目的としている。そのために，第2節では，議決権行使のIT化がなぜ必要とされたのかを，近年，世界中で策定されている原則の要請内容を糸口にして明らかにする。第3節では，議決権行使のIT化を具体的に実践するための2つの方法を提示し，そのうえで両者の長所と短所を明らかにする。第4節では，実際に企業が議決権行使のIT化を実践している例を取り上げながら，この制度の問題点を考察し，解決策を明示している。

2 コーポレート・ガバナンスにおける議決権行使のIT化の要請と位置づけ

2.1 コーポレート・ガバナンスとは何か

コーポレート・ガバナンス問題は，1990年代初頭から先進諸国を中心に議論が始まり，21世紀に入り，発展途上国や市場経済移行国をも含んだ，世界中の国々で盛んに取り上げられるようになった。また，このコーポレート・ガバナンス問題は，いまや，経営学，財務論，会計学，法学，経済学等の関連諸学問領域によって研究がなされ，多種多様なアプローチが試みられている[1]。そのため，コーポレート・ガバナンスは，現在もなお，邦訳，定義等が定まっていないほど諸説紛々としているが，おおむね，企業競争力の強化と企業不祥事への対処とを達成するための企業経営システムをいかに構築すべきか，といっても差し支えないであろう。

このようにコーポレート・ガバナンス問題が，深くそして幅広く議論されるにつれて，企業のコーポレート・ガバナンス像を示した原則の策定が行われるようになった。これまでの章でみてきたように，原則は，1990年代初頭から先進諸国のなかでもイギリスやカナダなどの各国内で策定が始まり（原則策定の萌芽期），1990年代中頃には，インターナショナル・コーポレート・ガバナンス・ネットワーク（ICGN）などの私的国際機関や，CalPERSやTIAA-CREF，Hermesなどの機関投資家が策定に乗り出し（原則策定の活発期）[2]，1990年代後半から，経済協力開発機構（OECD）な

どの公的国際機関が策定に関わる（原則策定の発展期），という系譜をたどる。そして，今日，原則策定機関から国内機関，機関投資家，国際機関と大きく3分類される原則は，お互いに対話や協力関係を築いており，公的国際機関が中心となって世界標準原則の策定に向けて努力が重ねられている。

2.2 コーポレート・ガバナンスにおける議決権行使の位置づけ

　原則は，筆者が確認している代表的なものだけでも約40カ国，約10の機関投資家，約10の国際機関において，合計400以上も策定されている。そのため，すべての原則に共通した内容を提示することは困難ではあるが，国内機関，機関投資家，国際機関のそれぞれの代表的な原則であるイギリスの統合規範，私的国際機関のICGN原則，公的国際機関のOECD原則を検討すると，いずれも大きく分けて3部から構成されていることが明らかにされる。それを基にしてその全体像を形作ると，図6-1のように表され，企業経営機構と利害関係者とが主体として位置づけることができ，情報開示・透明性が両者の連結環としての役割を持つことになる[3]。

　このように，近年のコーポレート・ガバナンス問題は，1) 企業経営機構を作り上げるかという企業の内部的側面と，2) 機関投資家に代表される利害関係者による企業の監視・監督という外部的側面，そして，3) その両者

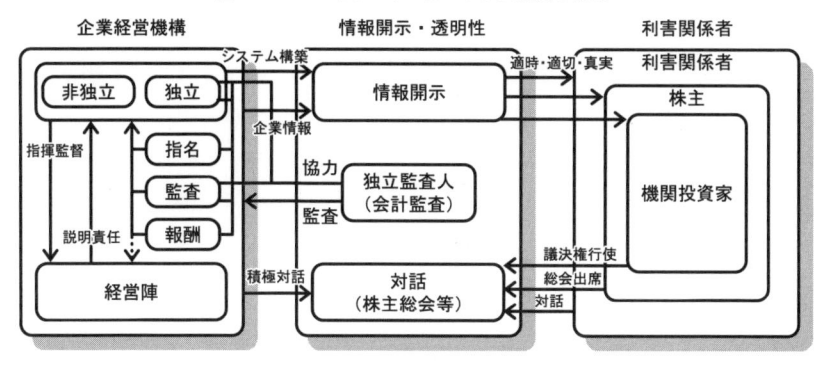

図6-1　コーポレート・ガバナンス原則の体系

(出所)　筆者作成。

を繋ぐ連結環としての情報開示・透明性の3つに焦点が集まっているといえよう。なかでも、企業経営機構改革や利害関係者によるアプローチは、それぞれが別々にガバナンス行動をおこしていては、その実効性は限られたものになる。そのため、1)と2)を繋ぐ役割として、3)情報開示・透明性が重視され、それによって双方向型のガバナンス行動が求められている。

　多くの原則は、企業に対して利害関係者のなかでも特に株主の権利保護を要請している。このことから原則は、1株1議決権の原則が守られていないなどの国などに対して、重大な株主の権利侵害について改善を要求した内容のものであった。これらに加えて、近年では、企業経営環境が高度にグローバル化し、株主が世界中に分散化したため、機関投資家を中心に株主の権利の中でも、もっとも重視されるべき議決権の行使に関しての要求が高まることになった。

2.3　コーポレート・ガバナンス原則の議決権行使のIT化に関する要請

　そこで、表6-1によって、議決権行使についてふれた代表的な原則とその内容をみていく。まず、OECDが1999年に策定した『OECDコーポレート・ガバナンス原則（以下「OECD原則」という）[4]』のⅠ株主の権利の勧告Cにおいて、1)株主は株主総会の日取り、場所および議事日程、および総会議決事項に関して、十分かつタイムリーな情報を与えられるべきである、2)株主が取締役会に質問し、適度の制約はあっても、株主総会の議事日程に議題を提出する機会を与えられるべきである、としている。また、Ⅱ株主の平等な取扱いの勧告Aでは、3)株主総会のための手順および手続きは、すべての株主の公正な扱いを可能にすべきである。企業の手続きは、議決することを過度に困難にしたり、過度に金のかかるものにしたりしてはいけない、としている[5]。

表6-1 コーポレート・ガバナンス原則による議決権行使のIT化に関する要請

策定機関	原則名	策定年	内容
OECD	OECD原則	1999	**Ⅰ 株主の権利** 【原則】 株主は，株主総会に実際に参加して議決する機会を持つべきであり，また，議決手続きを始め，株主総会を左右する規定についての情報を与えられるべきである。 【勧告C】（株主総会出席と議決権行使権利） 1) 株主は株主総会の日取り，場所および議事日程，および総会議決事項に関して，十分かつタイムリーな情報を与えられるべきである。 2) 株主が取締役会に質問し，適度の制約はあっても，株主総会の議事日程に議題を提出する機会を与えられるべきである。 3) 株主は，本人投票または不在投票を行い得るべきであり，また，本人投票であれ不在投票であれ，議決に対しては同等の効果が与えられるべきである。 **Ⅱ 株主の公平な取扱い** 【原則】 コーポレート・ガバナンスの骨組みは，少数持株株主や外国人株主を始めとするすべての株主の公正な扱いを保証するべきである。すべての株主は，その権利の侵害に対して，事実上の補償を得る機会を持つべきである。 【勧告A】（1株1議決権の原則） 同じ階層の株主は，みな公正に扱われるべきである。 1) いずれの階層にあっても，株式購入前に，すべての階層の株式に付与された議決権に関する情報を入手することができるべきである。 2) 議決は，受益株主の同意を得た上で，保管者または名義人によってなされるべきである。 3) 株主総会のための手順および手続きは，すべての株主の公正な扱いを可能にすべきである。企業の手続きは，議決することを過度に困難にしたり，過度に金のかかるものにしたりしてはいけない。
ICGN	ICGN原則	1999	**原則3（議決権）** 1) 1株1議決権を堅持するべきである。 2) 企業は，議決権を完全に保証すべきである。 3) 企業は，代理人投票を容易にする責任を持っている。 4) 法律等で，議決権に関する情報を速やかかつタイムリーに行えるよう配慮するべきである。 **ICGNのOECD原則へのアプローチ** **Ⅰ 株主の権利** 1) ICGN議決権行使原則を遵守すべきである。 2) OECD原則に加えて，速やかな議決権行使結果を公表すべきである。 3) 株主平等の原則に反する場合の適切な対応を行うべきである。 4) 議決権行使にかかる極端な費用と障害の排除をするべきである。 5) 代理人議決権行使の保証をするべきである。 **Ⅱ 株主の公平な取扱い** 1) 株主を平等に扱わない場合の市場からの撤退をする可能性が存在する。 2) 少数株主や外国人株主の平等な取扱いを行うべきである。

TIAA-CREF	TIAA-CREF 原則	2001	【原則7】コーポレート・ガバナンス原則の世界標準 3) 全ての株主の公正で，公平な処置を行うべきである。 4) 公正な議決権プロセスによって，株主はそれらの経済的関心に関してそれらの権利を行使することが可能になる。
Hermes	Hermes 原則	2001	【原則3】議決権 2) 電子代理投票の導入を歓迎し，実行可能であるならば，採用することを企業に奨励する。
CII	CII 原則	2001	一般原則2（株主総会） 2（議決権行使）株主総会の日時等は，株主の議決権行使に合理的な時間を与えるように考慮されるべきである。

（出所）平田光弘 [2001a], ICGN [1999], TIAA-CREF [2001], Hermes [2001], CII [2001] をもとにして，筆者作成。

　つぎに，OECD 原則の公表をうけて ICGN が 1999 年に策定した『ICGN コーポレート・ガバナンス原則（以下「ICGN 原則」という）[6]』では，原則3 において1）1 株 1 議決権の堅持，2) 議決権の完全保証，3) 代理人投票の容易化，4) 迅速な情報公開，の 4 つを基本として，① 議決権行使について極端な費用と障害の排除，② 平等な株主の取扱い，を求め，これを守れない場合は，市場からの撤退をも明言している。

　さらに，機関投資家が中心となって設立した ICGN の ICGN 原則が公表されたのを受けて，代表的な機関投資家が情報交換や対話を行うために設立された機関投資家協会（CII）が 2001 年に『CII コーポレート・ガバナンス原則[7]』を策定し，そのなかの一般原則 2-2 において，「株主総会の日時等は，株主の議決権行使に合理的な時間を与えるように考慮されるべきである[8]」とした。そして，これらの一連の動きを受けて，個別の機関投資家が，議決権行使についての内容を含んだ原則を次々に策定している。具体的には，TIAA-CREF が 2001 年に策定した『TIAA-CREF コーポレート・ガバナンス原則[9]』の原則 7（コーポレート・ガバナンス原則の世界標準）のなかで，「3) 全ての株主の公正で，公平な処置を行うべきである，4) 公正な議決権プロセスによって，株主はそれらの経済的関心に関してそれらの権利を行使することが可能になる[10]」と記している。また，Hermes が 2001 年に策定した『Hermes コーポレート・ガバナンス原則（Hermes [2001]）』

の原則3（議決権）において「2)電子代理投票の導入を歓迎し，実行可能であるならば，採用することを企業に奨励する[11]」としたのである。

これらの原則の議決権行使に関する要請をまとめると，議決権行使は，簡便性，経済性，迅速性，公平性，が求められているということができよう。

3　議決権行使のIT化を行うための方策

3.1　議決権行使のIT化のための合意と企業法制度改革

世界標準を中心とする原則は，本来，最低限の規則を定め提示したものであるため法的拘束力を有さないという非拘束性と，各国の企業法制度や各企業がコーポレート・ガバナンスを構築するにあたり，参考にできるモデルとしての参照可能性，との2つの性質を有している[12]。加えて最近では，各国の政府レベルにおいて原則の内容について合意がなされ，その実践が行われている。まず，先進7カ国首脳会議（G7）では，1999年のケルンサミット，2000年の沖縄サミット，2001年のジェノバサミットと継続してOECD原則について支持表明がなされている。また，財務相・中央銀行総裁会議では，G7合意に基づいて，OECD原則を各国内の企業法制度の整備などの政策に生かしていくことについて具体的な内容と方針について継続的に話し合われている。

そして，このような議決権行使の障壁排除に関して，様々な機関の要請と国際合意に基づいて，日本でも企業法制度の大改革が進められているが[13]，なかでも議決権行使のIT化に関しては2001年11月に商法改正が行われた[14]。その内容は，1)企業関係書類の電子化，2)株主総会招集通知・議決権行使等の電子送信，の2つである。なかでも，2)では，①迅速な株主総会招集通知と関係書類の送達，②議決権行使の電子送信，③安価で簡便な株主権利行使，を可能にし，今まで指摘の多かった議決権行使の障壁を大幅に緩和したのである[15]。

3.2 議決権行使のIT化による効果

具体的に，株主総会の当日までに商法が規定する企業が行うべきことと株主の対抗手段をまとめた表6-2により，商法の改正前と後とを比較検討する。

1つ目として，企業側は，株主総会招集通知を株主総会の2週間前までに発送すればよいとされている。しかし，従来は海外の株主に郵送した場合，株主にそれが到着するのは，株主総会開催の直前ということになる。そのため，株主は，議案内容を検討するための時間がほとんどなかった。それが，今回の改正により，郵送の他に，E-mailなどのITを使用することが可能となり，時間的な制約が緩和された。

2つ目として，委任状や郵送による議決権行使は，株主総会の1日前まで

表6-2 商法に規定する株主総会までの流れ

期間	会社の決算手続	株主対抗手段
8週間前	・取締役会で承認（281Ⅰ） ・監査役会，会計監査人に提出（特12Ⅰ）	
7週間前		
6週間前		・株主提案権行使（232の2）
5週間前	・取締役会は付属明細書の承認（281Ⅰ） ・監査役会，会計監査人に提出（特12Ⅱ）	・書面による説明要求事項の通知（237の3）
4週間前	・会計監査人は監査役会と取締役に監査報告書を提出（特13Ⅰ）	
3週間前	・計算書類，付属明細書，監査報告書の備置（282Ⅰ）	
2週間前	・株主総会招集通知の発送（232Ⅰ）	・計算書類，付属明細書，監査報告書の閲覧，謄写請求（282Ⅱ，特15，23Ⅳ，25）
1週間前		
3日前まで		・議決権不統一行使通知（239の2）
前日まで		・大会社，株主1,000人以上の会社の議決権代理行使書面の提出（特21の3） ・株式買取請求のための反対通知（237の2） ・総会検査役選任請求（237の2）
株主総会当日		・議決権の行使
株主総会後およびその他	・貸借対照表，損益計算書，その他の要旨の遅滞ない公告（特16Ⅱ）	・会計帳簿閲覧請求（293の6） ・業務，財務状況調査のための検査役選任請求（294）

（出所）　筆者作成。

に行わなければいけない。上記の例のように，従来，海外に在住する株主は，議決権行使を郵送で行う場合，多くの時間がかかるとともに，無事到着したのかという確認がとれないでいた。それが，今回の改正により，E-mailやWebによって議決権行使をすることが可能となり，株主の権利保護に大いに役立ったといえよう。

　3つ目として，これらの改正は，安価で簡便な議決権行使を行えるようにした。たとえば，インターネットに接続する環境さえ整っているならば，数分で議決権行使を行うことができ，日本語の他に英語などを併記することもWebでは容易なことである。また，不明な点などがあった場合には，E-mail等で問い合わせをすることも容易で，企業と株主との距離がいっそう狭まったといえよう。

　また，従来の議決権行使，および今回導入された議決権行使IT化の2つの一連の流れを表した図6-2からも，議決権行使の幅が広がり，企業と株主の双方にとってメリットのあるものであるということができよう。

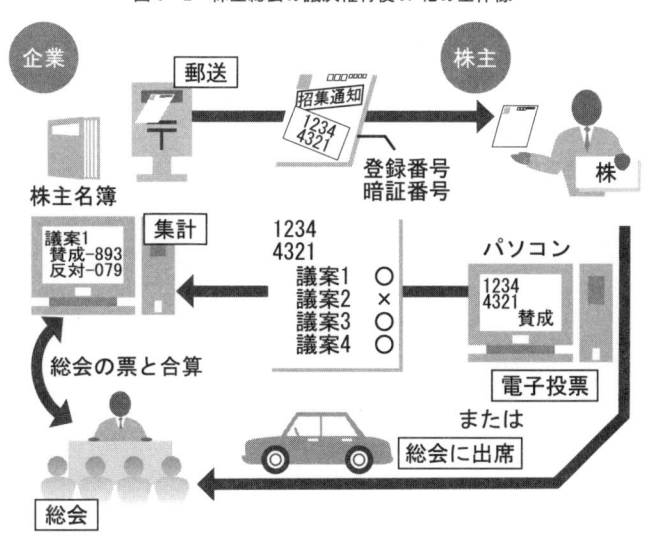

図6-2　株主総会の議決権行使IT化の全体像

（出所）http://www.yomiuri.co.jp/atmoney/net/net02071202.htm
　　　　（最終アクセス2002年12月13日）

3.3 議決権行使の IT 化の具体的な方法

議決権行使を IT 化する方法は，株主にインターネットに接続する環境が整っていることを前提とするが，1) Web 方式，2) E-mail 方式，の 2 つを選択することができる。まず，1) Web 方式とは，企業が指定した Web サイトに株主がアクセスし，議決権を行使する方法である。この方式を利用するためには，① 企業側で議決権行使 Web サイトの構築，② 企業が株主に ID（または議決権行使コード）とパスワードをあらかじめ伝達する，ことが必要である。

Web 方式では，表 6-3 にまとめたように，企業側の長所は，1) リアルタイムで議決権行使状況を把握することができる，2) 株主の本人確認が確実に，容易にすることができる，3) 既存の株主データを利用し，比較的容易にデータベースを作成することができる，4) 議決権行使期限の直前まで投票を受け付けることができる，5) 議決権行使に関わるすべての情報を入手し，長期間確実に保管することが可能である，という 5 つである。また，

表 6-3 Web 方式による議決権行使の IT 化の長所と短所

	Web 方式
	企業（議決権集計側）
長所	1) リアルタイムで議決権行使状況を把握することができる。 2) 株主の本人確認が確実に，容易にすることができる。 3) 既存の株主データを利用し，比較的容易にデータベースを作成することができる。 4) 議決権行使期限の直前まで投票を受け付けることができる。 5) 議決権行使に関わるすべての情報を入手し，長期間確実に保管することが可能である。
短所	1) システムの構築や管理に，郵送方式よりも費用がかかる場合が多い。 2) 株主から企業へのアクセスとなるため，企業から株主への情報伝達にはむいていない。
	株主（議決権行使側）
長所	1) 既存の郵送による議決権行使よりも在宅で手軽に行える。 2) 詳しい企業情報を手に入れることが可能である。 3) 議決権行使記録の写しを保管することができる。
短所	1) ID（議決権行使コード）とパスワードの入手，保管など備忘記録や自己管理を行う必要がある。 2) ID（議決権行使コード）とパスワードの紛失時，株主の認証や再交付に手間と時間がかかる。

(出所) 筆者作成。

短所は，1) システムの構築や管理に，郵送方式よりも費用がかかる場合が多い，2) 株主から企業へのアクセスとなるため，企業から株主への情報伝達にはむいていない，の2つである。一方，株主側の長所は，1) 既存の郵送による議決権行使よりも在宅で手軽に行える，2) 詳しい企業情報を手に入れることが可能である，3) 議決権行使記録の写しを保管することができる，の3つである。また，短所は，1) ID（議決権行使コード）とパスワードの入手，保管など備忘記録や自己管理を行う必要がある，2) ID（議決権行使コード）とパスワードの紛失時，株主の認証や再交付に手間と時間がかかる，の2つである。

また，2) E-mail方式とは，全ての議決権行使に関わる作業を，企業と株主とがE-mailを通じて行う方法である。この方式を利用するためには，① 企業側は事前に株主のE-mailを把握，② 企業は独自のE-mail暗号化システムを構築，することが必要である。

E-mail方式では，表6-4にまとめたように，企業側の長所は，1) 個々の株主と直接やりとりを行うため，綿密なフォローを行える，2) 同時にIR（インベスター・リレーションズ）活動を行うことが可能である，3) 企業情

表6-4 E-mail方式による議決権行使のIT化の長所と短所

	E-mail方式
	企業（議決権集計側）
長所	1) 個々の株主と直接やりとりを行うため，綿密なフォローを行える。 2) 同時にIR（インベスター・リレーションズ）活動を行うことが可能である。 3) 企業情報等を一括してE-mailで行うことができる。
短所	1) 議決権行使集計作業等が大変煩雑である。 2) 専属の株主に対応する者の設置が必要である。 3) 人件費，通信費等がWeb方式よりも多くかかる。 4) 株主本人確認がスムーズにできない。 5) 株主のE-mailアドレス変更時に確認作業等を行う必要がある。
	株主（議決権行使側）
長所	1) 不明な点，疑問点などを直接企業に問い合わせることができる。 2) 企業情報等をE-mailにて受信することができる。
短所	1) 定期的にE-mailのチェックを行う必要がある。

（出所） 筆者作成。

報等を一括して E-mail で行うことができる, の3つである。また, 短所は, 1) 議決権行使集計作業等が大変煩雑である, 2) 専属の株主に対応する者の設置が必要である, 3) 人件費, 通信費等が Web 方式よりも多くかかる[16], 4) 株主本人確認がスムーズにできない, 5) 株主の E-mail アドレス変更時に確認作業等を行う必要がある, の5つである。一方, 株主側の長所は, 1) 不明な点, 疑問点などを直接企業に問い合わせることができる, 2) 企業情報等を E-mail にて受信することができる, の2つであり, 短所は, 定期的に E-mail のチェックを行う必要がある, ことである。

3.4 Web 方式と E-mail 方式との選択基準

このように, Web 方式と E-mail 方式とも長所と短所を有している。そこで, 両者の特徴点をまとめると, Web 方式は, 議決権の集計作業やデータベース化に優れているが, 企業から株主に対する情報提供には向いていない。他方, E-mail 方式は, 個々の株主との緊密な関係を築くことができるが, 多くの手間と費用がかかる。

そもそも, 議決権行使の期間は, 株主総会開催前2週間であるため, 短期間で多くの議決権を取り扱うことになる。そのため, 議決権行使の IT 化にともなう Web 方式と E-mail 方式の2つは, それぞれの企業の規模や株主の数などを考慮して決定することが望ましいと考えられる。しかし, Web 方式は, IT の性質上, 常に利用者側の知識不足や技術的なトラブルが予想されるため, 事前や議決権行使時の E-mail 登録を推奨することにより, 同時に E-mail 方式の長所である株主との緊密な関係を築くことがよいであろう。

2002 年の株主総会から議決権行使の IT 化を行っている代表的な企業を調査すると, 表 6-5 にあらわされるように, 多くの場合 Web 方式を採用している。また, E-mail 方式や郵送方式の部分的な併用もおこなっている。議決権行使の IT 化は, まだ始まったばかりであり, 移行期にあると考えられるが, 株主のデジタルデバイドなどの問題への対応といった観点からも, このながれが主流になるであろう[17]。

表6-5 議決権行使のIT化と企業による実践

	Web方式	E-mail方式	その他
ソニー	議決権行使コードとパスワードによる議決権行使	・次年度Web方式を希望する場合は，E-mailの登録	名義書換人—UFJ信託銀行 ・議決権行使コード郵送通達 ・Webサイトは日本語のみ
NEC	議決権コードとパスワードによる議決権行使	なし	名義書換人—住友信託銀行 ・Webサイトは日本語のみ
富士通	議決権行使コードとパスワードによる議決権行使	・次年度Web方式を希望する場合は，E-mailの登録	名義書換人—UFJ信託銀行 ・議決権行使コード郵送通達 ・Webサイトは日本語のみ
NTTドコモ	議決権行使コードとパスワードによる議決権行使	なし	名義書換人—UFJ信託銀行 ・郵送方式とWeb方式の選択可 ・Webサイトは日本語のみ

(出所) 筆者作成。

4 議決権行使のIT化における企業の実践と課題

4.1 議決権行使のIT化のモデル

　企業は，株式事務に関する業務に多岐にわたる専門的な知識と正確な事務処理が要求されるため，名義書換代理人（株式事務代行機関）への株式事務の委託が義務付けられている。名義書換代理人の重要な業務の1つとして株主総会に関する一連の処理があり，ほとんどの企業の議決権行使の処理を名義書換代理人が行っている。そのため，企業側が議決権行使のIT化によって行うべきスケジュールは，名義書換代理人への情報提供と補助作業であり，表6-6のように表すことができる。

　まず，6月下旬に株主総会が開催されると想定すると，3月末の株主総会議決権基準日と4月中旬から下旬の株主確定に引き続き，4月下旬の取締役会において計算書類の承認とともに，議決権行使のIT化採用と，それを名義書換代理人へ指示する。この際，UFJ信託銀行等の代表的な名義書換代理人は議決権行使のIT化に対応しているが，あらかじめ自社の委託している名義書換代理人への確認を行っておく必要がある。

表6-6 議決権行使のIT化を採用する場合の株主総会までのスケジュール例

期日	スケジュール
3月末	・株主総会の議決権基準日
4月中旬―下旬	・株主確定
4月下旬	・取締役会（計算書類承認） →「電磁的な議決権行使」の採用決議 →名義書換代理人に「議決権行使システム」利用を指示
5月下旬	・決算取締役会（招集事項等決定） →名義書換代理人に議案内容を指示 →招集通知をPDFファイル化
6月上旬	・招集通知（紙）発送 (今回の総会時に次回「招集通知メール」の送信を希望する株主：次年度以降，E-mailにて招集通知を送信) ・Webに招集通知PDFファイルを掲載
6月中旬	・株主が議決権を行使（書面・Web＝総会前日24：00まで受付） ・Webで行使する株主からは，同時に，次回招集通知のE-mail送信希望をWeb上で受付
6月下旬	・株主総会（IT行使・郵送・当日出席株主の重複行使を確認）

(出所) 中西敏和［2002］を一部修正して筆者が作成。

　つぎに，5月上旬，取締役会が決定した招集事項や決議内容の詳細を，Web上に入力するなどの事前準備を行わせるために名義書換代理人に指示する。また，株主総会招集通知を自社のWeb上に掲載するためにPDFファイル化する。そして，6月上旬，全株主に招集通知を郵送するとともに，E-mailでの招集通知を事前に希望した株主には，郵送に加えてE-mailでも招集通知を発送する。

　さらに，株主が議決権行使を行う期限である株主総会の前日24：00まで，株主への対応補助業務にあたり[18]，株主総会当日には，郵送方式や当日出席により議決権行使をした者の集計と，Web方式の議決権行使をした者との重複の確認作業をおこなう。

　以上が，議決権行使のIT化の一連の流れであるが，議決権行使のIT化を取締役会が決定してから株主総会を迎えるまで極めて短期間である。そのため，企業側は，①株主へのIT化についての啓蒙活動（各種報告書への記載や説明会等での言及），②早期の名義書換代理人への指示，の2つを行っ

ておくことが重要である。

4.2 議決権行使のIT化による課題と解決策

議決権行使のIT化による課題は，表6-7に表されるように，1) セキュリティー問題，2) 議決権行使の簡便化，の2つに焦点が集まる。まず，1) セキュリティー問題に関しては，① 伝送経路のセキュリティー確保，② 株主や議決権行使情報の厳重管理，③ ハッキング対策（社内・社外），④ コンピューターウイルス対策，⑤ 電子証明システムの構築，の5つが考えられる。これらの解決策としては，順に，① SSL（Secure Sockets Layer）128bit暗号化技術システムの採用（万一情報が漏洩した場合においても解読できない方式），② 複数のサーバーによる二重管理，③ 外部侵入者防止のためのファイアーウォール構築と社内からのデータ流出防止のためのネットワーク管理者による社内認証システム構築，④ コンピューターウイルスチェックプログラムの導入，⑤ 郵送によるIDとパスワードの発行およ

表6-7 議決権行使のIT化における課題と対策

	セキュリティー問題	議決権行使の簡便化
課題	①伝送経路のセキュリティー確保 ②株主や議決権行使情報の厳重管理 ③ハッキング対策（社内・社外） ④コンピューターウイルス対策 ⑤電子証明システムの構築	①IDやパスワードの認証失敗時の適切な対応 ②インターネットを利用できない株主への配慮 ③海外株主への対応
解決策	①SSL（Secure Sockets Layer）128bit暗号化技術システムの採用（万一情報が漏洩した場合においても解読できない方式） ②複数のサーバーによる二重管理 ③外部侵入者防止のためのファイアーウォール構築と社内からのデータ流出防止のためのネットワーク管理者による社内認証システム構築 ④コンピューターウイルスチェックプログラムの導入 ⑤郵送によるIDとパスワードの発行およびWebによる発行システムの構築	①ITによる議決権行使を担当する専門者の設置 ②郵送議決権行使の併用 ③英文による議決権行使Webサイトの設置

（出所）　筆者作成。

び Web による発行システムの構築，を行うことが必要であると考えられる。

つぎに，2) 議決権行使の簡便化に関しては，① ID やパスワードの認証失敗時の適切な対応，② インターネットを利用できない株主への配慮，③ 海外株主への対応，の 3 つが考えられる。これらの解決策としては，順に，① IT による議決権行使を担当する専門者の設置，② 郵送議決権行使の併用，③ 英文による議決権行使 Web サイトの設置，を行うことが必要であると考えられる。

5 おわりに

今日，多くの企業で IT 化が進んだ結果として，ほとんどの上場企業がホームページを持ち，そこがあらゆる情報発信基地としての役割を有している。近年では，ホームページ上で決算報告書説明会や株主総会のライブ中継を行ったり，アニュアルリポートや有価証券報告書といった情報提供もおこないつつある。しかし，これらは，企業側が利害関係者の利用を想定して情報を掲載するという一方通行的な IT の利用の域を脱してはいなかった。

その間に IT は，セキュリティーの強化といったハード面と，IT を利用する人口の増加というソフト面とが整ったことにより，飛躍的に企業側の利用範囲が拡大することになった。その 1 つとして，現代企業制度の基礎である議決権行使に，IT が利用されることになったのである。第 6 章では，コーポレート・ガバナンスと議決権行使の IT 化との関係，議決権行使の IT 化の要請や方法，実践と課題，について解明した。しかし，周知の通り，IT は，日進月歩で進化し続けており，議決権行使の IT 化の分野でも，今後も，より完璧を目指した技術開発が行われていくことが確実である。

そのため，当面，議決権行使の IT 化の問題は，第 6 章で提起した技術的な課題と解決策に力点をおいて研究を続けていくことが必要である。その他にも，企業側は議決権行使の集計がいつでも簡単に行えてしまうなどの秘密投票や株主の基本的権利の侵害に関する問題を含んでいるため，企業倫理な

どにも関係することになる。また，企業による情報利用や管理に関する規制なども考慮していく必要がある。

　加えて，第6章では，企業のコーポレート・ガバナンス構築のために，情報技術つまり経営情報学が果たしていく役割が大きいことも明らかにした。冒頭でもふれたように，コーポレート・ガバナンスは，幅広い分野で研究が行われている。コーポレート・ガバナンスと経営情報学との関係は，未開拓の分野であるが，今後，研究を深化させていかなくてはならないことを痛切に感じる。

注
1　平田光弘［2001b］なお，ここでは，コーポレート・ガバナンス論の体系化についてもその必要性と試案が提示されている。
2　このころから機関投資家は，原則を用いて企業のコーポレート・ガバナンス構築を迫るようになった。特に，CalPERSは，日本向けにCalPERS［1998b］を策定し，そのなかで，コーポレート・ガヴァナンス原則策定委員会［1998］を遵守することなどを要求している。
3　日本の企業経営機構体制については，小島大徳［2002b］を参照のこと。
4　OECD［1999］。
5　OECD［1999］。
6　なお，ICGNは，ICGN［1999］以外にも，議決権行使の障壁排除と，そのモデル像を提示することを目的にICGN［1998］を公表し，それを達成できているかを定期的にチェックするという活動を行っている。詳しくは，ICGN［2000a］［2000b］参照のこと。
7　CII［2001］。
8　CII［2001］。
9　TIAA-CREF［2001］。
10　TIAA-CREF［2001］。
11　Hremes［2001］。
12　原則の基本的な性質については，小島大徳［2002a］を参照のこと。
13　2002年5月，大幅な企業法制度が行われた。その際にさまざまな方面から提言や意見書が公表されている。これについては，原田晃治［2001］を参照のこと。
14　日本国内の原則については，小島大徳［2002a］および平田光弘［2000］を参照のこと。
15　議決権行使のIT化は，取締役会の決議により採用することができ，これに関して株主の承諾をえる必要がない。
16　Web方式とE-mail方式との比較における，人件費，通信費等とは，Web方式のシステム構築と維持コストを含めていない。
17　表6-5で明らかにされるように，議決権行使のIT化は，IT関連業界が積極的に導入を行っている。
18　議決権行使のIT化を選択した場合，そのほとんどの対応業務と議決権の集計作業等は，名義書換代理人が行うことになる。

参考文献

邦語文献

小島大徳［2003a］「コーポレート・ガバナンス原則と企業の実践―企業独自原則の策定を目指して―」『日本経営学会誌』第9号，千倉書房，26-40頁。

小島大徳［2003b］「コーポレート・ガバナンスと議決権行使のIT化―企業による実践と課題―」『経営情報学会誌』第11巻第4号，経営情報学会，33-46頁。

小島大徳［2003c］「世界のコーポレート・ガバナンス原則―原則の策定系譜，類型と役割―」『経営実践と経営教育理論―経営教育研究6―』学文社，129-163頁。

小島大徳［2003d］「国際機関と機関投資家のコーポレート・ガバナンス原則」『横浜経営研究』第23巻第4号，横浜国立大学経営学会，89-108頁。

小島大徳［2003e］「コーポレート・ガバナンス原則の体系化―原則に関する研究領域と研究課題―」『東洋大学大学院紀要第39集』東洋大学大学院，87-108頁。

小島大徳［2002a］「日本のコーポレート・ガバナンス原則―原則策定の背景と課題―」日本経営教育学会編『新企業体制と経営者育成―経営教育研究5―』学文社，33-52頁。

小島大徳［2002b］「企業経営機構とコーポレート・ガバナンス―米国と日本の国際比較による現状と今後の展望―」『東洋大学大学院紀要第38集』東洋大学大学院，225-244頁。

コーポレート・ガヴァナンス原則策定委員会［1998］『コーポレート・ガヴァナンス原則―新しい日本型企業統治を考える―(最終報告)』日本コーポレート・ガバナンス・フォーラム。

原田晃治他［2001］『会社法制の大幅な見直しに関する各界意見の分析―会社法の抜本改正に係る「中間試案」に対する意見―』別冊商事法務 No.244，商事法務研究会。

平田光弘［2001a］「OECDのコーポレート・ガバナンス原則」『経営研究所論集』第24号，東洋大学経営研究所，277-292頁。

平田光弘［2001b］「21世紀の企業経営におけるコーポレート・ガバナンス研究の課題―コーポレート・ガバナンス論の体系化に向けて―」『経営論集』53号，東洋大学経営学部，23-40頁。

平田光弘［2000］「1990年代の日本における企業統治改革の基盤作りと提言」『経営論集』51号，東洋大学経営学部，81-106頁。

中西敏和［2002］「株主総会のIT化と実務の対応」『商事法務』No.1625，商事法務研究会，27-35頁。

日本コーポレート・ガバナンス委員会編［2001］『改訂コーポレート・ガバナンス原則』日本コーポレート・ガバナンス・フォーラム。

外国語文献

Cadbury Report [1992], *Report of the Committee on the Financial Aspects of Corporate Governance*, Gee and Co. Ltd.

CalPERS [2001], *Global Proxy Voting Guidelines*, California Public Employees' Retirement System.

CalPERS [1999], *Global Corporate Governance Principles*, California Public Employees' Retirement System.

CalPERS [1998b], *Japan Market Principles*, California Public Employees' Retirement System.

CalPERS [1998c], *Corporate Governance Core Principles & Guidelines : The United States*, California Public Employees' Retirement System.

CII [2001], *Core Policies, General Principles*, Positions & Explanatory Notes, Council of

Institutional Investors (U.S.).
Greenbury Report [1995], *Report of a Study Group chaired by Sir Richard Greenbury*, Gee and Co. Ltd.
Hampel Report [1997], *Committee on Corporate Governance*, Gee and Co. Ltd.
Hermes [2001a], *Statement on UK Corporate Governance & Voting Policy*, Hermes Pensions Management Limited.
Hermes [2001b], *Hermes Corporate Governance Activities*, Hermes Pensions Management Limited.
Hermes [2001c], *Hermes International Corporate Governance Principles*, Hermes Pensions Management Limited.
Hermes [2001d], *Explanatory Note to Hermes' International Corporate Governance Principles*, Hermes Pensions Management Limited.
Hermes [1998], *Hermes' Statement on Corporate Governance and Voting Policy – 1998*, Hermes Pensions Management Limited.
ICGN [2000a], *Statement on Global Implementation of ICGN Share Voting Principles*, International Corporate Governance Network.
ICGN [2000b], *Resolution on the Mandate of the Standing Committee on Share Voting*, International Corporate Governance Network.
ICGN [1999], *ICGN Statement on Global Corporate Governance Principles*, International Corporate Governance Network.
ICGN [1998], *ICGN Global Share Voting Principles*, International Corporate Governance Network.
OECD [1999a], *OECD Principles of Corporate Governance*, Organisation for Economic Co-operation and Development.
OECD 閣僚理事会・OECD 民間諮問委員会編 [2001]『OECD のコーポレート・ガバナンス原則』金融財政事情研究会。
TIAA‐CREF [2000], *TIAA‐CREF Policy Statement on Corporate Governance*, Teachers Insurance and Annuity Association College Retirement Equities Fund.

第 7 章

企業独自コーポレート・ガバナンス原則
―企業独自原則を用いた企業経営の実践―

1 はじめに

　今日，コーポレート・ガバナンスには，企業不祥事を防止する役割と，企業競争力を強化する役割との，2つの側面があると，多くの研究者や実務家が主張している。それを裏付けるように，海外の，エンロン，ワールドコムや，国内の，雪印，東京電力などの一連の企業不祥事や，企業の業績低迷による企業競争力強化の問題では，必ず，コーポレート・ガバナンスがその議論の中心にのぼるのである。だが，1990年代後半から，こうした傾向に警笛を鳴らす指摘が出されはじめた。その代表的なものは，平田光弘［2001c］が「企業統治の抑制機能（企業不祥事への対処―筆者）と促進機能（企業競争力の強化―筆者）とに過大な期待を寄せることは，厳に慎まなければならない[1]」との主張である。つまり，コーポレート・ガバナンスは，万能薬ではなく，正しい診察と，適切な処方との，つまり具体的な行動計画と，その実行があってこそ，機能するものであるということであろう，と筆者は理解する。

　一方，コーポレート・ガバナンスの議論が深まるにつれて，1つのガバナンス像を明示するため，世界中のあらゆる機関や団体は，コーポレート・ガバナンス原則（以下「原則」という）を策定している。この原則は，今日，各国の上場規則として採用されたり，企業法制度の枠組みを形成するなど，

影響力をあらわしている。しかし，このような原則にも大きな弱点がある。たとえば，大部分の原則は，無数に存在する企業を一括りにこれを適用しようとするため，その実効性や強制力に限界があることである。

そこで，冒頭のコーポレート・ガバナンスの行動計画と実行を，近年，注目されている原則に求めて解決しようとしたのが，第5章であった。ここでは，各企業の規模や業種などにあわせて企業が独自に原則の策定をすることを提言したのである。これにより，経営者が原則策定に関与しコーポレート・ガバナンスだけではなく企業倫理などの意識の向上を生むと同時に，各企業に直接的かつ具体的なコーポレート・ガバナンス構築の道筋を与えてくれるのである。

第7章の主目的は，第5章で残された課題であった企業独自原則の詳細な内容と具体的な策定方法とを示すことにある。そのために，第1節では，今までの研究をまとめ，企業独自原則の概要とその有用性について論説する。第2節では，公的・私的国際機関や機関投資家の原則を検討し，企業独自原則がなぜ必要とされているかについて考察する。第3節では，第5章で取り上げたソニーや日産自動車，トヨタ自動車，に加えて，帝人グループの事例を取り上げ，最新の企業における原則の実践状況を確認する。第4節では，これまで取り上げた企業における原則の実践状況を総合的に分析し，今日における企業独自原則策定の位置づけを行う。第5節では，企業独自原則の具体的な策定方法と詳細な内容について私見を述べることにする。

2　コーポレート・ガバナンスと企業独自コーポレート・ガバナンス原則

2.1　コーポレート・ガバナンス原則策定の背景

原則は，世界中のあらゆる機関や団体で策定されており，その数は，代表的なものだけでも400を下らなかった[2]。このように盛んに原則が策定されている背景には，多様化するコーポレート・ガバナンス問題の議論をひとまずまとめ，一応のモデルを提示しようとする動きがあった。まず，原則の策

定がはじまった1990年代初頭は，原則を策定し，各企業に模範的な企業経営のあり方を示す性格のものであった。その後，世界的にコーポレート・ガバナンスの議論が，経営学分野だけではなく，法学，経済学，会計学，財務論などにも波及していくにつれて，原則の扱う範囲も広がり，上場規則に制定されはじめたり，企業法制度に導入されたりと，その影響力を拡大していくことになった。そして，1990年代後半になると，原則は，2つの潮流に分かれていくことになる。

1つ目の潮流は，企業経営が高度にグローバル化したことにともない，原則も世界標準化の道を模索するようになったことである。この世界標準原則の策定に向けた取り組みは，経済協力開発機構（OECD）やインターナショナル・コーポレート・ガバナンス・ネットワーク（ICGN），グローバル・コーポレート・ガバナンス・フォーラム（GCGF）などが中心となって進められている。そして，これらの機関が目指しているであろう世界標準原則は，参照可能性と非拘束性[3]の2つの性質を有しているのである。

2つ目の潮流は，様々な機関により原則が策定されはじめたことにともない，原則の二極化が進んでいることである。国際機関や一部の機関投資家によって策定されている原則（世界標準原則）は，企業に対して直接的に影響を与えることが事実上不可能である。なぜならば，これらの原則は，各国や他の機関や団体が原則を策定したり，企業が経営を行う上で参考にし，また，法や規則と違って強制力を有していないからである。そのため，より企業に根ざした行動指針原則の必要性が高まっているのである。

しかし，これら2つの潮流は，今なお過渡期にあり，明確な道筋を立てられずにいる。それは，なぜか。筆者は，原則が企業へ浸透していく過程だけに重きが置かれ，原則を用いた企業経営の実践という企業経営からの視点が欠如しているからであると考えている。

2.2 企業独自コーポレート・ガバナンス原則の有用性

いくら良くできた原則であっても，日本中，または世界中にたくさんある企業の各々に適合するのは，事実上不可能である。そこで，第5章では，企

業経営に直結する原則の策定を企業に求めた。そして，企業が独自に原則を策定し，それを実施していくことを提言した。

これを詳しくみていくと，各企業は，「一般的な原則（企業独自原則以外の原則―筆者）に加えて，各企業が個別に企業経営目標と企業戦略とを加味し，それぞれの企業経営環境に適合した実践的な企業独自の原則を策定する必要がある[4]」とする。そして，そのなかには，当然のこととして，企業経営機構改革に関する内容も中心に据えられるべきであるという[5]。

また，企業独自原則の策定に関しては，当然のごとく経営者も直接的にせよ間接的にせよ関与することになるため，経営者のコーポレート・ガバナンスに関する意識の高まりと，モラルの向上とを期待することができるのである。これは，平田光弘［2002］が，「コーポレート・ガバナンス問題は，つまるところ経営者問題[6]」であるとの論からも裏付けられるのである。

このように，企業独自原則策定の有用性が生まれてくるのであり，企業独自原則は，それぞれの企業のコーポレート・ガバナンス構築を推し進めるツールとなると考えられる。

2.3　企業独自コーポレート・ガバナンス原則の概要

最近では，執行役員制の導入などの企業経営機構改革を行うことにより，企業競争力の強化を行う体制をつくることができるとした比較研究や実証研究，および企業による実施がなされている。しかしながら，筆者は，いかなる先進的な企業経営機構体制を構築しようとも，経営者による強いコーポレート・ガバナンスに対する意思がなければ，それは全く意味がなく，それらの研究や単なるブームに流された企業経営機構体制の模倣は何の成果も生まないと考える。

つまり，各企業に必ずあるはずの企業経営目標（企業戦略）を基にした企業経営機構改革を行わなければ，本来のコーポレート・ガバナンス問題は，永遠に解決をみないことになる。付け加えるならば，企業は，無意識のうちにこれを行っていることがあるが，明確にこの両者を繋げて経営を行っている企業は，今のところ少ないといわざるを得ない。繰り返し強調するが，企

業は，企業経営目標（企業戦略）と企業経営機構改革とをもちあわせた企業独自原則を策定・実行することが，最善のコーポレート・ガバナンス構築の手段なのである。そして，第5章で取り上げた日産自動車，ソニー・トヨタ自動車の例に加えて，最近では，これまでより一歩踏み込んだ企業内部による原則策定作りが行われ始めている。

そこで，企業独自原則の必要性を，第5章では，企業が原則を用いた経営の実践例から確認したが，これをさらに補強するために，世界でも代表的な原則により企業が独自に原則を策定した内容をみることで，その必要性を再度確認することから論じていく。

3 コーポレート・ガバナンス原則による企業独自コーポレート・ガバナンス原則策定の要請

3.1 公的国際機関のコーポレート・ガバナンス原則による企業独自原則策定の要請

原則は，現在もなお，世界中で策定が行われている。原則の策定機関は，主として，国際機関，機関投資家，各国内機関，の3つに分類されるが[7]，今日，代表的な原則だけでも，おおむね8の国際機関，10の機関投資家，38カ国において策定されている[8]。そして，筆者が可能な限り原則を収集した結果によると，世界中で，400以上の原則が策定されている[9]。かりに，原則の影響力の大小を無視したならば，その数は，膨大なものとなるであろう。そのなかでも，最も世界標準原則に近いとされる経済協力開発機構（OECD）が策定した『OECDコーポレート・ガバナンス原則（OECD原則）[10]』を，まず，企業独自原則策定を要請している例として取り上げる。なお，この節では，企業独自原則に関する記述がある原則内容を抜粋した表7-1を用いて論を進めていく。

第7章 企業独自コーポレート・ガバナンス原則　157

表7-1　コーポレート・ガバナンス原則による企業独自原則策定の要請

策定機関	策定原則名	策定年	原則内容
OECD（経済協力開発機構）	OECD原則	1999年	**Ⅳ情報開示と透明性** **勧告A（あらゆる企業情報の開示）** 情報開示は，以下の事項に関する重要情報を含むべきであるが，これに限定する必要はない。 7．ガバナンス構造とガバナンス方策 **Ⅴ取締役会の責任** **勧告D（取締役会の重要な機能）** 取締役会は，以下の事項を含む重要な機能を遂行するべきである。 6．ガバナンスの実践の効果を監視し，必要とあらば，変更すること。
ICGN（インターナショナル・コーポレート・ガバナンス・ネットワーク）	ICGN原則	1999年	**原則9（企業市民）** 2（企業経営政策の開示）雇用や環境等に伴う問題に対しては企業経営政策を発表するべきである。 **原則10（コーポレート・ガバナンス原則の実行）** 1（コーポレート・ガバナンス原則の策定）コーポレート・ガバナンス原則は，企業がコーポレート・ガバナンスを実行できるように投資家等により，開発・発展されるように努力すべきである。 2（コーポレート・ガバナンス原則の実行）企業の利害関係者と緊密に連絡をとり，コーポレート・ガバナンス原則が実行されるような環境を構築するべきである。
CII（取締役協会）	CII原則	2001年	＊見解2（取締役の規模と業務） 2（取締役等の兼任）取締役や経営者の兼任についてのガイドラインを作成するべきである。
CalPERS（カリフォルニア州公務員退職年金基金）	CalPERS国際原則	1997—1998年	対日国際原則　　原則3　JCGF原則を遵守すること 対英国際原則　　原則2　3委員会報告書の教科 　　　　　　　　原則3　原則の継続的検証 対独国際原則　　原則2　DSW原則の遵守 対仏国際原則　　原則2　Vienot委員会報告書の遵守 　　　　　　　　原則3　原則の継続的検証
CalPERS（カリフォルニア州公務員退職年金基金）	CalPERS原則	1998年	**原則B（取締役会のプロセスと評価）** 1（コーポレート・ガバナンス原則）取締役会は，それぞれコーポレート・ガバナンス原則を持ち，規則的に評価するべきである。 ＊3（取締役の実行基準）取締役会は，独自に実行の基準を策定し，定期的にそれらの基準に対して，再調査を行うべきである。 ＊4（基準の策定）独立取締役は，CEOパフォーマンス基準や報酬基準を確立し，定期的に見直されるべきである。

Hermes	Hermes 原則	2001年	**原則1 (一般原則)** ＊5 (コーポレート・ガバナンス原則の標準化) このコーポレート・ガバナンス原則は，世界標準となるコーポレート・ガバナンス原則へのアプローチをサポートする。そのために，コーポレート・ガバナンス原則が結合していくことを推奨する。 **Hermes 行動規範** 行動規範6 (企業の統合規範の遵守) Hermes は，コーポレート・ガバナンスの統合規範の策定を歓迎し，その推薦を企業に行う。
TIAA-CREF	TIAA-CREF 原則	2000年	原則9 (TIAA-CREF 等との対話) 1 (逐次情報提供) 我々が投資している企業は，ガイドラインや最新情報を供給するべきである。 2 (ガイドラインの向上) 企業は，ガイドラインを向上させるために有識者からの提案を定期的に求めるべきである。 3 (非公式会合) 企業の経営者，責任者，TIAA-CREF のマネージャーがガイドラインを再検討するために，時折の非公式会議を手配するべきである。 4 (ガイドラインの公表) ガイドラインを他の主要な機関投資家に送り，要求に関してそれらを利用可能にし，それらを適切な情報を適切な機関に伝え，そして，TIAA-CREF の参加者，参加している制度が変更のために提案を再検討して提供するために，それらを公表するべきである。 5 (改善) 指摘された欠点に関して企業のコーポレート・ガバナンス構造，または，方針における私的な討論を始めるべきである。

(注) 表中の＊は，各原則の企業独自原則の要請に関する参考とするべき原則内容である。
(出所) 小島大徳 [2003c] から筆者が抜粋する。

　OECD は，1999年に，経済に対するコーポレート・ガバナンスの重要性と政府・民間部門の相互作用の必要性とを認識し，国際的なコーポレート・ガバナンス問題を検討し，それをまとめた OECD 原則を公表した[11]。OECD 原則は，「Ⅰ株主の権利」「Ⅱ株主の公平な取扱い」「Ⅲ利害関係者の役割」「Ⅳ情報開示と透明性」「Ⅴ取締役会の責任」の5章から構成される。そのなかで，企業独自原則の策定に関しては，2つの章でこれを取り上げている。
　まず，Ⅳの勧告A (あらゆる企業情報の開示) において「情報開示は，以下の事項に関する重要情報を含むべきである」として，「7. ガバナンス構

造とガバナンス方策」を明記している。また，Ⅴの勧告D（取締役会の重要な機能）において「取締役会は，以下の事項を含む重要な機能を遂行するべきである」として，「6．ガバナンスの実践の効果を監視し，必要とあらば，変更すること」としている[12]。

ここでは，企業独自原則の策定要請を明言しているわけではないが，情報開示する項目としてガバナンス方策を取り上げていることと，取締役会がガバナンス実践の効果を監視することとを要請していることは，結果的に企業独自原則を企業が策定し，実践していくことで企業のコーポレート・ガバナンス構築問題を解決することができると考えられる。そして，この筆者の考えを実証する注目すべき原則を次で検討する。

3.2 私的国際機関のコーポレート・ガバナンス原則による企業独自原則策定の要請

OECD原則が公表された同じ1999年に，インターナショナル・コーポレート・ガバナンス・ネットワーク（ICGN）は，OECD原則を基にして，行動規範を定めた『ICGNコーポレート・ガバナンス原則（ICGN原則）[13]』を策定した。ICGN原則は，ICGNが最も重視する前半（原則本体）と，OECD原則をより実効性のある原則にするための補足となる後半（OECD原則へのICGN意見）とで構成される[14]。ICGN原則の前半は，「原則1 企業目的」「原則2 対話と報告」「原則3 議決権」「原則4 取締役会」「原則5 企業の報酬政策」「原則6 戦略上の焦点」「原則7 運営上のパフォーマンス」「原則8 株主リターン」「原則9 企業市民」「原則10 コーポレート・ガバナンスの実行」の10の原則項目から構成される。そのなかで，企業独自原則の策定に関しては，2つの原則項目でこれを取り上げている。

まず，原則9において「2（企業経営政策の開示）雇用や環境等をふくむ問題に対しては企業経営政策を発表するべきである」としている。また，原則10において「1（コーポレート・ガバナンス原則の策定）コーポレート・ガバナンス原則は，企業がコーポレート・ガバナンスを実行できるように投資家等により，策定・発展されるように努力すべきである」とし，続いて

「2(コーポレート・ガバナンス原則の実行)企業の利害関係者と緊密に連絡をとり、コーポレート・ガバナンス原則が実行されるような環境を構築するべきである」としている[15]。

ここでは、特に、原則10において、まさに企業独自原則を機関投資家などの利害関係者を含んだ形で、企業が独自に策定すること、その企業独自原則を実践していくことを要請していることが明らかとなる。このように、公的国際機関のOECD原則と、その原則を補強している私的国際機関のICGN原則とをまとめると、企業が独自に原則を策定し、実践していくことを望んでいることが明らかとなる。

3.3 機関投資家のコーポレート・ガバナンス原則による企業独自原則策定への要請

ICGN原則の原則10-1,10-2は、「……投資家等により、開発・発展されるように……[16]」や、「……企業の利害関係者と緊密に連絡をとり……[17]」と明記されている。このように、投資家や利害関係者を巻き込んだ形で、原則を策定するように要請するには、大きな理由がある。それは、これまでに、機関投資家は積極的に企業が独自に原則を策定するようにと、機関投資家の原則のなかで要請していたからである。

まず、アメリカの代表的な機関投資家であるカリフォルニア州公務員退職年金基金(CalPERS)は、1998年に、『CalPERSコーポレート・ガバナンス原則(CalPERS原則)[18]』を策定した。これは、「原則A 取締役の独立性とリーダーシップ」「原則B 取締役会のプロセスと評価」「原則C 個々の取締役の特性」「原則D 株主の権利」の4章から構成される。そのなかで、企業独自原則の策定に関しては、原則Bでこれを取り上げている。原則B-1では、「1(コーポレート・ガバナンス原則)取締役会は、それぞれコーポレート・ガバナンス原則を持ち、規則的に評価するべきである[19]」としている。

つぎに、同じくアメリカの代表的な機関投資家であるTIAA-CREFは、2000年に、『TIAA-CREFコーポレート・ガバナンス原則(TIAA-CREF

原則)²⁰』を策定した。これは,「原則1 取締役会」「原則2 株主の権利と代理人議決権行使」「原則3 役員報酬」「原則4 CEO 業務報告と後継者計画」「原則5 戦略立案」「原則6 受託者責任」「原則7 コーポレート・ガバナンス原則の世界標準」「原則8 社会的責任」「原則9 TIAA‒CREF と企業との対話」の9章から構成される。そのなかで,企業独自原則の策定に関しては,原則9でこれを取り上げている。原則9では,「1 (C・G 情報提供) 我々が投資している企業は,ガイドライン(ここでいう原則に近い形態のもの─筆者)や最新情報を提供するべきである」としている。そして,これを実現し,実行していくために,1つめとして,「企業はガイドラインを向上させるために有識者からの提案を定期的に求めるべきである」,2つめとして,「企業の経営者,責任者 TIAA‒CREF のマネージャーがガイドラインを再検討するために,時折の非公式会議を手配するべきである」,3つめとして,「ガイドラインを他の主要な機関投資家に送り,……(中略)……公表するべきである」,4つめとして,「指摘された欠点に関して企業のコーポレート・ガバナンス構造,または,方針における私的な討論を始めるべきである」と,4項目を取り上げている²¹。

そして,1997年から1998年にかけて CalPERS が策定した『CalPERS 国際コーポレート・ガバナンス原則(CalPERS 国際原則)²²』において,各国は,それぞれの国の代表的な原則を遵守するように求めている。そのことから,機関投資家は,企業が独自に原則を策定していくことを要請し,その具体的方策として各国の代表的な原則を使用することを推奨している,といえよう。そして,次に問題点の多い各国内機関の原則について,検討を行っていきたい。

3.4 日本のコーポレート・ガバナンス原則に対する提言

日本においても,今日まで数多くの原則が策定されている。第2章で論じたように,日本の原則は,企業不祥事への対処型原則と企業競争力強化型原則とに分けることができる。そして,これらの代表的な原則として,前者は,自由民主党や経済団体連合会,日本監査役協会から出され,後者は,経

済同友会や日本コーポレート・ガバナンス・フォーラム（JCGF）から出されている[23]。しかし、これらのどの原則にあっても、企業が独自に原則を策定していくべきであるという視点が欠けている。つまり、日本国内の原則は、最終的に企業が原則を運用（実践と継続的改訂）していくべきである、という視点を欠いているのである。これは、これまでみてきた、国際機関や機関投資家の原則が、企業の視点で、企業が原則を運用していくことを求めていることに逆行しており、全般的に日本の原則策定の流れや内容には疑問が残るのである。

　たとえば、日本の最も代表的な原則である、2001年にJCGFが策定した『改訂コーポレート・ガバナンス原則（改訂JCGN原則）[24]』は、企業がはじめて企業独自原則を策定する時に、参考にするべき点を多くふくんでいるが、同時に全般的に企業が守るべきルールブック的な感を受ける。要するに、企業には、様々な規模や業種などが存在するので、最低限の記述にとどめ、企業ごとに原則を策定していくことが、もっとも有効であると考えるのである。そうしなければ、原則の理想や理念だけが一人歩きし、企業はそれを活用していくことができなくなるおそれがある。

　以上のように、ここでは、公的国際機関、私的国際機関、機関投資家の原則のうちに企業が独自に原則を策定し、実施していくことを要請している内容を検討してきた。その結果、各原則は、企業がコーポレート・ガバナンス構築をしていくために、企業独自原則を策定し、実施していくことを強く求めていることが明らかになった。そして、企業独自原則は、実在する企業のケースを用いた包括的な原則の策定[25]、つまり企業の具体的な規模や業種などから分類される具体的な行動指針（企業独自原則）[26]の策定に有効であると考える。そこで、次節では、具体的に企業独自原則を策定している企業のケースを用いて、最近の動向を追い、その内容について検討を行う。

4 企業独自コーポレート・ガバナンスの策定に向けた実践

4.1 帝人グループの企業独自コーポレート・ガバナンス原則策定への取り組み

　帝人株式会社（通称にあわせ，以下では「帝人グループ」という）は，1999年4月28日から『アドバイザリー・ボードの設置と執行役員制度の導入（以下「帝人経営改革」）[27]』を主題とした企業経営改革を実施していた。この帝人経営改革は，1）経営の透明性を一層向上させるためのアドバイザリー・ボードの設置，2）戦略・方針の迅速な意思決定を行う機関としての取締役会機能の明確化，3）業務執行における意思決定の迅速化と責任体制の明確化を目的とする執行役員制度の導入，4）監査役会の監査機能を強化するための社外監査役の増員，の4つを主たる内容としていた。そのうえで，帝人グループは，刻々と変化する社会環境や法的環境などにあわせ，さらなる制度改善とその明確化を図るために，2003年4月8日，表7-2にあらわされる『帝人グループ"コーポレート・ガバナンスガイド"──コーポレート・ガバナンスとコンプライアンス，リスクマネジメントに関する指針──（以下「帝人グループ原則」という）[28]』を公表した。

表7-2　帝人グループのコーポレート・ガバナンス原則

帝人グループ"コーポレート・ガバナンスガイド 2003" ──コーポレート・ガバナンスとコンプライアンス，リスクマネジメントに関する指針──
Ⅰ．コーポレート・ガバナンスの考え方
1.企業は株主から資本を預託され，事業活動を通じて利益を挙げ，中長期的に株主価値を増大することを期待されている。この株主の付託に応えることが企業経営の基本的使命である。この基本的使命を踏まえた上で，企業は従業員そして債権者，顧客を含む取引先，消費者，地域住民と地域社会等の株主以外のステークホルダー（利害関係者）に対するそれぞれの責任を果たしていかなければならない。他方，企業は社会の一員であり，社会規範に沿った事業活動を行うとともに，社会に貢献しなければならない。
2.こうした基本の枠組みの中で優れた事業活動を行うことがコーポレート・ガバナンスを通じて企業経営者に求められるものであり，企業の繁栄とアカウンタビリティー（説明責任）に貢献するところにコーポレート・ガバナンスの重要性がある。
3.持株会社として帝人（株）はこうした考え方に基づき，経営の透明性，公正性を重視した経営

を行うとともに，情報の適時の開示を行う。また，企業の経営競争力を高めるために迅速な決定と執行を行える組織と仕組みを追求する。また，帝人（株）はそのグループ各社とその経営者に対し，原則を充分理解し，株主価値の増大に邁進するとともに優れた事業活動を行うよう求める。

Ⅱ．意思決定，監視・監督と監査の仕組み
1．取締役および取締役会
(1)　取締役会の役割
　取締役会は各決算期および中長期の株主価値の最大化を目的とし，且つ，株主以外のステークホルダーの立場にも充分な配慮を払いつつ，法定のあるいは法令が要請する事項や，帝人グループ全体の経営方針，全体計画など別途定める重要事項について審議し決定または承認する。また，取締役会はアカウンタビリティーの確保と情報開示について責任を持つと共に，コンプライアンスと経営をとりまくリスクのマネジメントについて方針を明確にし，その実施を監督する。
(2)　取締役会の構成と議長
1. 取締役数は10名程度とし，内3名程度を社外取締役とする。
2. 社内取締役の中から会長，社長を選任する。その他の社内取締役は原則としてCHIEF OFFICERSを兼任する。
3. 社外取締役は別途定める独立取締役要件を満足すべきものとする。社外取締役と帝人（株）の間で，「社外取締役の責任限定契約」を締結する。
4. 監視・監督と対内的業務執行の分離の一環として，取締役会の議長は会長とする。
(3)　会長の位置付けと代表権
1. 会長は対内的業務執行には携わらないものとし，別段の必要がある場合を除いて代表権を持たない。
2. 代表取締役は3名を原則とし，社長（CEO）の他に2名を，社内の取締役（社外取締役該当者以外）から選任する。
(4)　取締役の任期
　取締役の任期は1年とし，毎年改選するが，社外取締役を含めて，別途定める年齢制限等に抵触しない限り，再任を妨げないものとする。

2．アドバイザーとアドバイザリー・ボード
(1)　諮問機関としてのアドバイザリー・ボード
　取締役会は，国内外の有識者を主体として構成されるアドバイザリー・ボードを継続運営し，その助言，提言を得ることを通じて，「より良い経営」「より透明性の高い経営」を目指す。アドバイザリー・ボードは決定権を持たないが，取締役会に提案，提言，助言をする機能を持ち，取締役会はその提案，提言，助言を充分に考慮して意思決定を行う。
(2)　アドバイザリー・ボードの構成と委員長
1. 社外アドバイザーは5～6名とし，日本人3名，外国人2～3名とする。
2. 社外アドバイザーは独立取締役と同様の資格を持つ個人とし，内，日本人3名には別段の事情がある場合を除き社外取締役を委任する。
3. アドバイザリー・ボードには会長（会長不在の場合は相談役），社長（CEO）がメンバーとして参加する。アドバイザリー・ボードは会長（会長不在の場合は相談役）が委員長となる。
(3)　開催頻度と会議内容
1. アドバイザリー・ボードの定例会合は年2回の開催とする。
2. アドバイザリー・ボードの中に，指名・報酬委員会を設置する。

3. 指名・報酬委員会は下記の事項を審議するものとする。

3. 監査役および監査役会
(1) 監査役会
1. 監査役会の役割
　監査役全員から構成される監査役会は，経営に対する監視・監査機能を有する。各監査役は取締役会とその他の社内重要会議に出席し，意見の表明，勧告，指摘を行う。
2. 監査役会の構成
◆監査役の員数は原則として5名とする。その過半数を社外・独立監査役とし，対外透明性を担保する。
◆監査業務の視点からは，社内事情を熟知した常勤監査役の存在を重視する。
◆社外・独立監査役については，人格・識見，専門性を考慮し，バランスのとれた構成とする。
3. 監査役の選任
　監査役会として候補者の提案・同意を行う。監査役の任期については，法定任期の4年を重視する。

(2) グループ監査役会
1. グループ監査役会の役割
◆グループ監査役会は，グループ・連結経営に対応したグループ全体の監視・監査の役割を担う。グループ監査の基本方針の策定，重点監査事項の選定等を協議し，決定する。
◆定例の会合を通じて情報の共有を図り，監査結果のフォローを行う。メンバーの教育も重点事項とし，常に水準向上を図る。
2. グループ監査役会の構成
　原則としてグループ企業の監査役専任者で構成する。
3. 海外グループ会社
　帝人（株）業務監査室による内部監査体制を主軸とし，会計監査に関しては，監査法人による監査を義務付け，監査役も計画に基づき往査を行う。

(3) 監査役会・グループ監査役会と他の監査主体との関係
1. 監査法人との連携を強化する。監査法人の選任・交代に関しては監査役会が主導する。
2. 内部監査，特に帝人（株）業務監査室との連携を強化し，内部監査情報の恒常的かつ網羅的把握を行う。

Ⅲ. コンプライアンスとトータル・リスクマネジメント
1. コンプライアンス
(1) 基本原則
　コーポレート・ガバナンス目的実現のために守るべきコンプライアンスの基本原則は以下のとおりとする。

【コンプライアンスの基本原則】
1. 企業の役員・従業員は，法令順守は当然のこととして，社会の構成員としての企業人，社会人として求められる倫理観・価値観に基づき誠実に行動することが求められる。そして，このような誠実な行動が株主価値増大に不可欠である。
2. このような認識に基づき，帝人（株）は社会規範・倫理そして法令などの厳守により，公正かつ適切な経営の実現と市民社会との調和を図り，また，企業理念，行動規範・基準，その他の規程などの整備と徹底を行う。
3. また，帝人（株）はそのグループ各社の経営者と従業員に対し，上記のコンプライアンス原則

を充分理解し，誠実に行動するよう求め，帝人グループを創造的に発展せしめる。
(2) **企業行動規範，企業行動基準と関連規程類の周知徹底**
　コンプライアンス原則に基づく具体的コンプライアンス内容は，「帝人企業倫理ハンドブック」に記載する「企業行動規範」と「企業行動基準」によるものとする。帝人の経営陣は，帝人グループ企業および従業員にそれらを周知徹底すべきものとする。

2．トータル・リスクマネジメント
(1) **基本原則**
　コーポレート・ガバナンス目的実現のために必要な，企業が直面する不確実性に対する予防手段としてトータル・リスクマネジメント体制を構築する。その基本原則は以下のとおりとする。
【トータル・リスクマネジメントの基本原則】
1. 企業は，その株主価値を高め，さらに株主をはじめとするステークホルダーが満足できる企業活動を継続する使命があり，その実現を脅かすあらゆるリスク（不確実性）に対処する必要がある。帝人（株）は，企業全体が晒されているリスク（不確実性）を統合的かつ効率的に把握・評価・管理し，企業経営に活かすための組織的・体系的アプローチを行う。
2. とりわけ帝人（株）の取締役会は，主として業務運営リスク（OR : Operational Risk）を対象とする「TRM (Total Risk Management) コミティー」を取締役会の中に設置することにより，帝人グループ全体としてのリスクマネジメントを行う。また，経営戦略リスク（SR : Strategic Risk）のアセスメントを，取締役会として意思決定を行うに際しての重要な判断材料として位置付ける。
3. また，帝人（株）はそのグループ各社とその経営者に対し，上記のトータル・リスクマネジメント原則を充分理解し，企業活動を脅かすあらゆるリスク（不確実性）に対処するよう求める。

(2) **施策と運営**
1. TRM推進のため，CRO (Chief Risk Management Officer), CSO (Chief Strategy Officer) を新設する。
2. 取締役会の中に設置するTRMコミティーの常任メンバーはCEO，CSO，CROおよびCESHOとする。
3. 取締役会は，TRMコミティーから提案されるTRM基本方針，TRM年次計画等の審議・決定を行う。
4. 経営戦略リスク（SR）のアセスメントについては，CSOが担当し，取締役会における意思決定の重要な判断材料とする。

(3) **監査役による監査**
　監査役は，取締役会がTRMに関する適切な方針決定，監視・監督を行っているか否かについて監査する。

（出所）http://www.teijin.co.jp/japanese/news/2003/jbd030408.html

　この帝人グループ原則は，1) ステークホルダーに対する誓約，2) グループ内への周知徹底，3) ステークホルダーからの信頼性向上，の3つを制定目的とし，「Ⅰコーポレート・ガバナンスの考え方」「Ⅱ意思決定，監視・監督と監査の仕組み」「Ⅲコンプライアンスとトータル・リスクマネジメント」の3部から構成される。

第7章　企業独自コーポレート・ガバナンス原則　167

　帝人グループのコーポレート・ガバナンスの考え方は，帝人グループ原則のⅠコーポレート・ガバナンスの考え方，に表されている。ここでは，1. 株主の付託に応えることが企業経営の基本的使命としながらも，社会貢献活動を積極的に行う，2. 経営者が中心となり企業の繁栄と説明責任を果たしていく，3. コンプライアンス経営のために，経営の透明性，公正性，情報の適時開示を行い，企業競争力の強化のために，迅速な決定と執行を行える組織の仕組みの追求をおこなう，の3つを明示している。

4.2　帝人グループコーポレート・ガバナンス原則の詳細
　　―企業競争力の強化―

　帝人グループ原則は，「Ⅱ意思決定，監視・監督と監査の仕組み」「Ⅲコンプライアンスとトータル・リスクマネジメント」の2部でグループのコーポレート・ガバナンスに関する具体的な行動指針をまとめている。

　まず，Ⅱの1. 取締役および取締役会においては，(1)株主利益最大化を目的とし利害関係者にも充分な配慮をして企業運営を行う取締役会の役割について，(2)取締役数10名（うち社外取締役3名）などとする取締役会の構成と議長について，(3)会長は対内的業務を行わず，代表取締役は3名とする，会長の位置付けと代表権について，(4)取締役の任期を1年とすること，の4つが主な内容となっている。また，2. アドバイザーとアドバイザリー・ボードにおいては，(1)取締役会に提案，提言，助言，をおこなうアドバイザリー・ボードの設置について，(2)社外アドバイザーの構成を5～6名（日本人3名・外国人2～3名）とし，会長（委員長）と社長が出席するとする諮問機関としてのアドバイザリー・ボードについて，(3)年2回の定例会合を開催するアドバイザリー・ボードの中に指名・報酬委員会を設置するとする開催頻度と会議内容について，の3つが主な内容となっている。そして，3. 監査役および監査役会においては，(1)監査役会（原則5名）は，経営に対する監視・監査機能を有し，各監査役（任期4年）は，取締役会などの社内重要会議に出席し，意見の表明，勧告，指摘を行う，(2)グループ企業の監査役専任者で構成するグループ監査役会は，グループ全体の監視・監

督の役割を担い，グループ監査の基本方針の策定，重点監査事項の選定等を協議し，決定する，(3) 監査役会は，監査法人の選任・交代・連携について主導し，かつ，内部監査情報の全般的な把握をおこなう，の3つが主な内容となっている。

4.3　帝人グループコーポレート・ガバナンス原則の詳細
―企業不祥事への対処―

　一方，Ⅲの1．コンプライアンスにおいては，(1) 基本原則として，① 企業の役員・従業員は，法令順守は当然のこととして，社会の構成員としての企業人，社会人として求められる倫理観・価値観に基づき誠実に行動することが求められる，② 社会規範・倫理そして法令などの厳守により，公正かつ適切な経営の実現と市民社会との調和を図り，また，企業理念，行動規範・基準，その他の規程などの整備と徹底を行う，③ コンプライアンス原則を充分理解し，誠実に行動するよう求め，帝人グループを創造的に発展せしめる，の3つを掲げる。そのうえで，(2) これらのコンプライアンス原則を実行するために，「帝人企業倫理ハンドブック」に記載する「企業行動規範」と「企業行動基準」を実施するべきであるとする。また，2．トータル・リスクマネジメントにおいては，(1) トータル・リスクマネジメント原則として，① 企業全体が晒されているリスク（不確実性）を統合的かつ効率的に把握・評価・管理し，企業経営に活かすための組織的・体系的アプローチを行う，② 取締役会は，主として業務運営リスク（OR：Operational Risk）を対象とする「TRM（Total Risk Management）コミティー」を取締役会の中に設置することにより，帝人グループ全体としてのリスクマネジメントを行う。また，経営戦略リスク（SR：Strategic Risk）のアセスメントを，取締役会として意思決定を行うに際しての重要な判断材料として位置付ける，③ グループ各社とその経営者に対し，上記のトータル・リスクマネジメント原則を充分理解し，企業活動を脅かすあらゆるリスク（不確実性）に対処するよう求める，の3つを基本原則としている。そして，(2) ① TRM 推進のため，CRO（Chief Risk Management Of ficer），CSO（Chief Strategy Officer）を新設する，② 取締役会の中に設置する TRM コミティーの常任メンバーは CEO，CSO，CRO および CESHO とする，③ 取締役会は，TRM コミティーから提案される TRM 基本方針，TRM 年次計画等の審議・決定を行う，④ 経営戦略リスク（SR）のアセスメントについては，CSO が担当し，取締役会における意思決定の重要な判断材料とする，とする。そのうえで，(3) 監査役は，取締役会が TRM に関する適切な方針決定，監視・監督を行っているか否かについて監査することになる[29]。

4.4 帝人グループの企業経営目標と企業独自コーポレート・ガバナンス原則の関係

　帝人グループ原則は，これより先の 2003 年 2 月 4 日に策定され，帝人グループの中期的な経営計画と目標を提示した『中期経営計画 WING2003（以下「帝人経営計画」という）[30]』と密接な関係を有している。帝人経営計画は，「Ⅰ．中期経営基本計画」「Ⅱ．中期経営目標」「Ⅲ．前中期計画『前進 2000 年[31]』の総括」「Ⅳ．新中期経営計画の重点戦略・重点課題」「Ⅴ．営業利益拡大要因と事業戦略」の 5 つの章から構成されている。Ⅰでは，帝人グループの経営行動の基本方針について定められ，理念性の高い内容となっている。Ⅱでは，売上高，営業利益などについて，全体目標，事業別目標にわけて定めて，財務計画や資源投入計画について詳しく記載されている。Ⅲでは，ROA やフリーキャッシュフローについての計画案と，前中期計画の課題と対応策について総括している。Ⅳでは，重点経営戦略の詳細と経営システムの改革とを定めている。Ⅴでは，重点戦略事業への投入資金の詳細について定めている。

　ここでは，特に，コーポレート・ガバナンスに関する記載があるⅣをとりあげる。「Ⅳ-5 経営システムの改革」では，(1) コーポレート・ガバナンスの更なる強化，(2) トータル・リスクマネジメント（TRM）の推進，を掲げている。まず，(1)では，「帝人グループ取締役会は 10 名以内とし，その内 3 名は社外取締役とする。社外取締役には，アドバイザリー・ボードの日本

人メンバー3名の就任を予定しており，経営トップの後継指名・報酬に関する諮問機能を有するアドバイザリー・ボードとの連携強化により，コーポレートガバナンスの強化を図る」とし，(2)では，「経営戦略や戦略的アクションの決定等に伴う不確実性を『経営戦略リスク』(SR：Strategic Risk）とし，災害や品質問題，コンプライアンスリスク等を『業務運営リスク』(OR：Operational Risk）と規定し，それぞれの対応を強化する」としている。

　このように，帝人経営計画は，経営計画の一部にコーポレート・ガバナンスに関する項目があり，第5章でとりあげた，ソニーや日産自動車，トヨタ自動車，の経営計画と同じ構造を持つものである。しかし，これらの企業と帝人グループが決定的に異なるのは，これまで説明したように，帝人グループ原則を有しているということである。つまり，帝人グループは，帝人グループ経営計画と，帝人グループ原則との2つを有しており，企業経営計画と企業経営機構改革との両者を基にして経営を行っている。

　このように，コーポレート・ガバナンスの必要性が高まるにつれてしだいに原則を活用している企業の事例が報告されるようになってきている。しかし，筆者が考えている企業独自原則の像をまだまだ描いてはいない。そこで，次節以降では，筆者が考える企業独自原則は，理論的にいかなるものなのか，また，現在企業が行っている原則の活用状況は，どこに位置付けられるのか，そして，企業独自原則の策定方法・手順や内容について順に論じていくことにしたい。

5　企業独自コーポレート・ガバナンス原則の段階的策定

5.1　企業独自コーポレート・ガバナンス原則の企業の実践状況と範囲

　今日までの企業における原則の実践は，表7-3のようにまとめることができる。表7-3によると，まず，1990年代後半から，ソニーの『企業経営機構改革の理念[32]』，日産自動車の『日産リバイバルプラン（NRP）[33]』やNRPの後継の『日産180[34]』，トヨタ自動車の『2010年グローバルビジョン[35]』

表7-3 企業独自コーポレート・ガバナンス原則策定の3段階

	第1段階	第2段階	第3段階
原則策定時期	1990年代後半から	2003年から	―
原則の目的	企業競争力の強化	企業競争力の強化 企業不祥事への対処	企業競争力の強化 企業不祥事への対処
原則の構成	企業競争力の強化を目指したプランのなかにコーポレート・ガバナンスが盛り込まれる。	企業競争力のプランと、コーポレート・ガバナンスに関する記述が独立しておこなわれる。	企業競争力の強化と企業不祥事への対処を目的に、企業経営目標と企業経営機構改革との両者を盛り込んだ企業独自原則が策定される。
企業の例	ソニー 日産自動車 トヨタ自動車	帝人グループ	なし

(出所) 筆者作成。

などに代表されるように、企業競争力の強化を目的として企業経営計画が策定されはじめた。そのなかには、コーポレート・ガバナンスに関する記述が見られ、あくまでも企業経営目標を達成するために必要最小限の企業経営機構改革を行うという内容であった。

つぎに、2003年から、ここでも取り上げた帝人経営計画や帝人グループ原則に代表されるように、企業競争力の強化を目的とした企業経営計画と、企業不祥事への対処とを目的とし、企業独自原則との2つが策定されはじめた。ここで、今までとの相違点で特筆すべきコーポレート・ガバナンスとは、コーポレート・ガバナンスに関する記述が独立し、原則という形で策定されたことである。

ここで、企業独自原則の概念を表した図7-1を用いて、企業独自原則の範囲について明らかにする。まず、企業独自原則は、狭義の企業独自原則と、それを含んだ広義の企業独自原則とから構成される。まず、狭義の企業独自原則は、企業経営目標と企業経営機構改革との両者を持ち合わせた内容である。つまり、これは、企業独自原則策定の第3段階にあたり、筆者が最終的に企業に対して策定と実施を求めている原則である。また、広義の企業独自原則は、コーポレート・ガバナンス構築に関して記載のある企業経営計

172　第Ⅱ部　コーポレート・ガバナンス原則と企業の実践

図7-1　企業独自コーポレート・ガバナンス原則の概念

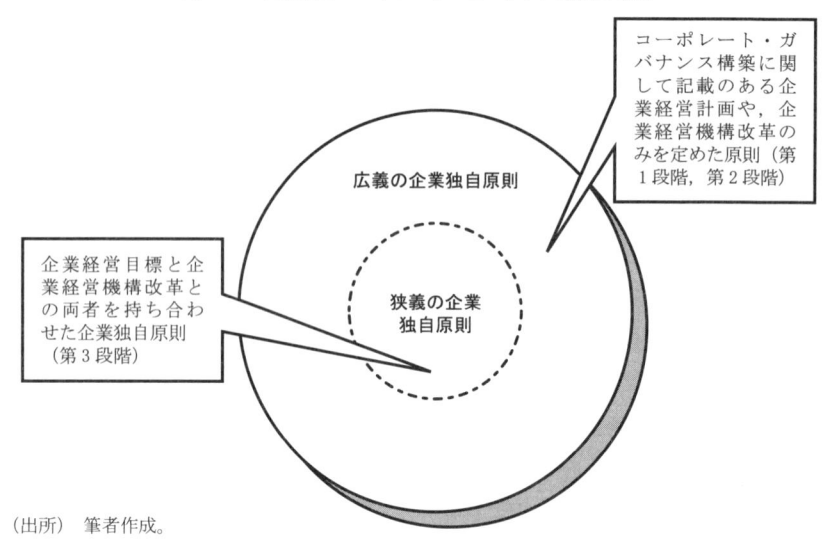

コーポレート・ガバナンス構築に関して記載のある企業経営計画や，企業経営機構改革のみを定めた原則（第1段階，第2段階）

広義の企業独自原則

狭義の企業独自原則

企業経営目標と企業経営機構改革との両者を持ち合わせた企業独自原則（第3段階）

（出所）　筆者作成。

画や，企業経営機構改革のみを定めた内容である。つまり，これは，企業独自原則策定の第3段階の他に，第1段階と第2段階を含んだものである[36]。

5.2　企業独自コーポレート・ガバナンス原則策定までの3段階
　　―第1・第2段階―

　このような，企業における原則の実践状況に鑑み，筆者の考える企業独自原則の策定までには，3段階あることが明らかとなる。つまり，図7-2のように，1990年代後半のソニーや日産自動車，トヨタ自動車などの第1段階と，2003年からはじまった帝人グループ原則の第2段階と，筆者が考える企業独自原則である第3段階，の3つの段階に分類することができる。なお，第1・第2段階における企業独自原則とは，広義の意をさすものである。

　それでは，ここで図7-2を詳しく検討することにする。まず，企業独自原則策定に向けた第1段階では，企業経営計画の一部にコーポレート・ガバナンス構築に関する内容が含まれることになる。そして，そのコーポレー

第 7 章 企業独自コーポレート・ガバナンス原則　173

図 7-2　企業独自コーポレート・ガバナンス原則策定 3 段階のイメージと特徴

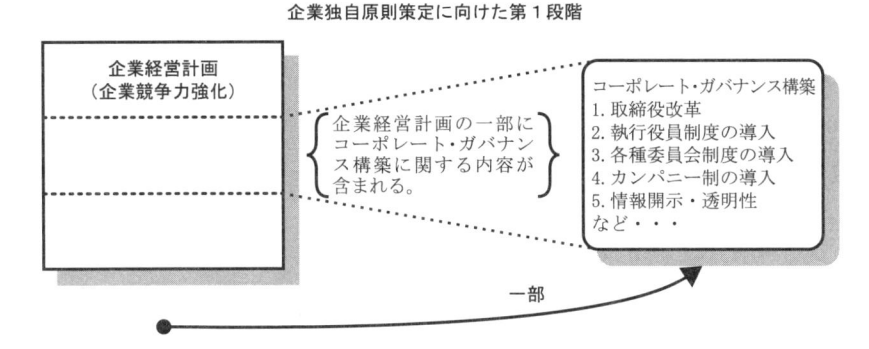

企業独自原則策定に向けた第 1 段階

企業経営計画
（企業競争力強化）

企業経営計画の一部にコーポレート・ガバナンス構築に関する内容が含まれる。

一部 →

コーポレート・ガバナンス構築
1. 取締役改革
2. 執行役員制度の導入
3. 各種委員会制度の導入
4. カンパニー制の導入
5. 情報開示・透明性
など・・・

企業独自原則策定に向けた第 2 段階

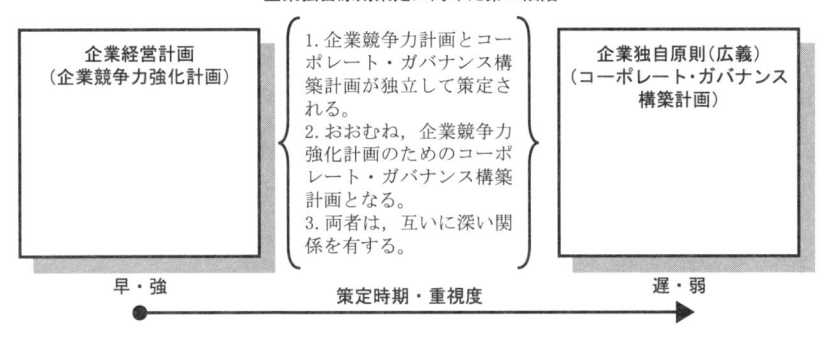

企業経営計画
（企業競争力強化計画）

1. 企業競争力計画とコーポレート・ガバナンス構築計画が独立して策定される。
2. おおむね，企業競争力強化計画のためのコーポレート・ガバナンス構築計画となる。
3. 両者は，互いに深い関係を有する。

企業独自原則（広義）
（コーポレート・ガバナンス構築計画）

早・強　←　策定時期・重視度　→　遅・弱

企業独自原則策定に向けた第 3 段階－企業独自原則－

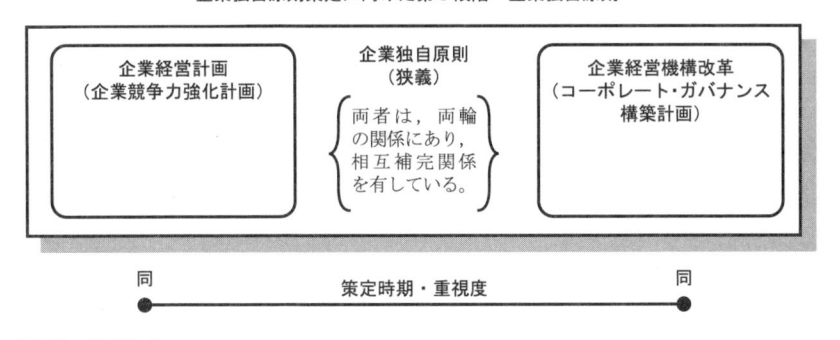

企業経営計画
（企業競争力強化計画）

企業独自原則
（狭義）

両者は，両輪の関係にあり，相互補完関係を有している。

企業経営機構改革
（コーポレート・ガバナンス構築計画）

同　←　策定時期・重視度　→　同

（出所）　筆者作成。

ト・ガバナンス構築に関する内容は，取締役会改革や執行役員制度の導入など，企業経営機構改革の基本方針に関することが多く，その実施計画や検証方針などについての具体性に欠けるものである。また，これらの実施基準や検証方法などに関しては，取り上げられていないことが多い。

つぎに，機関投資家を中心とした利害関係者によるコーポレート・ガバナンス構築の要求などや，昨今のコーポレート・ガバナンスに関する経営者の意識向上により，企業は，企業独自原則策定に向けた第2段階に入ることになる。第2段階では，企業は，企業経営計画と企業独自原則（広義）との2つを持つ。ここでは，第1段階と比較して，1) おおむね企業経営計画（企業競争力強化計画）のための企業独自原則（コーポレート・ガバナンス構築原則）となっている，2) 両者は相互依存関係にあること，の2つの特徴があるといえる。そして，企業経営計画と企業独自原則との2つを比べると，策定時期は，企業経営計画が早期に策定されており，企業独自原則がその後に策定される。また，経営者や利害関係者などは，企業経営計画を重視し，企業独自原則は，参考にする程度の認識しか現段階ではないといえるのではないだろうか。

5.3 企業独自コーポレート・ガバナンス原則策定までの3段階
―第3段階（企業独自原則）―

企業独自原則策定に向けた第3段階目は，狭義の企業独自原則となる。現在は，表7-3で明らかなように，狭義の企業独自原則を保持している企業はない。しかし，企業独自原則は，1) 企業は，世界の原則により企業独自原則の策定を求められていること，2) 実際の企業経営においても，ここで取り上げた企業は，第1段階・第2段階での企業独自原則（広義）を策定し実践して成果を上げていること，からも多くの企業でこれが早期に策定され実施していくことが求められている。

企業独自原則は，企業経営計画と企業経営機構改革との2部から構成される。両者は，両輪の関係にあり，相互補完関係を有している。策定時期や重視度は，第2段階とは違い，両者とも同じ程度になる。それでは，この企業

独自原則の策定内容と策定方法について，次節で詳細に検討していくことにしたい。

6　企業独自コーポレート・ガバナンス原則の形成

6.1　企業独自コーポレート・ガバナンス原則の詳細内容―規範―

　企業独自原則は，図7-3のように「Ⅰ企業経営目標」と「Ⅱ企業経営機構改革」との2部から構成される。そして，それぞれ，取締役会が策定する1企業独自原則の規範と，コーポレート・ガバナンス原則を策定する会議体（以下他の機関と区別するために「会議体」という）が策定する2企業独自原則の行動指針との2つに分けられる。ここでは，ⅠとⅡの規範について図7-3の上段を用いて解説を行う。

　Ⅰ企業経営目標の1規範では，「Ⅰ-1-1経営理念と企業経営目標と」「Ⅰ-1-2企業経営目標の詳細」との2つから主として構成されるべきである。まず，Ⅰ-1-1では，企業の持つ企業理念に基づいて，売上高や営業利益などの企業業績に関する内容と，株主などの利害関係者に関する内容について，長期目標や取扱いについて，総合的な方針を記載する。つぎに，Ⅰ-1-2では，Ⅰ-1-1を基にして，具体的な数値目標を設定する。

　Ⅱ企業経営機構改革の1規範では，「Ⅱ-1-1各種委員会制度・従来制度の選択」「Ⅱ-1-2企業経営機構の基本構造決定」「Ⅱ-1-3各機関の役割・責任の明確化」の3つから主として構成されるべきである。まず，Ⅱ-1-1では，企業の規模や業種などを総合的に勘案して，会社法に記載された委員会制度か従来制度かの選択をおこなう。つぎに，Ⅱ-1-1の決定に基づいてⅡ-1-2では，経営監視機関，経営執行機関，各事業部門の経営機構のあり方と，具体的な組織形態について決定をおこなう。さらに，Ⅱ-1-3では，これら三者の役割を明確化し，責任の所在を明らかにする。

　取締役会は，このⅠとⅡを策定するにあたって，ⅠとⅡが両輪の関係にあることを最大限考慮し，ⅠとⅡの調整をおこなうことを最も重視しなければならない。

176　第Ⅱ部　コーポレート・ガバナンス原則と企業の実践

図7-3　企業独自コーポレート・ガバナンス原則の詳細内容

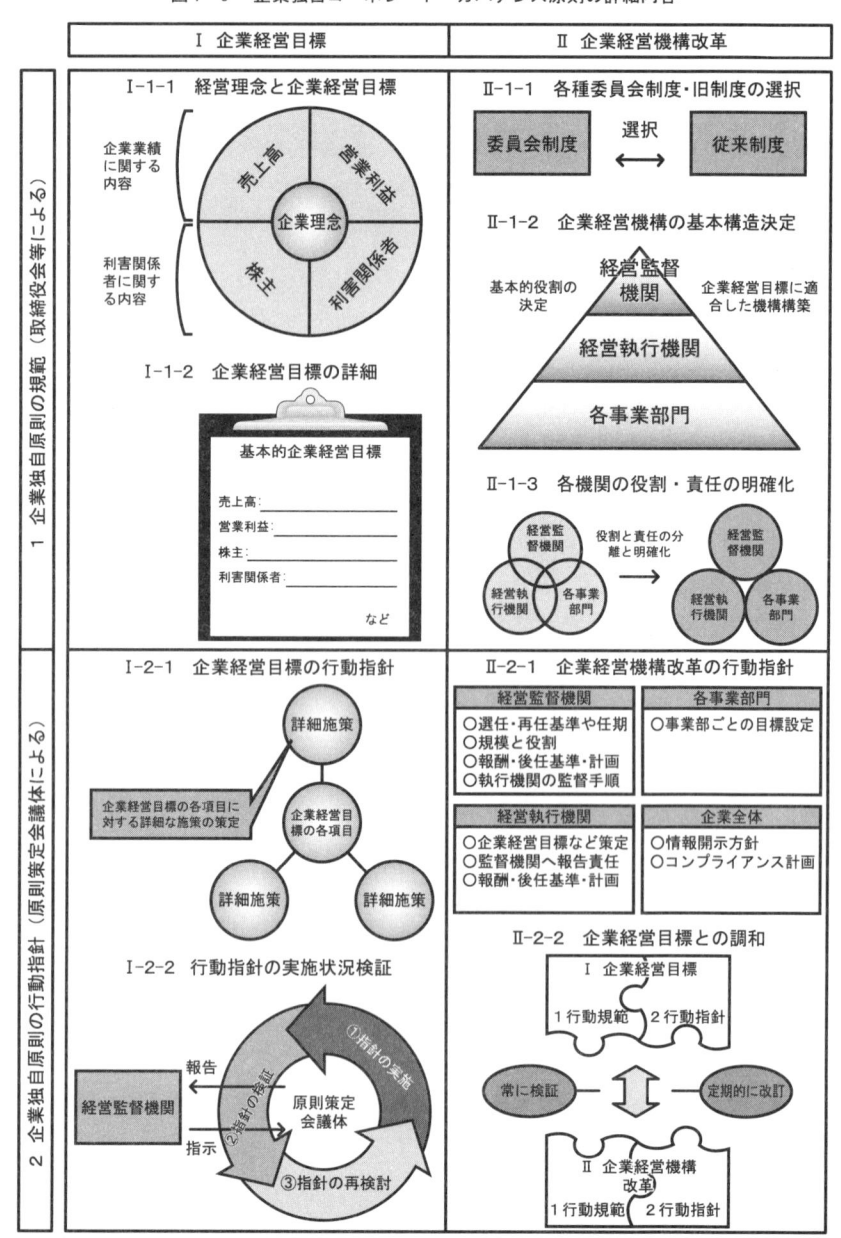

	Ⅰ 企業経営目標	Ⅱ 企業経営機構改革
1 企業独自原則の規範（取締役会等による）	Ⅰ-1-1 経営理念と企業経営目標 （企業業績に関する内容：売上高・営業利益／利害関係者に関する内容：株主・利害関係者／中央：企業理念） Ⅰ-1-2 企業経営目標の詳細 基本的企業経営目標 売上高：＿＿＿ 営業利益：＿＿＿ 株主：＿＿＿ 利害関係者：＿＿＿ など	Ⅱ-1-1 各種委員会制度・旧制度の選択 委員会制度 ⇔選択⇔ 従来制度 Ⅱ-1-2 企業経営機構の基本構造決定 （ピラミッド：経営監督機関／経営執行機関／各事業部門） 基本的役割の決定／企業経営目標に適合した機構構築 Ⅱ-1-3 各機関の役割・責任の明確化 （経営監督機関・経営執行機関・各事業部門）→役割と責任の分離と明確化
2 企業独自原則の行動指針（原則策定会議体による）	Ⅰ-2-1 企業経営目標の行動指針 詳細施策／企業経営目標の各項目／詳細施策／詳細施策 企業経営目標の各項目に対する詳細な施策の策定 Ⅰ-2-2 行動指針の実施状況検証 ①指針の実施／②指針の検証／③指針の再検討 経営監督機関←報告／指示→原則策定会議体	Ⅱ-2-1 企業経営機構改革の行動指針 経営監督機関：○選任・再任基準や任期／○規模と役割／○報酬・後任基準・計画／○執行機関の監督手順 各事業部門：○事業部ごとの目標設定 経営執行機関：○企業経営目標など策定／○監督機関へ報告責任／○報酬・後任基準・計画 企業全体：○情報開示方針／○コンプライアンス計画 Ⅱ-2-2 企業経営目標との調和 Ⅰ 企業経営目標（1 行動規範／2 行動指針） 常に検証 ⇔ 定期的に改訂 Ⅱ 企業経営機構改革（1 行動規範／2 行動指針）

（出所）　筆者作成。

6.2 企業独自コーポレート・ガバナンス原則の詳細内容―行動指針―

ここでは，会議体が策定するⅠとⅡの行動指針について図7-3の下段を用いて解説を行う。Ⅰ企業経営目標の2行動指針では，「Ⅰ-2-1企業経営目標の行動指針」と「Ⅰ-2-2行動指針の実施状況検証」との2つから主として構成されるべきである。まず，Ⅰ-2-1では，Ⅰ-1-2で数値化された各目標項目を達成するためになすべき詳細な施策を決定する。つぎに，Ⅰ-2-2では，会議体は，常に，①指針の実施から②指針の検証，を継続的に監視する。これを取締役会に報告し，取締役会は，原則の改訂などを含めた意思決定をおこなうことになる。その指示に従い，会議体は，③指針の再検討，をおこなうことになる。

Ⅱ企業経営機構改革の2行動指針では，「Ⅱ-2-1企業経営機構改革の行動指針」と「Ⅱ-2-2企業経営目標との調和」との2つから主として構成されるべきである。まず，Ⅱ-2-1では，経営監視機関，経営執行機関，各事業部門，企業全体，の各項目について詳細および実施基準を決定する。経営監視機関の項では，1) 選任・再任基準や任期，2) 規模と役割，3) 報酬・後任基準・計画，4) 執行機関の監督手順を，経営執行機関の項では，1) 企業経営目標などの策定，2) 監督機関への報告責任，3) 報酬・後任基準・計画を，各事業部門の項では，事業部門ごとの目標設定，企業全体の項では，1) 情報開示方針，2) コンプライアンス計画，を柱にして指針を策定する。Ⅱ-2-2企業経営目標との調和では，Ⅰ企業経営目標と，Ⅱ企業経営機構改革とを，1) 常に検証し，2) 定期的に改訂作業を行っていくことが求められるため，それに対する明確な基準を策定するべきであろう。

6.3 企業独自コーポレート・ガバナンス原則の策定と実施―原則策定まで―

それでは，企業独自原則は，どのようにして策定されるのであろうか。企業独自原則は，4つの段階に分けて策定に向けて取り組んでいくことが最良の方策であろう。ここでは，企業独自原則策定と運用のフローチャートとを示した図7-4を用いて論じることにする。

第1に，仮企業独自原則策定期では，仮の企業独自原則を策定し，社外や

178　第Ⅱ部　コーポレート・ガバナンス原則と企業の実践

図7-4　企業独自コーポレート・ガバナンス原則策定・実施のフローチャート

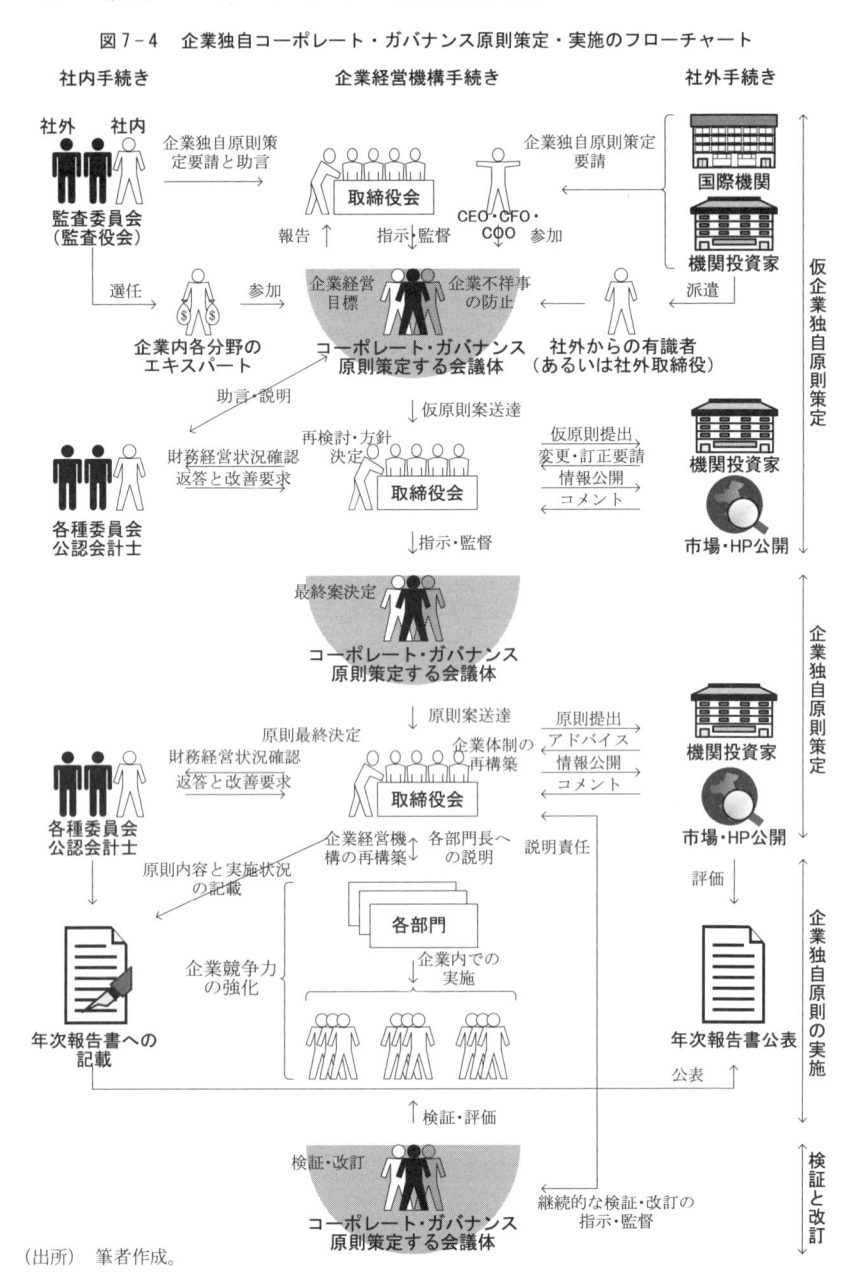

(出所)　筆者作成。

第7章　企業独自コーポレート・ガバナンス原則　179

社内の意見聴取を行うことが主目的である。まず，国際機関や機関投資家の原則による企業独自原則策定の要請や監査委員会（監査役会）などの経営監視機関による要請や助言により，取締役会は，企業独自原則の策定を決定し，原則の規範を決めると同時に企業独自原則を策定する会議体を発足させる。

この会議体は，監査委員会（監査役会）が指名した企業内各分野のエキスパートや，CEO・CFO・COO，機関投資家などから派遣および推薦などをされた社外からの有識者や社外取締役から構成されることが望ましい。

そして，この会議体は，取締役会に対して定期的に報告を行い，取締役会や監査委員会，公認会計士からの指示や監視，助言や説明を受け，仮原則を完成させる。そして，最終的に仮企業独自原則を取締役会に送達することになる。取締役会に送達された仮企業独自原則は，機関投資家に提出し変更や訂正要請を受けたり，市場やWeb上にて公開しコメントを得たり，監査委員会や公認会計士にその時点での財務経営状況を確認し返答と改善要求を受けながら再検討を行い，企業独自原則の策定に向けて，改善点や方針の変更を会議体に対して行うことになる。

第2に，企業独自原則策定期では，取締役から仮企業独自原則の改善点や方針について指示をうけ，企業独自原則を策定することが主目的である。会議体は，社外や社内からの改善や訂正点について検討し，企業独自原則を決定し，取締役会に送達する。そして，取締役会では，再度，原則を機関投資家への提出し，市場・Web上へ公開するとともに，監査委員会や公認会計士への照会などを行いつつ，企業独自原則を最終決定する。

6.4　企業独自コーポレート・ガバナンス原則の策定の道筋―原則策定後―

第3に，企業独自原則の実施期では，最終決定した企業独自原則を基にして，企業が経営を行っていくことが主目的である。そのために，企業の内部に対しては，構成員一人ひとりに周知徹底させ，企業の外部に対しては，公開と評価を受けなくてはならない。まず，社内では，企業経営機構が，企業独自原則に従って企業経営機構改革を実施する。その後，経営者は当然とし

て，加えて各部門長に対しても，企業競争力強化を中心とした原則の遵守を行う必要がある。一方，社外では，原則内容と実施状況を年次報告書に記載し，公表しつつ，機関投資家や市場から評価を受けることになる。

第4に，検討と改訂期では，会議体が企業独自原則の実施状況を検討し，企業独自原則の検証と評価を行うことが主目的である。これは，取締役会から，継続的な検証と改訂の指示を受け，取締役会の指示と監督の下で会議体[37]が責任を持って行う。企業独自原則の実施状況を検証し評価することは，継続しておこなうことが重要であり，時には，原則を改定する作業に取りかかる必要がある。

7　おわりに

コーポレート・ガバナンスは，1990年代前半から，多様な企業による実践と多くの研究が重ねられてきた。その間，さまざまな業種や規模の企業によるコーポレート・ガバナンスに対する取り組みの多様化や，コーポレート・ガバナンスに関与する研究領域の広さによる，定義や邦訳，目的などに大きな隔たりがあった。また，企業法制度の改革などのように，制度面でも試行錯誤が続けられてきた。

これは，コーポレート・ガバナンスの関心が深まるにつれて，ぞくぞくと策定されはじめた原則についても同様である。1999年のOECD原則が策定されたときは，世界標準原則が策定されるのではないか，などという機運が高まった。しかし，その後のグローバル経済の発展や多様な企業の利害関係者の存在などにより，原則自体も，規範的役割を有する原則や行動指針的役割を有する原則などのように，さまざまな形態をとるようになった。

このような背景のもとで，第7章において企業が独自に原則を策定するように求めたのには，いくつかの理由がある。まず，コーポレート・ガバナンスは，企業（特に経営者）が最終的に取り組むべき問題であり，そこに対する利害関係者の役割は限られてしまうと考えられる。つぎに，企業のコーポレート・ガバナンスに対する考え方や取り組みは，企業ごとに違いがあるは

ずであり，むしろ，それを特色とした経営の実践を行っていくべきであると考えている。さらに，今までのコーポレート・ガバナンス研究や原則内容には，たとえば取締役を10人未満にすべきであるなどといった画一的な結論に陥りがちであるが，これは，企業自体が見極めるべき問題と考えている。そして，コーポレート・ガバナンスの構築が研究者や経営者，監督官庁（および政府）や利害関係者などの多方面から要求されているが，その具体的かつ実戦可能な手法や方策を示されることが少なく，筆者は，企業にこの具体的な診断方法と処方箋とを提示しなくてはいけないと痛切に考えたからである。

このように，第Ⅰ部で原則を研究し，第Ⅱ部で企業の実践を考察した末に，筆者は，企業が企業独自原則を策定していくことが，最良な企業経営を実践していくことを可能にすると結論付けたのである。

注
1 平田光弘 [2001c] 90 頁。
2 小島大徳 [2003b] 157 頁。
3 小島大徳 [2003e] 96 頁。
4 小島大徳 [2003a]。
5 小島大徳 [2003a]。
6 平田光弘 [2001b] 34 頁。
7 小島大徳 [2002b] 37 頁。
8 小島大徳 [2003b] 157 頁。
9 小島大徳 [2003b] 157 頁。
10 OECD [1999]。
11 小島大徳 [2003d] 93 頁。
12 小島大徳 [2003d] 91-92 頁を参照のこと。
13 ICGN [1999]。
14 ICGN の原則策定の系譜，およびそれらの策定動機や内容などについては，小島大徳 [2003d] を参照のこと。
15 小島大徳 [2003d] 93-94 頁 なお，表現方法について，一部修正を加えた。
16 小島大徳 [2003d] 93-94 頁。
17 小島大徳 [2003d] 93-94 頁。
18 CalPERS [1998c]。
19 小島大徳 [2003d] 103-104 頁。
20 TIAA-CREF [2000]。
21 小島大徳 [2003d] 103-104 頁を参照のこと。なお，表現方法について，一部修正を加えた。
22 CalPERS [1998b], CalPERS [1998c], CalPERS [1997d], CalPERS [1997c]。
23 小島大徳 [2002a] 40-43 頁。

24 日本コーポレート・ガバナンス委員会 [2001]。
25 小島大徳 [2002a] 43 頁。
26 小島大徳 [2003a] 34-35 頁。
27 http://www.teijin.co.jp/japanese/news/1999/JBD90430.htm
28 http://www.teijin.co.jp/japanese/news/2003/jbd030408.html
29 帝人グループ原則により帝人グループは企業経営の変革を行うことになった。
　まず，2003 年 4 月 1 日から，グループのトータル・リスクマネジメント（TRM）推進の一環として，グループ全体のコンプライアンス体制強化を目的に，国内グループ社員からの内部通報を受け付ける「帝人グループ　コンプライアンス・ホットライン」を帝人グループ内に設置し，運用を開始することになった。帝人グループでは，従来より，「企業行動規範」と「企業行動基準」を定めており，「帝人グループ倫理委員会」を設置し，イントラネット等を通じて帝人の企業倫理に関するグループ社員からの意見・提言を受け付けることによって，積極的にグループ社員への企業倫理の浸透・定着を図ってきた。そして，新たに本ホットラインを加えることにより，本年 4 月以降，持株会社に新設される「TRM コミティー（トータル・リスクマネジメントを推進する，CEO を議長とする取締役会内委員会）」「CRO（災害やコンプライアンス問題等に関するリスクマネジメント責任者）」「コンプライアンス・リスクマネジメント室（CRO を補佐するスタッフ組織）」という新体制の下で，帝人グループにおける法令・企業倫理遵守体制をより一層強化していく，としている（ww.teijin.co.jp/japanese/news/2003/jbd030204_1.html）。
30 http://www.teijin.co.jp/japanese/news/2003/jbd030204_1.html
31 http://www.teijin.co.jp/japanese/news/2000/jbd00113.htm
32 西村茂 [1998]，橋本綱夫 [1997]。
33 http://www.nissan-global.com/GCC/NRP/NEWS/news-j.html なお，NRP の詳細に関しては，http://www.nissan-global.com/JP/IR/0,1294,SI9-LO4-MC78-IFN-CH86,00.html を参照のこと。
34 http://www.nissan-global.com/JP/STORY/0,1299,SI9-CH177-LO4-TI591-CI472-IFY-MC109,00.html なお，NRP と日産 180 の進捗状況や達成状況については，http://www.nissan-global.com/JP/IR/0,1294,SI9-LO4-MC78-IFN-CH86,00.html を参照のこと。
35 http://www.toyota.co.jp/IRweb_j/invest_rel/pr/index.html なお，トヨタ自動車は，取締役数のスリム化，常務役員（非取締役）の新設などを織り込んだ新たな経営制度を策定し，2003 年 6 月の株主総会を経て導入した。この経営制度は，グローバルレベルでの企業間競争が激化する中で，「2010 年グローバルビジョン」の達成に向け，事業の競争力強化を図るために策定したものである。
36 ここでは，便宜上，企業独自原則策定の第 1・第 2 段階を広義の企業独自原則，企業独自原則の第 3 段階を狭義の企業独自原則としたい。
37 検証と改訂期の会議体は，企業独自原則を策定した会議体とメンバー構成を入れ替えることが求められる。しかし，それまでの企業独自原則を策定した経験を後のメンバーに伝えるためにも，メンバー全員を入れ替えるのではなく，過半数程度に抑えることが現実的であると考えられる。

参考文献

邦語文献
菊池敏夫・平田光弘編著 [2000]『企業統治の国際比較』文眞堂。
小島大徳 [2003a]「コーポレート・ガバナンス原則と企業の実践―企業独自原則の策定を目指して―」『日本経営学会誌』第 9 号，千倉書房，26-40 頁。

小島大徳 [2003b]「世界のコーポレート・ガバナンス原則―原則の策定系譜，類型と役割―」『経営実践と経営教育理論―経営教育研究6―』学文社，129-163頁。
小島大徳 [2003c]「コーポレート・ガバナンスと議決権行使のIT化―企業による実践と課題―」『経営情報学会誌』第11巻第4号，経営情報学会，33-46頁。
小島大徳 [2003d]「国際機関と機関投資家のコーポレート・ガバナンス原則」『横浜経営研究』第23巻第4号，横浜国立大学経営学会，89-108頁。
小島大徳 [2003e]「コーポレート・ガバナンス原則の体系化―原則に関する研究領域と研究課題―」『東洋大学大学院紀要第39集』東洋大学大学院。
小島大徳 [2002a]「日本のコーポレート・ガバナンス原則―原則策定の背景と課題―」日本経営教育学会編『新企業体制と経営者育成―経営教育研究5―』学文社，33-52頁。
小島大徳 [2002b]「企業経営機構とコーポレート・ガバナンス―米国と日本の国際比較による現状と今後の展望―」『東洋大学大学院紀要第38集』東洋大学大学院，225-244頁。
出見世信之 [1997]『企業統治問題の経営学的研究』文眞堂。
平田光弘 [2001a]「OECDのコーポレート・ガバナンス原則」『経営研究所論集』第24号，東洋大学経営研究所，277-292頁。
平田光弘 [2001b]「21世紀の企業経営におけるコーポレート・ガバナンス研究の課題―コーポレート・ガバナンス論の体系化に向けて―」『経営論集』53号，東洋大学経営学部，23-40頁。
平田光弘 [2001c]「新世紀の日本における企業統治の光と影」『新世紀における経営行動の分析と展望―その光と影と―』経営行動研究学会第11回全国大会要旨集，87-90頁。
平田光弘 [2000a]「1990年代の日本における企業統治改革の基盤作りと提言」『経営論集』51号，東洋大学経営学部，81-106頁。
平田光弘 [1999]「英国におけるコーポレート・ガバナンス改革の実践」『経営論集』49号，東洋大学経営学部，225-240頁。
西村茂 [1998]「ソニーグループの経営機構改革」『取締役の法務』No.55，商事法務研究会，18-27頁。
橋本綱夫 [1997]「グループ経営のためのソニーの機構改革」『取締役の法務』No.42，商事法務研究会，8-11頁。
コーポレート・ガバナンス国際比較研究会 [2000]『経営環境の変化と日本型コーポレート・ガバナンスの未来像に関するアンケート調査結果報告書』コーポレート・ガバナンス国際比較研究会。
コーポレート・ガヴァナンス原則策定委員会 [1998]『コーポレート・ガヴァナンス原則―新しい日本型企業統治を考える―(最終報告)』日本コーポレート・ガバナンス・フォーラム。
日本コーポレート・ガバナンス委員会 [2001]『改訂コーポレート・ガバナンス原則』日本コーポレート・ガバナンス・フォーラム。
吉森賢 [2001]『日米欧の企業経営―企業統治と経営者―』放送大学教育振興会。

外国語文献

Cadbury Report [1992], *Report of the Committee on the Financial Aspects of Corporate Governance*, Gee and Co. Ltd.
CalPERS [1999], *Global Corporate Governance Principles*, California Public Employees' Retirement System.
CalPERS [1998a], *CalPERS And Hermes Team To Form Corporate Governance Alliance*, Corporate Governance News 1998, California Public Employees' Retirement System.

CalPERS [1998b], *Japan Market Principles*, California Public Employees' Retirement System.
CalPERS [2001], *Global Proxy Voting Guidelines*, California Public Employees' Retirement System.
CalPERS [1998c], *Corporate Governance Core Principles & Guidelines : The United States*, California Public Employees' Retirement System.
CalPERS [1998d], *Germany Market Principles*, California Public Employees' Retirement System.
CalPERS [1998e], *CalPERS/Hermes Alliance Agreement*, California Public Employees' Retirement System.
CalPERS [1997a], *United Kingdom Market Principles*, California Public Employees' Retirement System.
CalPERS [1997b], *France Market Principles*, California Public Employees' Retirement System.
CII [2001], *Corporate Governance Policies*, Council of Institutional Investors.
GM [1995], *Corporate Governance Guidelines*, General Motors.
Greenbury Report [1995], *Report of a Study Group chaired by Sir Richard Greenbury*, Gee and Co. Ltd.
Hampel Report [1997], *Committee on Corporate Governance*, Gee and Co. Ltd.
Hermes [2001a], *Statement on UK Corporate Governance & Voting Policy*, Hermes Pensions Management Limited.
Hermes [2001b], *Hermes Corporate Governance Activities*, Hermes Pensions Management Limited.
Hermes [1998], *Hermes and CalPERS Create Global Corporate Governance Alliance*, Hermes Pensions Management Limited.
Hirata, Mitsuhiro [2001], *How can we formulate a theory of corporate governance?*, keieironshu, Toyo University, No.54, pp.37-44.
ICGN [2000a], *Statement on Global Implementation of ICGN Share Voting Principles*, International Corporate Governance Network.
ICGN [2000b], *Resolution on the Mandate of the Standing Committee on Share Voting*, International Corporate Governance Network.
ICGN [1999], *ICGN Statement on Global Corporate Governance Principles*, International Corporate Governance Network.
ICGN [1998], *ICGN Global Share Voting Principles*, International Corporate Governance Network.
ICGN [1996], *ICGN Founding Principles*, International Corporate Governance Network.
OECD閣僚理事会・OECD民間諮問委員会編 [2001]『OECDのコーポレート・ガバナンス原則』金融財政事情研究会。
OECD [1999], *OECD Principles of Corporate Governance*, Organisation for Economic Co-operation and Development.
OECD Business Sector Advisory Group on Corporate Governance [1998], *Corporate Governance : Improving Competitiveness and Access to Capital in Global Markets*, Organisation for Economic Co-operation and Development.
TIAA - CREF [2001], *TIAA - CREF Annual Report 2000 : Built on A Strong Foundation*,

第7章　企業独自コーポレート・ガバナンス原則　185

　　　Teachers Insurance and Annuity Association College Retirement Equities Fund.
TIAA‐CREF [2000], *TIAA‐CREF Policy Statement on Corporate Governance*, Teachers Insurance and Annuity Association College Retirement Equities Fund.
Hermes [2001], *Hermes Corporate Governance Activities*, Hermes Pensions Management Limited.
Hermes [1998], *Hermes and CalPERS Create Global Corporate Governance Alliance*, Hermes Pensions Management Limited.

あとがき

1 本書の知見

1.1 第Ⅰ部コーポレート・ガバナンス原則の体系化

　本書では，世界のコーポレート・ガバナンス原則に関する研究を，第Ⅰ部コーポレート・ガバナンス原則の体系化，第Ⅱ部コーポレート・ガバナンス原則と企業の実践，として論じてきた。ここで各章の結論をまとめる。

　第1章では，現在まで，散発的に分析や研究がなされ，包括的な検討のほとんどなされなかった原則の体系を確立し，原則策定の系譜を把握しながら，体系的に検討することを試みた。その検討結果から，原則の研究領域は，Ⅰ原則策定の契機と策定機関の目的，Ⅱ原則の内容と世界標準化過程，Ⅲ原則の企業への浸透，Ⅳ原則と企業経営の実践，の4つにわけることができるとの知見を得た。また，原則は，Ⅰ→Ⅱ→Ⅲ→Ⅳと企業のコーポレート・ガバナンス構築にアプローチすることになる。さらに，注目すべきは，Ⅳ→Ⅰへと，企業経営環境等に適合した原則策定のサイクル運動を起こすことである（図1-15参照）。

　第2章では，21世紀に入りますます重要となってきたコーポレート・ガバナンス原則の基礎的問題に焦点をあてて，日本における今後の原則研究の土台を作ることが目論まれた。今まで整理されていなかった日本の原則を，表2-1のようにはじめて分類し，「原則の目的は，最終的に企業に対してコーポレート・ガバナンス構築を目指すものでなくてはならない」という目的や「原則は，企業不祥事の防止と企業競争力の強化を行える体制を規定したもの」と定義した。一方，原則策定はどのようにして起こったのかについ

て，世界に視点を広げて検討した。その結果，原則は，1990年代前半に，先進諸国における大型企業不祥事に端を発して策定がはじまり，1990年代中頃には，ICGN 等の原則策定に見られるように，企業不祥事への対処を基盤として，企業競争力の強化にも力点をおいた原則が公表された。さらに，1990年代後半には，OECD 等の公的国際機関が企業のあらゆる利害関係者を念頭に置き，企業不祥事の防止と企業競争力の強化とを同時に達成することのできる原則の策定がみられた。そして，このようなコーポレート・ガバナンス原則策定の系譜から，21世紀の原則は，企業のコーポレート・ガバナンス構築を目的として，経営者が企業の利害関係者間の利害調整を行いながら，健全で効率的な企業経営を行える企業構造の一形態をなすものとなるであろうことを解明した。

　第3章では，原則について，1) 世界にはどのくらいの原則が存在するのか，2) それらはいかなる系譜を辿って策定され，今日どのような潮流にあるのか，3) 21世紀の原則策定の枠組みはいかなるもので，何をめざしているのか，の3点を明らかにすることが目的であった。1) については，今日，代表的なものだけで，36カ国，10の機関投資家，8の国際機関において，世界中で400以上の原則が策定されていることを確認した。2) については，これらの原則には，継続的な策定と改訂，相互協力と相互提携，共同原則策定，といった3つの潮流が存在し，今では，世界標準原則の策定に向けた動きが活発化していることが特徴的なこととして浮き彫りになった（図3-1参照）。また，3) については，世界標準原則の策定を視野に入れて，世界標準原則をトップとして，それに行動指針的原則である機関投資家機関原則（機関投資家独自原則を含む），公的・私的国際機関原則，公的・私的国内機関原則（法令規則等原則を含む）がつづき，さらにその下に，企業のコーポレート・ガバナンス構築（企業独自原則を含む）が位置づけられる枠組みとして理解できた（図3-3参照）。

　第4章では，機関投資家と国際機関の原則について取り上げた。これらの機関は，1990年代の中頃から，企業のコーポレート・ガバナンス構築に対する要求を一層強め，その中核となる原則の策定に乗り出したのであった。

これらの原則策定の動きは，3つに分けることができた。それは，1) 長年の機関投資家の経験と実践から機関投資家独自の原則を策定する動き，2) 議決権行使に実効性を与えるため，機関投資家同士が原則を策定し提携する動き，3) 国際機関の原則の公表を受けて，機関投資家がこれを遵守する形で原則を実行していく動き，である。これらの動きの検討結果から，機関投資家は，国際機関の原則，機関投資家機関の原則，および機関投資家独自の原則をそれぞれ策定し，企業に対して積極的にコーポレート・ガバナンス構築を迫っていることが明らかとなった。しかも，これら3種類の原則は，それぞれが単独で機能するのではなく，相互に支えあいながら，最良の原則を目指しそれを通してより良い企業のコーポレート・ガバナンス構築に向けて努力が続けられている。その際，機関投資家は，私的な国際機関を設立するなど，企業のコーポレート・ガバナンス構築を強力に推し進める推進役としての役割を担っていることが明らかとなった。

1.2　第Ⅱ部コーポレート・ガバナンス原則と企業の実践

第5章では，企業が企業独自原則を策定し経営を行っていくことが，企業のコーポレート・ガバナンス構築の最良の手段であることを強調した。ここで明らかとなったことは，まず，21世紀の企業は，原則がもとめているものに基づいた企業経営の実践と，これまでソニーや日産の事例でみてきた実際の企業経営との，両者を接近させ，企業ごとに実践的な企業独自の原則を策定することが望ましいといえることであった（図5-4参照）。つぎに，企業独自原則の策定方法は，まず，取締役会の指示により，企業独自の原則策定を行うための会議体や諮問委員会を発足させることが必要であった。また，そこには，各部門のトップが参加し，意思決定機関と執行機関の双方の意見が結集できる場にするため，① 企業内における各分野のエキスパート，② 社外からの有識者あるいは社外取締役，③ CEO，CFO，COO などの経営執行者，を中心に構成されることが望ましいといえた（図5-5参照）。

第6章では，議決権行使の IT 化の 1) 必要性と実践方法，2) 問題点と解決策を明らかにすることを目的としていた。まず，1) 必要性と実践方法で

は，世界の原則は，議決権行使のIT化を早急に進めることを迫っていることが明らかになった（表6-1参照）。そして，実践方法は，従来の議決権行使，および，今回導入された議決権行使IT化の2つの一連の流れから，議決権行使の幅が広がり，企業と株主の双方にとってメリットのあるものであるということができた（表6-2参照）。また，2)問題点と解決策では，議決権行使のIT化による課題は，①セキュリティー問題と，②議決権行使の簡便化，との2つに焦点が集まり，これらの解決策を，企業の利害関係者のために解決していく必要があることを解明した（表6-7参照）。

　第7章では，企業独自原則の詳細な内容と具体的な策定方法とを示すことが目的であった。まず，企業独自原則の内容は，Ⅰ企業経営計画とⅡ企業経営機構改革との2つから構成され（それぞれ規範と行動指針を有する），両者は，両輪の関係にあり，相互補完関係を有したものである（図7-5参照）。そして，この企業独自原則の策定方法は，企業がコーポレート・ガバナンス原則を策定する会議体を発足させ，その会議体が中心となり原則を，仮企業独自原則策定期，企業独自原則策定期，企業独自原則の実施，検証と改訂，の4つのプロセスを経て策定と実施を行っていくことを提案した（図7-4参照）。

1.3　本書の結論

　ここで，第1章で明らかにされた原則の研究領域とその対応する章ごとに，結論を表8-1を用いてまとめることにする。原則の研究領域は，Ⅰ原則策定の契機と目的（第1章），Ⅱ原則の内容と世界標準化過程（第2章，第3章，第4章），Ⅲ原則の企業への浸透（第5章，第6章），Ⅳ原則と企業経営の実践（第5章，第7章），の4つである。

　Ⅰ原則策定の契機と目的（第1章）では，おもに，①原則が策定された背景と契機，②原則が策定された目的，が研究課題および目的であった。そして，①では，原則は，国際機関（私的・公的），機関投資家（私的・機関・独自），各国内機関（私的・公的・法令規則等・企業独自）が策定している，それぞれの企業の利害関係者の立場から，策定するという背景をも

表 8-1　原則研究の結論

研究領域	おもな研究課題と目的	研究結果
コーポレート・ガバナンス原則に関する研究		
第1章で明らかにされたように,原則の研究領域は,Ⅰ原則策定の契機と目的,Ⅱ原則の内容と世界標準化過程,Ⅲ原則の企業への浸透,Ⅳ原則と企業経営の実践,の4つである。以下では,これらの研究領域について,主な研究目的,そして研究結果をまとめる。		
第Ⅰ部　コーポレート・ガバナンス原則の体系化		
Ⅰ原則策定の契機と目的（第1章）	①原則が策定された背景と契機 ②原則が策定された目的	①原則は,国際機関（私的・公的）,機関投資家（私的・機関・独自）,各国内機関（私的・公的・法令規則等・企業独自）が策定しており,それぞれの企業の利害関係者の立場から,策定するという背景をもち,企業に対して,コーポレート・ガバナンス構築を迫る契機となった。 ②原則は企業のコーポレート・ガバナンス構築（企業不祥事への対処と企業競争力の強化）を目的としている。
Ⅱ原則の内容と世界標準化（第2章,第3章,第4章）	①原則の内容の検討 ②原則の世界標準化過程	①原則は,おおむね,企業経営機構,利害関係者,そしてこの両者をつなぐ役割として情報開示・透明性の規定をおいていた。 ②OECD原則,それをもとにして策定されたICGN原則や機関投資家原則,各国内機関の原則を検討すると,21世紀は,規範原則（参照可能性,非拘束性）と行動指針原則とにわけて策定されていく。
第Ⅱ部　コーポレート・ガバナンス原則と企業の実践		
Ⅲ原則の企業への浸透（第5章,第6章）	①原則が企業へと浸透している過程 ②原則の企業への影響力	①原則は,経営者策定型原則,利害関係者策定型原則（機関投資家や監督機関など）に分けられる。 ②経営者策定型原則は,経営者が中心となって原則を策定するためおのずと企業へ原則が浸透する過程をたどる。また,利害関係者策定型原則は,機関投資家や監督機関などが策定する原則であるため,議決権行使や法令規則の改定などで企業へ原則が浸透していく過程をたどる。
Ⅳ原則の企業による実践（第5章,第7章）	①原則を用いた企業経営の実践方法 ②企業独自原則の内容と策定方法	①代表的な原則は,企業が独自に原則を策定し,これをもちいて企業経営を行っていくことを求めている。また,実際の企業経営でも,企業経営機構改革などを含んだ経営計画を有している。そこで,筆者は,企業独自原則を用いて企業経営を実践していくことを提言した。 ②企業独自原則は,企業経営機構改革と企業経営目標の2部から構成され,それぞれ規範原則と行動指針原則に分けられる。そして,その策定方法は,コーポレート・ガバナンス原則策定の会議対（委員会）を発足させ,取締役会の監視監督の下,仮企業独自原則策定期,企業独自原則策定期,企業独自原則の実施期,検証と改定期,と4つの期にわたって継続的に策定,実施を行っていくべきである。

(出所)　筆者作成。

ち，企業に対して，コーポレート・ガバナンス構築を迫る契機となったことが解明された。②では，原則は企業のコーポレート・ガバナンス構築（企業不祥事への対処と企業競争力の強化）を目的としていることが明らかにされた。

II原則の内容と世界標準化（第2章，第3章，第4章）では，おもに，①原則が企業へと浸透している過程，②原則の企業への影響力が研究課題および目的であった。そして，①では，原則は，おおむね，企業経営機構，理解関係者，そしてこの両者をつなぐ役割として情報開示・透明性の規定をおいていたことが解明された。②では，OECD原則，それをもとにして策定されたICGN原則や機関投資家原則，各国内機関の原則を検討すると，21世紀は，規範原則（参照可能性，非拘束性）と行動指針原則とにわけて策定されていくことを明らかにした。

III原則の企業への浸透（第5章，第6章）では，おもに，①原則が企業へと浸透している過程，②原則の企業への影響力，が研究課題および目的であった。そして，①では，①原則は，経営者策定型原則，利害関係者策定型原則（機関投資家や監督機関など）に分けられることを解明した。②では，②経営者策定型原則は，経営者が中心となって原則を策定するためおのずと企業へ原則が浸透する過程をたどる。また，利害関係者策定型原則は，機関投資家や監督機関などが策定する原則であるため，議決権行使や法令規則の改定などで企業へ原則が浸透していく過程をたどることを明らかにした。

IV原則の企業による実践（第5章，第7章）では，おもに，①原則を用いた企業経営の実践方法，②企業独自原則の内容と策定方法，が研究課題および目的であった。そして，①では，代表的な原則は，企業が独自に原則を策定し，これをもちいて企業経営を行っていくことを求めている。また，実際の企業経営でも，企業経営機構改革などを含んだ経営計画を有している。そこで，筆者は，企業独自原則を用いて企業経営を実践していくことを提言した。②では，企業独自原則は，企業経営機構改革と企業経営目標の2部から構成され，それぞれ規範原則と行動指針原則に分けられる。そし

て，その策定方法は，コーポレート・ガバナンス原則策定の会議体（委員会）を発足させ，取締役会の監視監督の下，仮企業独自原則策定期，企業独自原則策定期，企業独自原則の実施期，検証と改定期，と4つの期にわたって継続的に策定，実施を行っていくべきである，ことを明らかにした。

そして，あらためて本研究の結論を要約するならば，次のようになる。企業は，企業経営目標と企業経営機構改革をおもな内容とした，企業独自原則を策定し，それに基づいた企業経営を実践していくべきである。

さらに，企業は，本書で示した企業独自原則の内容を参考にして自ら原則の策定に乗り出してもらいたいのである。原則策定は，① 企業経営機構全体を「企業不祥事を防止するには」「企業競争力を強化するには」という大きな視点で見つめなおすことができ，② 経営者が原則策定に積極的に関与することになるため，おのずと企業倫理やモラルなどの向上を生むことになる。加えて，原則が策定され，実施していく段階において，③ 機関投資家や株主，投資家などの企業の利害関係者に対しても，企業としての社会性をアピールし，その検証や評価を行ってもらうことができる機会をうむことになるのである。

2　本書の特質

2.1　本書の新規性と貢献する問題解明

本研究の新規性は，原則の策定されてきた系譜や目的，類型や役割などをまとめて体系化したことにある。これまで原則の研究は，その時々に注目された原則が単発的に取り上げられたり，断片的に紹介されてきたにすぎなかった。これを体系化したことは，今後のコーポレート・ガバナンス，および原則に関する以下の問題解明に貢献するものと考えている。

1) コーポレート・ガバナンスの定義や目的といった本質の解明
2) コーポレート・ガバナンス構築のあり方
3) コーポレート・ガバナンス論（企業統治論）の構築と展開

4) コーポレート・ガバナンスの地域的な特色の解明

まず，原則そのもののうちに，それぞれのコーポレート・ガバナンスに関する考え方が収斂されており，原則を紐解けば，策定機関のコーポレート・ガバナンスに対する考え方が自ずと明らかになると考えている。原則は，本研究でも明らかになったように，企業のあらゆる利害関係者が策定しており，したがって，それは，企業の利害関係者のコーポレート・ガバナンスに対する考えが伝わる数少ないツールである。本研究を基にして，原則をさらに詳しく検討していけば，今なお解決されていない，1) コーポレート・ガバナンスの定義や目的といった本質の解明，につながるのではないかと考えている。

つづいて，2) コーポレート・ガバナンス構築のあり方，であるが，これは1) と，密接に関係がある。コーポレート・ガバナンスは，様々な学問分野に及んだ，学際的な学問である。一方，原則もまた，多分野の研究者だけではなく，経営者や機関投資家，監督機関などが参加して策定されている。つまり，今日のコーポレート・ガバナンスの研究において，様々な学問分野の研究者から，そして，幅広い企業の利害関係者が共同して策定した原則は，今後の企業のあり方や，コーポレート・ガバナンス構築のあり方を考えていくうえで，この上なく有用なツールとなりうるのである。

また，先にコーポレート・ガバナンスは，様々な学問分野に及んだ，学際的な学問であると述べたが，詳しくいうと，経営学だけではなく，経済学，財務論，会計学，法学，社会学，経営情報学などにも，研究分野が及んでいる。原則もまた，経営だけではなく，経済や財務，会計や法律，経営情報の要素を数多く含んでいる。たとえば，原則の中で，国際会計基準の準拠を求めたり，原則自体が上場規則や会社法に取り入れられたり，情報開示・IR活動をインターネットで行うことを要求したりしている。このように，数多くの原則の考察により，3) コーポレート・ガバナンス論（企業統治論）の構築と展開，が進むことが期待できる。

さらに，原則は，国内でも官庁などの公的機関や経営者団体などの私的機

関，機関投資家，利害関係者集団など，おおくの機関や団体から策定，公表されている。そして，各地域，つまり APEC や EU などに代表されるように，ヨーロッパ，アジア，北米といった地域で，原則が策定されている。それに加えて，国際的な機関投資家や公的な国際機関，私的な国際機関でも原則が策定されている。これら各国や各地域の原則をブロックごとに検討することで，4) コーポレート・ガバナンスの地域的な特色の解明，も行うことができる。

2.2 本書の独自性と貢献する問題解明

本研究の独自性は，企業が企業独自原則を策定し，実施していくことを求め，提言したことである。これを企業が実施していくことで，そして，これをさらに深めて研究していくことで，おもに以下の問題解明に貢献するものと考えている。

1) コーポレート・ガバナンス構築のあり方
2) 企業ごとに異なった企業独自原則のあり方
3) 独自色の強い各企業のコーポレート・ガバナンス構築
4) 企業倫理や企業理念の確立

まず，1) コーポレート・ガバナンス構築のあり方は，その企業が置かれている国の文化や法制度，慣習などによっても違うはずであるし，企業の規模や業種，企業文化などによっても異なってくるはずである。本書では，コーポレート・ガバナンス構築の主体を企業および経営者にして，これが，企業それぞれにおいて最も適したコーポレート・ガバナンス構築のあり方，つまり，本書でいうと，企業独自原則を策定し実施していくことを求めた。このように，本書では，コーポレート・ガバナンス構築のあり方に新たな方策を与えることができたといえよう。

つぎに，2) 企業ごとに異なった企業独自原則のあり方，では，筆者の主張である企業独自原則を用いることが最良の方法としたうえで，この企業独

自原則の考え方をより発展させていくことにより，企業が自らコーポレート・ガバナンス構築を行う方法のさらなる発展が可能となる。具体的に，企業独自原則は，企業経営目標と企業経営機構改革との2つの部から構成し，それぞれ規範と行動指針とに分けるとしたが，その考え方を基礎にして，企業の規模，業種などにわけたモデルを提示することが可能となろう。また，近年では，ホールディング・カンパニーなどが数多く出現していることを鑑み，持株会社のトップに企業独自原則の規範部分をおき，傘下の各企業に行動規範をそれぞれもたせるといったことも考えられよう。

さらに，企業独自原則を策定していくことにより，各企業は，その企業に適したコーポレート・ガバナンスを模索していくことになる。企業が異なれば，そこでのコーポレート・ガバナンスも当然異なってくるはずであるから，企業独自原則を策定し，実施していくなかで，経営者は，3) 独自色の強い各企業のコーポレート・ガバナンス構築，を目指した動きを活発化させることになるであろう。

また，企業独自原則の策定は，経営者自身がコーポレート・ガバナンスに関しての意識向上を生むことになる。なぜならば，原則は経営者が策定を指示し，自らが中心となって策定していく性格のものだからである。そして，その実施は，企業が，継続したコーポレート・ガバナンス構築活動を通じて，社会における企業の役割を徐々に確立することになる。なぜならば，原則の実施や改訂作業を通じて，企業の利害関係者に原則の内容や意義を公開することになり，企業の社会性や性格が公表されることと同じであるからである。そのため，経営者は，実現可能で社会に受け入れられるべき原則を策定することになるだろうし，経営者や企業の倫理や理念の確立がなされると考えられる。つまり，4) 企業倫理や企業理念の確立，にも貢献することになる。

3 今後の課題

3.1 原則研究における各領域の今後の課題

本研究により，企業のコーポレート・ガバナンス構築の具体的な方法を見いだしたからといって，検討を要する問題がないわけではない。そのため，表8-1の結果を踏まえて，原則研究の領域ごとの今後の課題について表8-2を用いて提示することにする。

Ⅰ原則策定の契機と目的（第1章）では，①原則策定機関や時代背景などによって原則の役割が違ってくる。そのため，原則が策定された背景や契機を継続して考察する必要がある。②策定する機関も多様化し，また共同策定の道を模索している。原則を策定している機関がなぜ原則を策定しなければいけないかについて，検討する必要がある。また，そこでは経済状況や文化的側面などを考慮に入れる必要がある。

Ⅱ原則の内容と世界標準化（第2章，第3章，第4章）では，①ますます世界中で原則策定が活発となっている。そのため，継続した原則の検討が必要である。また，②改訂版OECD原則の策定と公表に向けた動きが加速するなど，世界標準としての原則策定の動向や議論，その内容について目をはなすことができない。

Ⅲ原則の企業への浸透（第5章，第6章）では，①今日，原則は様々な機関から公表されているため，経営者策定原則や機関投資家原則，法令規則以外からも原則が企業へ浸透している要因がないかを検討する必要がある。また，②原則は企業経営へ，どのくらい影響を与えているかを，実証的研究などを行なって検証していく必要がある。

Ⅳ原則の企業による実践（第5章，第7章）では，①企業独自原則の内容と策定方法については，本書で明らかにしたが，これが具体的にどのように実践されていくべきか，という過程については，踏み込んでいない。そのため，企業独自原則の実践方法のモデルを検討していく必要がある。また，②企業独自原則の内容と策定方法を提示した。しかし，本書で取り扱った

表8-2 今後の課題

研究領域	おもな研究課題と目的	今後の課題
コーポレート・ガバナンス原則に関する研究		
第1章で明らかにされたように，原則の研究領域は，Ⅰ原則策定の契機と目的，Ⅱ原則の内容と世界標準化過程，Ⅲ原則の企業への浸透，Ⅳ原則と企業経営の実践，の4つである。以下では，これらの研究領域について，主な研究課題をまとめる。		
第Ⅰ部 コーポレート・ガバナンス原則の体系化		
Ⅰ原則策定の契機と目的（第1章）	①原則が策定された背景と契機 ②原則が策定された目的	①原則策定機関や時代背景などによって原則の役割が違ってくる。そのため，原則が策定された背景や契機を継続して考察する必要がある。 ②策定する機関も多様化し，また共同策定の道を模索している。原則を策定している機関がなぜ原則を策定しなければいけないかを，検討する必要がある。また，そこでは経済状況や文化的側面などを考慮に入れる必要がある。
Ⅱ原則の内容と世界標準化（第2章，第3章，第4章）	①原則の内容の検討 ②原則の世界標準化過程	①ますます世界中で原則策定が活発となっている。そのため，継続した原則の検討が必要である。 ②改訂版OECD原則の策定と公表に向けた動きが加速するなど，世界標準としての原則策定の動向や議論，その内容について目をはなすことができない。
第Ⅱ部 コーポレート・ガバナンス原則と企業の実践		
Ⅲ原則の企業への浸透（第5章，第6章）	①原則が企業へと浸透している過程 ②原則の企業への影響力	①今日，原則は様々な機関から公表されているため，経営者策定原則や機関投資家原則，法令規則以外からも企業へ浸透している要因がないかを検討する必要がある。 ②原則は企業経営へ，どのくらい影響を与えているかを，実証的研究などを行なって検証していく必要がある。
Ⅳ原則の企業による実践（第5章，第7章）	①原則を用いた企業経営の実践方法 ②企業独自原則の内容と策定方法	①企業独自原則の内容と策定方法については，本書で明らかにしたが，これが具体的にどのように実践されていくべきか，という過程については，踏み込んでいない。そのため，企業独自原則の実践方法のモデルを検討していく必要がある。 ②企業独自原則の内容と策定方法を提示した。しかし，本書で取り扱った原則のほとんどが定期的に改訂を行なっているように，企業独自原則も定期的に見直しを行ない，常に時代に適合した企業独自原則を目指す必要がある。

(出所) 筆者作成。

原則のほとんどが定期的に改訂を行なっているように，企業独自原則も定期的に見直しを行ない，つねに，時代に適合した企業独自原則を目指す必要がある。

3.2 原則研究の今後の課題

　ここで，本書における全体的な今後の課題を提示することにする。本書では，企業に対して企業独自原則を策定し，実践していくことを求めたが，これを実施していく主体は，経営者である。しかし，経営者問題に深く論究していないことが，第1の問題点である。第2の問題点は，企業独自原則を企業が実践することにより，はたしてどこまで成果があげられるのかが不透明であることである。なぜなら，企業独自原則を策定している企業は，世界中を見渡しても，筆者の知る限りでは存在しない。そのため，現在，企業独自原則を実践することにより，具体的な企業業績の増減や企業不祥事の防止にどのくらい役に立ったのかという検証を行うことが不可能なのである。そのため，この問題を解決するために，今後とも原則を用いた企業経営を行っている企業を注視していかねばならない。第3の問題点は，第1部で世界中の原則を体系立てて論究しているにもかかわらず，第2部の企業の実践状況の考察において，日本国内の企業例しか取り上げていないことである。これは，代表的な海外の企業は，本書で取り扱った企業独自原則に類似したものを有していないことを示してもいる。加えて，日本企業は，最先端のコーポレート・ガバナンスに関する実践を行っていることをも意味している。そのため，現状は日本国内の企業を取り上げるだけでも充分研究価値があるといえるだろう。そして，今後とも，海外の企業が企業独自原則を策定していくことを期待しなければならない。第4の問題点は，企業はなんのために存在するのかなどの，コーポレート・ガバナンス問題の本質を論究していない点である。第5の問題点は，近年，クローズアップされ，コーポレート・ガバナンスの中心的議論になりつつある企業理念（経営者理念）や企業倫理（経営者倫理）とコーポレート・ガバナンスの関係について，第7章で少しふれたにとどまった点である。このように，世界の企業の動向を注視しながら原則およびコーポレート・ガバナンス研究を継続していく必要がある。

　さて，本書で論を進めて行くにあたり，いくつか慎重に考慮して論じてきた問題がある。それは，まず，原則の一般的なイメージが，「（原則）取締役を10名以下にすべきである」，「（原則）監査委員会や報酬委員会を必ず設置

するべきである」など，法令に似たものととらえられていることである。そのため，「原則は企業にどこまで影響力を発揮しているのか」，「原則の世界統一化は可能なのか」など，という問いが必ずあるが，これに対して結論を急がなかった（一応の筆者の見解は論文のなかで明記してあるが）。本書において原則の取扱いは，あくまで経営者が原則を用いて企業経営を行っていくというスタンスである。

　また，本書で企業経営の調査を行う際に，特に慎重になったのが，徐々に活発化してきた企業業績と企業経営機構をはじめとするコーポレート・ガバナンスに関する実態調査との差別化である。この調査は，どうしても大きな欠陥があるといわざるを得ない。これを一言でいうならば，経営者問題や経営者の視点が欠落しているということである。つまり，業績が高い企業の企業経営機構はこれだ，と提示することには全く意味がなく，単に統計的な共通点を抽出したにすぎない。これを解決するためには，経営者が主体となった具体的なコーポレート・ガバナンス構築の方策の提示が必要であったのである。

　このように，コーポレート・ガバナンス原則について研究を行ってきたわけであるが，原則だけをみても，こうして本書を仕上げている時点で，改訂版OECD原則が策定されたなどと，新しい原則が策定されたとの報が入ってくる。今後も原則策定の動向を注視するとともに，原則を用いた企業経営の実践状況を検討していく必要がある。また，コーポレート・ガバナンスの分野も21世紀にはいり，ますます活発化している。特にコーポレート・ガバナンスは，経営学の分野だけではなく，経済学，法学，財務論，会計学，経営情報学など，幅広い分野で研究が行われている学問であるため，今後も継続して研究を深めていくことを決意し，本書の論を閉じることにしたい。

邦語文献

1 著書

奥島孝康編『会社はだれのものか―コーポレート・ガバナンス 2 ―』金融財政事情研究会，1997 年．

奥島孝康編『コーポレート・ガバナンス―新しい危機管理の研究―』金融財政事情研究会，1996 年．

奥島孝康編『遵法経営―コーポレート・ガバナンス 3 ―』金融財政事情研究会，1998 年．

荻野博司『問われる経営者―コーポレート・ガバナンス最前線―』中央経済社，1995 年．

小椋康宏・柿崎洋一『企業論第 2 版』学文社，2003 年．

菊池敏夫・平田光弘『企業統治の国際比較』文眞堂，2000 年．

久保利英明『違法の経営　遵法の経営』東洋経済新報社，1998 年．

久保利英明他『日本型コーポレート・ガバナンス』日刊工業新聞社，1998 年．

経済企画庁経済研究所編『日本のコーポレート・ガバナンス―構造分析の観点から―』大蔵省印刷局，1998 年．

厚生年金基金『受託者責任ハンドブック（理事編）』厚生年金基金連合会受託者責任研究会，1998 年．

坂本恒夫・佐久間信夫編企業集団研究会著『企業集団支配とコーポレート・ガバナンス』文眞堂，1998 年．

佐久間信夫『企業支配と企業統治―コーポレートコントロールとコーポレートガバナンス』白桃書房，2003 年．

島袋嘉昌編著『経営哲学の実践』森山書店，1999 年．

証券取引法研究会国際部会訳編『コーポレート・ガバナンス―アメリカ法律協会「コーポレート・ガバナンスの原理：分析と勧告」の研究』日本証券経済研究所，1994 年．

鈴木忠雄『別冊商事法務　コーポレート・ガバナンスの新局面―「C・G 原則」の有効性を考える―』商事法務研究会，1998 年．

高田馨『経営の倫理と責任』千倉書房，1989 年．

出見世信之『企業統治問題の経営学的研究』文眞堂，1997 年．

東京証券取引所『東証要覧』東京証券取引所調査部，2000 年．

中垣昇『日本企業と経営者の役割』税務経理協会，2003 年．

西脇敏男『コーポレート・ガバナンスの多面的研究』八千代出版，2002 年．

日本コーポレート・ガバナンス・フォーラム編『コーポレート・ガバナンスと企業パフォーマンス―変わりつつある日本企業のガバナンス』白桃書房，2001 年．

日本コーポレート・ガヴァナンス・フォーラム編『コーポレート・ガバナンス―英国の企業改革』商事法務研究会，2001 年．

日本コーポレート・ガヴァナンス・フォーラム編『企業統治スタイルの新たな合意をめざして』日本コーポレート・ガヴァナンス・フォーラム，1999 年．

日本コーポレート・ガヴァナンス・フォーラム編『問われるコーポレート・ガヴァナンス』日本コーポレート・ガヴァナンス・フォーラム，1997 年．

八田進二・橋本尚著『英国のコーポレートガバナンス―キャドベリー委員会報告書・グリーンベリー委員会報告書・ハンペル委員会報告書―』白桃書房，2000年。
八田進二他訳『コーポレート・ガバナンス―南アフリカ・キング委員会報告書』白桃書房，2001年。
平田光弘『わが国株式会社の支配』千倉書房，1982年。
深尾光洋『コーポレート・ガバナンス入門』筑摩書房，1999年。
深尾光洋・森田泰子『企業ガバナンス構造の国際比較』日本経済新聞社，1997年。
正井章筰『ドイツのコーポレート・ガバナンス』成文堂，2003年。
三和裕美子『機関投資家の発展とコーポレート・ガバナンス―アメリカにおける史的展開―』日本評論社，1999年。
森本三男『企業社会責任の経営学的研究』白桃書房，1994年。
吉森賢『経営システムⅡ―経営者機能―』放送大学教育振興会，2005年。
吉森賢『日本の経営・欧米の経営―比較経営への招待―』放送大学教育振興会，1996年。
ロバート・A・G・モンクス＝ミル・ミノウ著，ビジネス・ブレイン太田昭和訳『コーポレート・ガバナンス』生産性出版，1999年。

2 論文

上村達男「公開株式会社法の構想について（上・中・下）」『商事法務』商事法務研究会，No.1563，2000年，14-26頁，No.1560，2000年，15-22頁，No.1559，2000年，6-12頁。
大楠泰治「2000年ICGNニューヨーク会議報告」『取締役の法務』No.80，商事法務研究会，2000年，4-7頁。
落合大輔「英国におけるコーポレート・ガバナンスに関する議論―ハンペル委員会の仮報告書―」『資本市場クォータリー』野村総合研究所資本市場研究室，春号，1997年，179-189頁。
小島大徳「コーポレート・ガバナンス原則と企業の実践―企業独自原則の策定を目指して―」『日本経営学会誌』第9号，千倉書房，2003年，26-40頁。
小島大徳「企業におけるコーポレート・ガバナンス原則の実践―企業独自原則の形成―」『経営行動研究学会第13回全国大会予稿集』経営行動研究学会，2003年，25-27頁。
小島大徳「コーポレート・ガバナンス原則の体系化―企業への浸透と企業の実践―」日本経営学会編『IT革命と企業経営』千倉書房，2003年，258-259頁。
小島大徳「コーポレート・ガバナンス原則策定の新潮流―世界標準原則の策定と会計制度領域の関与―」『経営会計研究』第3号，日本経営会計学会，2003年，107-120頁。
小島大徳「世界のコーポレート・ガバナンス原則―原則の策定系譜，類型と役割―」『経営実践と経営教育理論―経営教育研究6―』学文社，2003年，129-163頁。
小島大徳「コーポレート・ガバナンスと議決権行使のIT化―企業による実践と課題―」『経営情報学会誌』第11巻第4号，経営情報学会，2003年，33-46頁。
小島大徳「国際機関と機関投資家のコーポレート・ガバナンス原則」『横浜経営研究』第23巻第4号，横浜国立大学経営学会，2003年，89-108頁。
小島大徳「コーポレート・ガバナンス原則の体系化―原則に関する研究領域と研究課題―」『東洋大学大学院紀要第39集』東洋大学大学院，2003年，87-108頁。
小島大徳「日本のコーポレート・ガバナンス原則―原則策定の背景と課題―」日本経営教育学会編『新企業体制と経営者育成―経営教育研究5―』学文社，2002年，33-52頁。
小島大徳「企業経営機構とコーポレート・ガバナンス―米国と日本の国際比較による現状と今後の展望―」『東洋大学大学院紀要第38集』東洋大学大学院，2002年，225-244頁。
坂井種次「ソニーグループの組織改新―決定・監督と執行の分離―」『商経論集』第15巻第3号，

札幌学院大学商学会・経済学会，1999年，65-88頁。
坂井種次「ソニーの組織改革に見るコーポレート・ガバナンスの進化—カンパニー制の導入から取締役会の改革まで—」『商経論集』第14巻第2号，札幌学院大学商学会・経済学会，1997年，151-176頁。
佐久間信夫「日本企業とステークホルダー」『創価経営論集』第24巻第1・2・3合併号，創価大学経営学会，2000年，75-89頁。
首藤恵・鈴木裕「わが国年金基金のコーポレート・ガバナンス」『証券アナリストジャーナル』第36巻第8号，日本証券アナリスト協会，1998年，4-19頁。
関孝哉「コーポレート・ガバナンス規範に対する英国企業の対応とディスクロージャー」『商事法務』No.1570，商事法務研究会，2000年，15-21頁。
関孝哉「外国人株主による議決権行使の実態と対応」『商事法務』No.1555，商事法務研究会，2000年，29-35頁。
関孝哉「ドイツのコーポレート・ガバナンスおよびオランダのペータース報告書」『取締役の法務』No.46，商事法務研究会，1998年，92-93頁。
関孝哉「外国人投資家とインベスター・リレーションズ」『商事法務』No.1458，商事法務研究会，1997年，33-37頁。
関孝哉「アメリカの株主活動と会社の対応」『商事法務』No.1344，商事法務研究会，1994年，26-32頁。
出見世信之「企業と説明責任」『経営学紀要』第5巻第1号，亜細亜大学短期大学部学術研究所，1997年，99-118頁。
出見世信之「『株式会社統治』をめぐる所説の考察—アメリカにおける展開を中心として—」『日本経済短期大学紀要』第23巻第1号，日本経済短期大学学術研究所，1992年，105-124頁。
中村瑞穂「企業倫理と日本企業」『明大商学論集』第80巻第3・4号，明治大学商学研究所，1998年，169-181頁。
西村茂「ソニーグループの経営機構改革—取締役改革と執行役員制度導入—」『取締役の法務』No.55，商事法務研究会，1998年，18-27頁。
橋本綱夫「グループ経営のためのソニーの機構改革」『取締役の法務』No.42，商事法務研究会，1997年，8-11頁。
橋本基美「運用機関の受託者責任—受託者責任研究会の議論と成果を踏まえて—」『資本市場クォータリー』野村総合研究所資本市場研究室，夏号，2000年，282-294頁。
橋本基美「米国年金運用における受託者責任保険」『資本市場クォータリー』野村総合研究所資本市場研究室，冬号，2000年，184-195頁。
橋本基美「コーポレート・ガバナンスのグローバル化と市場の効率性」『資本市場クォータリー』野村総合研究所資本市場研究室，秋号，1999年，161-175頁。
橋本基美「米国企業のディスクロージャーに対する監査機能の強化—ブルーリボン委員会の勧告—」『資本市場クォータリー』野村総合研究所資本市場研究室，春号，1999年，175-186頁。
橋本基美「機関投資家とコーポレート・ガバナンス」『証券アナリストジャーナル』第36巻第8号，日本証券アナリスト協会，1998年，20-35頁。
橋本基美「グローバルに展開するコーポレート・ガバナンスの現状」『資本市場クォータリー』野村総合研究所資本市場研究室，夏号，1998年，158-170頁。
橋本基美「株主提案のガイドラインを示す米国SEC規制の改正」『資本市場クォータリー』野村総合研究所資本市場研究室，夏号，1998年，142-157頁。
橋本基美「カルパースの求める日本企業のガバナンス」『資本市場クォータリー』野村総合研究所資本市場研究室，春号，1998年，182-192頁。

平田光弘「日本における取締役会改革」『経営論集』58号，東洋大学経営学部，2003年，159-178頁。

平田光弘「日米の不祥事とコーポレート・ガバナンス」『経営論集』57号，東洋大学経営学部，2002年，1-15頁。

平田光弘「中国企業のコーポレート・ガバナンス」『経営論集』57号，東洋大学経営学部，2002年，93-103頁。

平田光弘「OECDのコーポレート・ガバナンス原則」『経営研究所論集』第24号，東洋大学経営研究所，2001年，277-292頁。

平田光弘「21世紀の企業経営におけるコーポレート・ガバナンス研究の課題―コーポレート・ガバナンス論の体系化に向けて―」『経営論集』53号，東洋大学経営学部，2001年，23-40頁。

平田光弘「新世紀の日本における企業統治の光と影」『新世紀における経営行動の分析と展望―その光と影と―』経営行動研究学会第11回全国大会要旨集，2001年，87-90頁。

平田光弘「1990年代の日本における企業統治改革の基盤作りと提言」『経営論集』51号，東洋大学経営学部，2000年，81-106頁。

平田光弘「英国におけるコーポレート・ガバナンス改革の実践―Corporate Governance in the UK―」『経営論集』49号，東洋大学経営学部，1999年，225-240頁。

平田光弘「企業・金融不祥事とコーポレート・ガバナンス」『如水会会報』No.821，1998年，18-21頁。

平田光弘「日本の取締役会：その法的・経営的分析」『一橋論叢』第114巻第5号，一橋大学，1995年，22-43頁。

平田光弘「わが国自動車製造業における株式所有の変遷―トヨタ自動車工業株式会社（昭和12（1937）年～昭和50（1975）年）―」『ビジネス レビュー』第24巻第2号，一橋大学，1976年，35-52頁。

平田光弘「企業の大規模化と株式所有の分散―わが国製薬企業の実証分析―」『ビジネス レビュー』第25巻第2号，一橋大学，1977年，35-50頁。

平田光弘「巨大会社における家族支配」『一橋論叢』第74巻第1号，一橋大学，1975年，51-68頁。

平田光弘「経営者支配の存在と意味―ラーナーの所論を中心として―」『ビジネス レビュー』第22巻第3号，一橋大学，1975年，37-49頁。

深尾光洋「日本の金融システム不安とコーポレート・ガバナンス構造の弱点」『三田商学研究』41巻3号，1998年，1-28頁。

深尾光洋「日本型企業システムの変革」『月刊資本市場』第179号，2000年，53-67頁。

古庄修「コーポレート・ガバナンス・ディスクロージャーの形成と枠組み」『紀要』第28号，日本大学経済学部経済科学研究所，1999年。

古庄修「コーポレート・ガバナンスにおける機関投資家の役割とディスクロージャー―株主コミュニケーションと財務報告問題―」『経営学紀要』第6巻第2号，亜細亜大学短期大学部学術研究所，1999年，103-132頁。

古庄修「リスク情報の開示をめぐるコーポレート・ガバナンス問題―英国における年次報告書の展開(3)―」『経営学紀要』第6巻第1号，亜細亜大学短期大学部学術研究所，1998年，101-134頁。

古庄修「OFR開示規制をめぐるコーポレート・ガバナンス問題―英国における年次報告書の展開(2)―」『経営学紀要』第5巻第1号，亜細亜大学短期大学部学術研究所，1997年，119-146頁。

三和裕美子「企業のInvestor Relations活動の目的―GE社における導入の背景―」『明大商学論叢』第82巻第1号，明治大学商学研究所，2000年，267-284頁。

三和裕美子「機関投資家のコーポレート・ガバナンスにおける意識と役割―イギリスにおける株主議決権行使の現状―」『紀要』第 28 号, 日本大学経済学部経済科学研究所, 1999 年, 5-23 頁.
三和裕美子「機関投資家としての投資会社の発展」『明大商学論叢』第 81 巻第 3・4 号, 明治大学商学研究所, 1999 年, 383-403 頁.
三和裕美子「アメリカの年金基金と証券市場―コーポレート・ガバナンスに関連して―」『明大商学論叢』第 79 巻第 1・2 号, 明治大学商学研究所, 1997 年, 267-292 頁.
森本三男「ドイツの企業統治」『青山国際政経論集』第 48 号, 青山学院大学国際政治経済学会, 1999 年, 9-29 頁.
吉森賢「アメリカ大企業における社外取締役の独立性と取締役会の無機能化」『経営行動』第 6 巻第 3 号, 日本生産教育協会経営行動研究所, 1991 年, 2-9 頁.
OECD 閣僚理事会・OECD 民間諮問委員会編『OECD のコーポレート・ガバナンス原則』金融財政事情研究会, 2001 年.

3 資料等

(1) 年金基金等（日本）

鈴木裕「『年金基金のコーポレート・ガバナンスに関する報告書』の概要」『DIR』大和総合研究所, 1998 年, 47-53 頁.
大和総合研究所『年金基金のコーポレート・ガバナンスに関する研究会報告書』大和総合研究所, 1998 年.

(2) 日本コーポレート・ガバナンス・フォーラム

日本コーポレート・ガバナンス委員会『改訂コーポレート・ガバナンス原則』日本コーポレート・ガバナンス・フォーラム, 2001 年.
コーポレート・ガヴァナンス原則策定委員会『コーポレート・ガヴァナンス原則―新しい日本型企業統治を考える―(最終報告)』日本コーポレート・ガヴァナンス・フォーラム, 1998 年.

(3) 経済同友会

経済同友会『第 15 回企業白書』経済同友会, 2003 年.
経済同友会『第 14 回企業白書』経済同友会, 1999 年.
経済同友会『第 13 回企業白書』経済同友会, 1998 年.
経済同友会『第 12 回企業白書』経済同友会, 1997 年.

(4) 経済団体連合会

経済団体連合会『コーポレート・ガバナンスのあり方に関する緊急提言』経済団体連合会, 1997 年.
コーポレート・ガバナンス委員会『わが国公開会社におけるコーポレート・ガバナンスに関する論点整理（中間報告）』経済団体連合会, 2000 年.
コーポレート・ガバナンス委員会『「わが国公開会社におけるコーポレート・ガバナンスに関する論点整理（中間報告）」参考資料　コーポレート・ガバナンスに関する各社の取り組み』経済団体連合会, 2000 年.

(5) 東京証券取引所

時田優「東証政策委がコーポレート・ガバナンスに積極的関与を提言」『取締役の法務』No.60, 商事法務研究会, 1999 年, 81-83 頁.

東京証券取引所証券政策委員会『東証の将来像について―新たなステージへの道標として―』東京証券取引所，1999年。

東京証券取引所「証券市場の新たなステージに向けて―経団連常任理事会　理事長講演―」『証券』第51巻604号，東京証券取引所，1999年，7-17頁。

(6) 機関投資家

桐谷重毅「米国教職員退職年金基金のコーポレート・ガバナンスに関するガイドライン」『商事法務』No.1347，商事法務研究会，1994年，23-30頁。

関孝哉訳「カルパースの対日コーポレート・ガバナンス原則―CalPERS, "Market Principles, Japan"―」『商事法務』No.1488，商事法務研究会，1998年，30-32頁。

(7) 旧通商産業省

通商産業省「『21世紀のコーポレート・システムに関する研究会報告書』の概要」『商事法務』No.1493，商事法務研究会，1998年，17-23頁。

通商産業省『21世紀のコーポレート・システムに関する研究会報告書』通商産業省，1998年。

海外情報「OECDのコーポレート・ガバナンスガイドライン草案」『商事法務』No.1520，商事法務研究会，1999年，78-79頁。

外国語文献

Corporate Governance Principles

Australia

Corporate Governance: A guide for fund managers and corporations, Investment & Financial Services Association Limited, December 2002.

Horwath 2002 Corporate Governance Report: Research conducted by Associate Professor Jim Psaros and Michael Seamer from the University of Newcastle Business School.

Corporate Governance: A Guide for Investment Managers and Corporations, Investment & Financial Services Association Limited, July 1999.

Corporate Governance – Volume One: in Principle, Volume Two: In Practice, The Audit Office of New South Wales, Australia Performance Audit Report: Public Sector Corporate Governance.

AIMA Guide & Statement of Recommended Practice (Corporate Governance Statements by Major ASX Listed Companies), Investment & Financial Services Association, July 1995.

Bosch Report, *Australian Institute of Company Directors*, Australian Society of Certified Practicing Accountants, Business Council of Australia, Law Council of Australia, The Institute of Chartered Accountants in Australia, The Securities Institute of Australia, 1995.

Austria

Österreichischer Corporate Governance Kodex (Austrian Code of Corporate Governance), Österreichischer Arbeitskreis für Corporate Governance, September 2002.

Belgium

Director's Charter, *Directors Foundation (Fondation des Administrateurs)*, January 2000.

Guidelines on Corporate Governance Reporting, Issued 18 November 1999.

Merged Code, Belgian Corporate Governance Commission (an initiative of the Brussels Stock Exchange) and the Commission Bancaire et Financière,December 1998.

Cardon Report, Belgian Corporate Governance Commission, 1998.

Banking and Finance Commission Report, Commission Bancaire et Financière, 1998.

Corporate Governance – Recommendations, Federation of Belgian Enterprises, January 1998.

Brazil

Recomendações sobre Governança Corporativa, Comissão de Valores Mobiliários (CVM), June 2002.

Code of Best Practice of Corporate Governance, Instituto Brasileiro de Governança

Corporativa ("IBGC"), May 8, 1999, revised April 9, 2001.

Canada
Proposed New Disclosure Requirement and Amended Guidelines, Toronto Stock Exchange, draft, March 26, 2002.
Beyond Compliance: Building a Governance Culture (Saucier Report), Joint Committee on Corporate Governance, November 2001.
Five Years to the Dey, Toronto Stock Exchange and Institute of Corporate Directors, June 1999.
The Toronto Report, December 1994.

Commonwealth
Principles of Best Business Practice for the Commonwealth, Commonwealth Association for Corporate Governance (CACG), November 1999.

Cyprus
Corporate Governance Code, Cyprus Stock Exchange, 17 March 2003.

Czech Republic
Revised Corporate Governance Code (Based on the OECD Principles), Czech Securities Commission, February 2001.

Denmark
The Nørby Committee's report on Corporate Governance in Denmark, Copenhagen Stock Exchange, 6 December 2001.
Guidelines on Good Management of a Listed Company (Corporate Governance), Danish Shareholders Association, February 2000.

France
Pour un meilleur gouvernement des entreprises cotées: Rapport du groupe de travail présidé par Daniel Bouton, président de la Société Générale, MEDEF and AFEP-AGREF, 23 September 2002.
Recommendations on Corporate Governance, AFG-ASFFI Commission on Corporate Governance, Adopted on June 9th 1998 Amended in 2001.
Vienot II Report, Mouvement des Entreprises de France (MEDEF) [formerly CNPF] and Association Francaise des Enterprises Privees (AFEP), July 1999.
Vienot I Report, Conseil National du Patronat Francais (CNPF) and Association Francaise des Entreprises Privees (AFEP), July 1995.

Germany
Cromme Code, German Corporate Governance Kodex, 26 February 2002.
Baums Commission Report (German title: Bericht der Regierungskommission Corporate Governance), 10 July 2001.
Corporate Governance Rules for German Quoted Companies, German Panel on Corporate

Governance, January 2000 (updated July 2000).
German Code of Corporate Governance (GCCG), Berliner Initiativkreis, June 2000.
DSW Guidelines, Deutsche Schutzvereinigung für Wertpapierbesitz e.V., June 1998.
Gesetz zur Kontrolle und Transparenz im Unternehmensbereich (KonTraG), German Ministry of Justice, Ratified 5 March 1998.
Drittes Finanzmarktförderungsgesetz, Effective 1 April 1998 (Ratified February 1998 Bundestag, Ratified March 1998 Bundesrat).

Greece

Principles of Corporate Governance, Federation of Greek Industries, 24 July 2001.
Principles on Corporate Governance in Greece: Recommendations for its Competitive Transformation, Committee on Corporate Governance in Greece (under the coordination of the Capital Market Commission), October 1999.

Hong Kong

Model Code for Securities Transactions by Directors of Listed Companies: Basic Principles, Hong Kong Stock Exchange Listing Requirements, Appendix 10, June 2001.
Corporate Governance Disclosure in Annual Reports, Hong Kong Society of Accountants, March 2001.
Code of Best Practice, Hong Kong Stock Exchange Listing Requirements, Volume 2, Appendix 14, February 1999 (date of last update to listing requirements).

India

Report of the Kumar Mangalam Birla Committee on Corporate Governance, Committee Appointed by the Securities and Exchange Board of India (SEBI) on Corporate Governance under the Chairmanship of Shri Kumar Mangalam Birla, February 2000.
Desirable Corporate Governance in India — A Code, Confederation of Indian Industry.
Draft Report of the Kumar Mangalam Committee on Corporate Governance, Securities and Exchange Board of India (SEBI), September 1999.

Indonesia

Code for Good Corporate Governance, The National Committee on Corporate Governance, March 2001.
Code for Good Corporate Governance, The National Committee on Corporate Governance, March 2000.

Ireland

Corporate Governance, Share Option and Other Incentive Schemes, Irish Association of Investment Managers, March 1999.

Italy

Corporate Governance Code (il Codice di Autodisciplina delle società quotate rivisitato), Committee for the Corporate Governance of Listed Companies, Borsa Italiana, Revised

July 2002.
Report & Code of Conduct ("Preda Code"), Committee for the Corporate Governance of Listed Companies, October 1999.
Testo Unico sulle disposinzioni in materia di intermediazione, Law Reform based on Draghi Proposals, February 1998.

Japan
Revised Corporate Governance Principles, Japan Corporate Governance Forum, 26 October 2001.
Report of the Pension Fund Corporate Governance Research Committee, Action Guidelines for Exercising Voting Rights, Pension Fund Association (Kosei Nenkin Kikin Rengokai), June 1998.
Corporate Governance Principles: A Japanese view, Corporate Governance Forum of Japan, October 1997.
Urgent Recommendations Concerning Corporate Governance, Japan Federation of Economic Organisations (Keidanren), September 1997.

Kenya
Principles for Corporate Governance in Kenya, Private Sector Initiative for Corporate Governance.
Sample Code of Best Practice for Corporate Governance, Private Sector Corporate Governance Trust.

Korea
Code of Best Practice for Corporate Governance, Committee on Corporate Governance, September 1999.

Malaysia
Malaysian Code on Corporate Governance, Securities Commission Malaysia, March 2000.

Malta
Principles of Good Corporate Governance, Malta Stock Exchange, 1 October 2001.

Mexico
Códigode Mejores Prácticas Corporativas, Mexican Stock Exchange, the Mexican Bankers' Association, the Mexican Institute of Finance Executives and the Mexican Institute of Public Accountants, July 1999.

The Netherlands
Draft Corporate Governance Code Corporate Governance Committee chaired by Mr Morris Tabaksblat, 1 July 2003.
SCGOP Handbook of Corporate Governance, The Foundation for Corporate Governance Research for Pension Funds (SCGOP) Stichting Corporate Governance Onderzoek voor Pensioenfondsen, August 2001.

Government Governance; Corporate governance in the public sector, why and how? The Netherlands Ministry of Finance Government Audit Policy Directorate (DAR) 2 November 2000.

Peters Report & Recommendations, Corporate Governance in the Netherlands, Committee on Corporate Governance, 27 June 1997.

OECD

OECD Principles of Corporate Governance, Organisation for Economic Co-operation and Development, May 1999.

Pakistan

Code of Corporate Governance (Revised), The Securities and Exchange Commission of Pakistan, March 2002.

Stock Exchange Code of Corporate Governance, The Securities and Exchange Commission of Pakistan, 4 March 2002.

Pan-European

EASD Principles and Recommendations, European Association of Securities Dealers Corporate Governance Committee, May 2000.

Corporate Governance Guidelines 2000, European Shareholders Association, February 2000.

Sound business standards and corporate practices: A set of guidelines, European Bank for Reconstruction and Development (EBRD), September 1997.

Corporate Governance in Europe, Report of a CEPS Working Party, June 1995.

Peru

Principios de Buen Gobierno para las Sociedades Peruanas, Comisió Nacional Supervisora de Empresas y Valores ("CONASEV"), July 2002.

Perú: Código de Buen Gobierno Corporativo para Empresas Emisoras de Valores, Centro de Estudios de Mercado de Capitales y Financiero, November 2001.

Poland

Best Practices in Public Companies in 2002, The Best Practices Committee at Corporate Governance Forum, 4 July 2002.

The Corporate Governance Code for Polish Listed Companies (final proposal), The Polish Corporate Governance Forum, June 2002.

Portugal

Recommendations on Corporate Governance, Comissão do Mercado de ValoresMobiliários, November 1999.

Romania

Corporate Governance Code in Romania, Russian Institute of Directors.

Corporate Governance Initiative for Economic Democracy in Romania: Corporate Governance Code, International Center for Entrepreneurial Studies, University of Bucharest, 24

June 2000.

Russia
The Russian Code of Corporate Conduct, The Co-ordination Council for Corporate Governance, 4 April 2002.

Singapore
Code of Corporate Governance, Corporate Governance Committee, Council on Corporate Disclosure and Governance (CCDG), 21 March 2001.

Slovakia
Corporate Governance Code (Based on the OECD Principles), Bratislava Stock Exchange (Prepared with the assistance of The British-Slovak Action Plan & DFID), September 2002.

South Africa
King Report on Corporate Governance for South Africa − 2002 (King II Report), Institute of Directors in Southern Africa, March 2002.
King I Report, The Institute of Directors of Southern Africa, 24 November 1994.

Spain
The Aldama report − Informe de la Comisión Especial para el Fomento de la Transparencia y Seguridad en los Mercados y en las Sociedades Cotizadas, 8 January 2003 downloadable English version.
Código de Buen Gobierno, Special Commission to Consider a Code of Ethics for Companies' Boards of Directors appointed by the Spanish Cabinet, February 1998.
Círculo de Empresarios, October 1996.

Sweden
Corporate Governance Policy − guidelines for better control and transparency for owners of companies quoted on the Swedish stockmarket, Sveriges Aktiesparares Riksförbund (The Swedish Shareholders' Association), 26th October 2001.

Switzerland
Corporate Governance: Swiss Code of Best Practice, Swiss Business Federation, 25 July 2002 (brochure publication).
Corporate Governance Directive SWX Swiss Exchange, In force 1 July 2002.

UK
Audit Committees − Combined Code Guidance (the Smith Report), A report and proposed guidance by a Financial Reporting Council appointed group chaired by Sir Robert Smith.
Review of the role and effectiveness of non-executive directors, Department of Trade and Industry, 20 January 2003.

The Responsibilities of Institutional Shareholders and Agents − Statement of Principles, Institutional Shareholders' Committee (the Association of British Insurers; the Association of Investment Trust Companies; the National Association of Pension Funds; and the Investment Management Association), 21 October 2002.
The Hermes Principles, Hermes Pensions Management Limited, 21 October 2002.
Review of the role and effectiveness of non-executive directors, Consultation paper published by the Department of Trade and Industry, 7 June 2002.
Code of Good Practice, Association of Unit Trusts and Investment Funds("AUTIF"), January 2001.
The Combined Code: Principles of Good Governance and Code of Best Practice, Derived by the Committee on Corporate Governance from the Committee's Final Report and from the Cadbury and Greenbury Reports, May 2000.
The KPMG Review Internal Control: A Practical Guide, KPMG Audit Committee Institute, October 1999.
Internal Control: Guidance for Directors on the Combined Code (Turnbull Report), Institute of Chartered Accountants in England and Wales, September 1999.
Hermes Statement on Corporate Governance and Voting Policy, Hermes Pensions Management Ltd., July 1998.
Hampel Report (Final), Sponsored by the London Stock Exchange, the Confederation of British Industry, the Institute of Directors, the Consultative Committee of Accountancy Bodies, the National Association of Pension Funds andthr Association of British Insurers, January 1998.
Greenbury Report, Study Group on Directors' Remuneration set up by the CBI, 17 July 1995.
Cadbury Report (The Financial Aspects of Corporate Governance), Committee set up by the Financial Reporting Council, the London Stock Exchange and the accountancy profession, 1 December 1992.

USA

Commission on Public Trust and Private Enterprise Findings and Recommendations: Part 2: Corporate Governance, The Conference Board, 9 January 2003.
Corporate Governance Rule Proposals, Reflecting Recommendations from the NYSE Corporate Accountability and Listing Standards Committee, As Approved by the NYSE Board of Directors August 1, 2002.
Principles of Corporate Governance, The Business Roundtable, May 200.
Core Policies, General Principles, Positions & Explanatory Notes, Council of Institutional Investors, March 1998, revised March 25, 2002.
Principles of Corporate Governance: Analysis & Recommendations, American Law Institute, 1994, revised 2002.
Report of the NACD Blue Ribbon Commission on Director Professionalism, National Association of Corporate Directors, November 1996, reissued 2001.
TIAA − CREF Policy Statement on Corporate Governance, Teachers Insurance and Annuity Association−College Retirement Equities Fund, March 2000.
Statement on Corporate Governance, The Business Roundtable, September 1997.

外国語文献　213

The world
ICGN Statement on Global Corporate Governance Principles, International Corporate Governance Network, July 1999.
Statement on Global Implementation of ICGN Share Voting Principles, International Corporate Governance Network, 2000.
Resolution on the Mandate of the Standing Committee on Share Voting, International Corporate Governance Network, 2000.
ICGN Statement on Global Corporate Governance Principles, International Corporate Governance Network, 1999.
ICGN Global Share Voting Principles, International Corporate Governance Network, 1998.
ICGN Founding Principles, International Corporate Governance Network, 1996.
OECD Principles of Corporate Governance, Organisation for Economic Co-operation and Development, 1996.
OECD Business Sector Advisory Group on Corporate Governance, Corporate Governance: Improving Competitiveness and Access to Capital in Global Markets, Organisation for Economic Co-operation and Development, 1998.

Institutional investor
Global Corporate Governance Principles, California Public Employees' Retirement System, 1999.
CalPERS And Hermes Team To Form Corporate Governance Alliance, Corporate Governance News 1998, California Public Employees' Retirement System, 1998.
Japan Market Principles, California Public Employees' Retirement System, 1998.
Global Proxy Voting Guidelines, California Public Employees' Retirement System, 2001.
Global Corporate Governance Principles, California Public Employees' Retirement System, 1999.
CalPERS And Hermes Team To Form Corporate Governance Alliance, Corporate Governance News 1998, California Public Employees' Retirement System, 1998.
Japan Market Principles, California Public Employees' Retirement System, 1998.
Corporate Governance Core Principles & Guidelines: The United States, California Public Employees' Retirement System, 1998.
Germany Market Principles, California Public Employees' Retirement System 1998.
CalPERS/Hermes Alliance Agreement, California Public Employees' Retirement System 1998.
United Kingdom Market Principles, California Public Employees' Retirement System 1997.
France Market Principles, California Public Employees' Retirement System 1997.
Corporate Governance Policies, Council of Institutional Investors 2001.
Corporate Governance Guidelines, General Motors 1995.
Report of a Study Group chaired by Sir Richard Greenbury, Gee and Co. Ltd 1995.
Committee on Corporate Governance, Gee and Co. Ltd 1997.
Statement on UK Corporate Governance & Voting Policy, Hermes Pensions Management Limited, 2001.
Hermes Corporate Governance Activities, Hermes Pensions Management Limited 2001.
Hermes and CalPERS Create Global Corporate Governance Alliance, Hermes Pensions

Management Limited, 1998.
TIAA — CREF Annual Report 2000: Built on A Strong Foundation, Teachers Insurance and Annuity Association College Retirement Equities Fund, 2001.
TIAA — CREF Policy Statement on Corporate Governance, Teachers Insurance and Annuity Association College Retirement Equities Fund, 2000.
Hermes Corporate Governance Activities, Hermes Pensions Management Limited, 2001.
Hermes and CalPERS Create Global Corporate Governance Alliance, Hermes Pensions Management Limited, 1998.

索　引

【ア行】

アジア太平洋経済協力会議（APEC）　64
アニュアルリポート　148
アメリカ証券取引委員会　63
アメリカ労働総同盟・産別会議（AFL-CIO）　57
E-mail方式　143
イギリス連邦コーポレート・ガバナンス協会（CACG）　59
インターナショナル・コーポレート・ガバナンス・フォーラム（ICGN）　32, 59, 79
　──コーポレート・ガバナンス原則　79, 138, 158
　──議決権行使原則　79
　──議決権行使常任委員会の設置に関する決議　79
　──議決権行使履行報告書　79
　──設立原則　115
インフォメーション・テクノロジー（IT）　133
インベスター・リレーションズ（IR）　143
Web方式　142

【カ行】

株主総会　140
株主代表訴訟　37
株主の権利　10
カリフォルニア州公務員退職年金基金（CalPERS）　40, 61, 82, 89
　──グローバル・コーポレート・ガバナンス原則　82, 89, 160
　──グローバル代理投票原則　82
　──国内コーポレート・ガバナンス原則　97
　──対国別（国際）原則　82, 92, 161
　──・Hermes提携原則　61
監査役（会）　37, 179
カンパニー制　118
機関投資家　7, 40, 73, 160
　──機関コーポレート・ガバナンス原則　7, 84
　──独自コーポレート・ガバナンス原則　7, 57
　──のコーポレート・ガバナンス原則　56, 82
企業外部者策定型原則　110
企業価値極大化　40
企業競争力の強化　33, 38
企業経営機構　10
　──改革　155, 172
企業経営目標　155, 172
企業独自コーポレート・ガバナンス原則（企業独自原則）　7, 49, 117, 155
　──策定の方法　124
　──策定の有用性　123
　──策定の要請　157
　──の概念　171
　──の策定方法　175
企業不祥事への対処　37
企業法制度改革　37, 65, 139
企業倫理　148
議決権行使　61, 134, 141
　──コード　143
　──のIT化に関する要請　137
　──のIT化の具体的な方法　142
　──のIT化のモデル　145
　──の簡便化　147
　──の期間　144
キャドバリー委員会　32
　──報告書　32, 61
グリーンブリー委員会報告書　61
グローバル・コーポレート・ガバナンス・フォーラム（GCGF）　63
経営者策定型コーポレート・ガバナンス原則　66, 113
経営者問題　42, 116, 155
経営情報学　149

経済協力開発機構（OECD） 59, 75
　——原則　32, 78, 136, 156
経済団体連合会　35, 161
経済同友会　35, 162
公的国際機関原則　7
行動規範　79
行動指針原則　15, 154
公認会計士　179
国際会計開発会議（IFAD）　63, 95
国際会計士連盟（IFAC）　63, 95
国際機関の原則　59
国内公的機関コーポレート・ガバナンス原則　7
国内私的機関コーポレート・ガバナンス原則　7
コーポレート・ガバナンス　3, 7, 32, 134
　——委員会　126
　——問題　25, 67
コーポレート・ガバナンス原則　3
　——策定の系譜　12, 13, 60
　——の共同策定　63
　——の相互提携・相互協力体制　15
　——の体系　10
　——の定義　9, 117
　——の範囲　33, 117
　——の目的　34, 117
コンプライアンス経営　167

【サ行】

財務相・中央銀行総裁会議　64
市場経済移行国のコーポレート・ガバナンス原則　56
執行役　65
　——制度　40
執行役員制度　42
私的国際機関コーポレート・ガバナンス原則　7
社外取締役　38, 39, 40, 65
自由民主党　39, 161
証券監督者国際機構（IOSCO）　63
上場規則　17, 154
情報開示システム　11
情報開示・透明性　11, 39, 136
世界銀行グループ　63
世界標準コーポレート・ガバナンス原則　15, 41, 64, 75, 154
ゼネラルモーターズ（GM）　36, 49

先進諸国のコーポレート・ガバナンス原則　50
先進7カ国首脳会議　63
全米機関投資家協会（CII）　57, 61, 84
　——コーポレート・ガバナンス原則　84, 138
ソニー　118
　——企業経営機構改革の理念と実践　118

【タ行】

大学教職員退職年金基金（TIAA-CREF）　57
　——コーポレート・ガバナンス原則　101, 138, 160
中央ヨーロッパ政策研究会　59
通商産業省（旧）　35
帝人グループ　163
　——企業行動基準　168
　——中期経営計画　169
　——のコーポレート・ガバナンス原則　163
　——のコーポレート・ガバナンス原則の詳細　167
東京証券取引所　35
独立取締役　11
トヨタ自動車　120
　——2005ビジョン　20
　——2010グローバルビジョン　21, 120, 170
取締役会　11, 39, 178
　——内委員会（指名・監査・報酬）　11, 40, 42, 65

【ナ行】

内部監査体制　11
21世紀のコーポレート・ガバナンス原則　34, 42, 64, 75
日産自動車　119
　日産180　170
　　日産リバイバルプラン（NRP）　20, 119, 170
日本監査役協会　35, 161
日本コーポレート・ガバナンス・フォーラム（JCGF）　35, 66, 162
　——原則　66, 114
　改訂——原則　66, 126, 162

【ハ行】

Hermes　41, 57, 61, 82, 93

──コーポレート・ガバナンス原則　83, 99, 138
──コーポレート・ガバナンス原則－1998－　83
──インターナショナル・コーポレート・ガバナンス原則　83, 93
ICGN コーポレート・ガバナンス原則の──の見解　83
発展途上国のコーポレート・ガバナンス原則　54
ハンペル委員会報告書　61
法務省　36
法令・規則等原則　8

【マ行】

名義書換代理人　145, 146

【ヤ行】

有価証券報告書　148
ユーロシェアホルダーズ　59
ヨーロッパ証券取引業協会（EASD）　59
ヨーロッパ証券取引所（EASDAQ）　59
ヨーロッパ復興開発銀行（EBRD）　59

【ラ行】

利害関係者　11
ロンドン証券取引所　110

著者略歴

小島　大徳
（こじま　ひろとく）

1975年3月	岐阜県関市に生まれる
2004年3月	東洋大学大学院経営学研究科博士後期課程修了
	博士（経営学）
2004年4月	神奈川大学経営学部 専任講師
2006年4月	神奈川大学経営学部 准教授，現在に至る
専　攻	経営学，企業統治（コーポレート・ガバナンス）論，経営戦略論
主　著	『市民社会とコーポレート・ガバナンス』文眞堂，2007年
大　学	〒259-1293
	神奈川県平塚市土屋2946
	神奈川大学経営学部　小島大徳研究室
	TEL：0463-59-4111（内線2210）
	FAX：0463-58-9688
	E-mail：hirotoku@yahoo.co.jp

世界のコーポレート・ガバナンス原則
―原則の体系化と企業の実践―

2004年6月10日　第1版第1刷発行　　　　　検印省略
2008年3月10日　第1版第3刷発行

著　者	小島　大徳
発行者	前野　弘
発行所	東京都新宿区早稲田鶴巻町533 株式会社 文眞堂 電話　03（3202）8480 FAX　03（3203）2638 http://www.bunshin-do.co.jp 郵便番号（162-0041）振替00120-2-96437

組版・モリモト印刷　　印刷・モリモト印刷　　製本・イマキ製本
Ⓒ 2004
定価はカバー裏に表示してあります
ISBN978-4-8309-4486-4　C3034